奔跑吧，大学生创业者

大学生创新创业优秀案例集

张玲娜◎主　编
刘　园　郭　安　曲润华◎副主编

RUN
COLLEGE STUDENT
ENTREPRENEURS
Entrepreneurial excellent case set

中国经济出版社
CHINA ECONOMIC PUBLISHING HOUSE
·北京·

冲冲家族

冲冲团队合照

冲冲团队合照

冲冲团队负责人 **贺燕蕊**

大禹科技

荣获东软睿道最佳创新奖

大禹科技大家庭

大禹科技团队负责人 **刘小安**

爱情超市

爱情超市团队工作照

爱情超市团队合影

爱情超市团队负责人 **白家琪**

足球家

足球家团队参加亚足联足球活动日

足球家团队获三创赛国家级二等奖

足球家团队负责人 **时杨**

家时光

家时光团队合影

家时光团队获奖照片

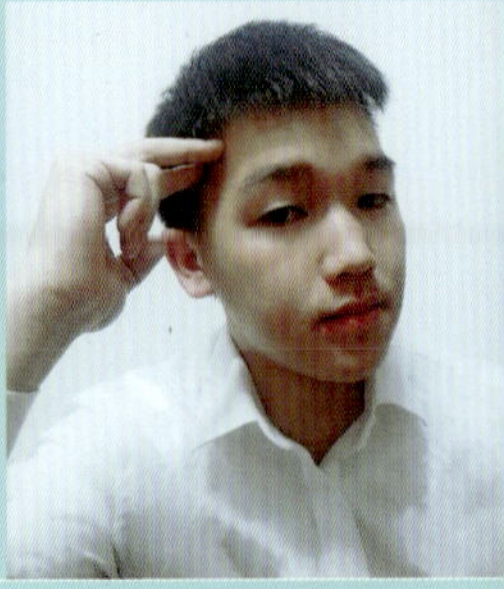
家时光负责人 **甘奉露**

同学你好团队照片

同学你好团队活动照片

同学你好
同学你好团队负责人 **向玉婷**

有书同享团队获奖照片

有书同享团队成员

有书同享
有书同享团队负责人 **郭雪莉**

耳檐团队获奖照片

耳檐团队合照

耳檐
耳檐团队负责人 **郭安**

鬼斧定制团队合影

鬼斧定制团队工作照片

鬼斧定制
鬼斧定制团队负责人 **曲润华**

图书在版编目（CIP）数据

奔跑吧，大学生创业者：大学生创新创业优秀案例集／张玲娜主编．--北京：中国经济出版社，2021.11

ISBN 978-7-5136-6666-4

Ⅰ.①奔… Ⅱ.①张… Ⅲ.①大学生-创业-案例 Ⅳ.①G647.38

中国版本图书馆CIP数据核字（2021）第202425号

责任编辑 邓媛媛
责任印制 马小宾
封面设计 任燕飞工作室

出版发行 中国经济出版社
印 刷 者 北京艾普海德印刷有限公司
经 销 者 各地新华书店
开　　本 710mm×1000mm 1/16
印　　张 17 **彩插印张** 0.25
字　　数 230千字
版　　次 2021年11月第1版
印　　次 2021年11月第1次
定　　价 58.00元
广告经营许可证 京西工商广字第8179号

中国经济出版社 **网址** www.economyph.com **社址** 北京市东城区安定门外大街58号 **邮编** 100011
本版图书如存在印装质量问题，请与本社销售中心联系调换（联系电话：010-57512564）

序

创新是引领发展的第一动力。抓创新就是抓发展，谋创新就是谋未来。

党的十八大以来，以习近平同志为核心的党中央把创新摆在国家发展全局的核心位置，围绕实施创新驱动发展战略，加快推进以科技创新为核心的全面创新。2014 年 9 月的达沃斯论坛上，李克强总理首次提出“在 960 万平方公里的土地上掀起‘大众创业’‘草根创业’的新浪潮，形成‘万众创新’‘人人创新’的新势态”。2018 年的全国教育大会上，习近平总书记强调指出，要深入推进创新创业教育改革，把创新创业教育贯穿人才培养全过程。短短几年时间，“双创”燃爆了神州大地，塑造了前所未有的发展新格局。

正如梁启超先生在《少年中国说》中所说的“少年智则国智，少年富则国富；少年强则国强，少年独立则国独立；少年自由则国自由，少年进步则国进步”。随着中国特色社会主义进入新时代，打造“双创”升级版，向建设“双创”强国迈进，关键在人才，希望在青年。当代大学生肩负着继承和发展民族大业的重要使命，是中国最具创新精神的群体，只是缺少阿基米德所说的“一个支点”。而高校作为培养中国特色社会主义合格建设者和可靠接班人的摇篮，必须顺应时代潮流，全方位为广大学生提供“撬动地球的支点”，不断深化大学生创新意识、加强创新精神和创业能力的培养。

近年来，北京联合大学管理学院牢记“立德树人”的根本任务和时代使命，围绕城市型、应用型大学定位，着眼培育具有独立人格和实践创新能力之管理专才，坚持“以教促创、以赛促创、以研促创”，从教学体系、导师团队、项目培育、基地建设、校企合作、学术研究六个维度，积极进行创新创业教育探索，构建了以培养企业家精神为核心的创新创业教育生态体系，取得了丰硕的成果，共组建双创竞赛团队150个，创新创业项目在学生竞赛项目的占比达到30%，成功孵化28个项目，获国家级奖项4个、北京市市级奖项2个，获奖人数达500多人。

榜样是旗帜，代表着方向；榜样是资源，凝聚着力量。为帮助创业小白增强信心，找准方向，少走弯路，加快成长，我们策划编辑了《奔跑吧，大学生创业者》一书。本书从27个创业项目中遴选出9个团队独立完成的“原汁原味”创业案例，共分为创业逐梦、创业锦囊、创业问答、创业得失、创业笔记五个篇章，每个案例包括“创业心路历程”和“项目计划书”两个部分，涵盖创业的各个阶段，有“纸上谈兵”的，有“小荷才露尖尖角”的，有“更上一层楼”的……涉及创业的方方面面，既有成功的喜悦，又有失败的泪水；既有经验的总结，又有教训的反思；既有创中学的得与失，又有初涉社会的人生感悟。虽然创业故事可能不够精彩，创业设计也许并不完美，但都真实地记录了学生们的成长，洋溢着奋斗的活力，散发着青春的光芒，闪烁着思想的火花，对于广大想创业又不知道如何创业的大学生而言，可以采取“横看成岭侧成峰，远近高低各不同”的方式，各取所需，从中汲取可资学习借鉴的知识、经验和方法。

北京联合大学管理学院党委书记张玲娜副研究员主持了本书的创作

工作，负责本书的框架设计和统稿，由刘园老师，学生郭安、曲润华配合完成，各案例的编写主要得益于各团队负责人的辛勤付出，他们是郭安、曲润华、时杨、刘小安、白家琪、郭雪莉、向玉婷、甘奉露、贺燕蕊。中国经济出版社对本书的编辑出版给予了大力支持。在此，对他们表示由衷感谢！

本书疏漏之处也在所难免，衷心希望广大师生、双创专家能够给予批评和指正。

目录

第一篇

创业逐梦篇

案例一　耳榄

—— 一直奔跑的创业者

心路历程

在提笔的时候，我回顾了我这些年的创业经历，虽然失去了很多，也收获了很多，认识了很多朋友，也和一些朋友分道扬镳。在这几年的创业经历中，我不断地进行反思，不断地学习，也一直在追寻企业家的思想精髓，我想引用明代思想家吕新吾在《呻吟语》里的评判标准——“深沉厚重为一等品质”“磊落豪雄为二等品质”“聪明伶俐为三等品质”，这三句话也是日本经营之神稻盛和夫所推崇的，一直影响着我。时至今日，我还是领悟得不够透彻，还在实践中继续领悟。我把我的创业经历分成三部分，讲述我从高中到现在所经历的三次“创业”故事。

一、小试牛刀，初生牛犊不怕虎

我叫郭安，从小生活在北京，是一个北京土著，同时也是一个“90后”创业者。由于家长都是生意人，我从小就生活在一个讲求规矩和执行力的圈子里。我小时候因为犯过不少错，挨过不少打。这些经历，使我养成了做事有规矩和有执行力的习惯，让我在之后做事情的时候，容易取得事半功倍的效果。

从小我便喜欢做生意，小学的时候，我们这儿经常会有跳蚤市场，我便从批发市场进了一些刮奖卡和玩具，抽到刮奖卡上的几等奖就可以得到对应的玩具。刮奖卡成本是50元，这大概是我30天的零花钱，刮奖卡有200张，一张卖5毛钱，就可以卖到100元。这种抽奖性质的彩票很受同学喜欢，每次在跳蚤市场上，我的“彩票”都会很快被抢购一空，但是后来被副校长看到，副校长以彩票具有赌博性质为由没收了我的“彩票”和资金，并通知了我的家长，最终以一篇检讨而结束。

我从上高中的时候开始，就一直想做一件事情——创业，但对创业做什么还是没有什么想法，后来有几件事让我找到了第一个“创业”项目。2013年微商大火，我看到身边的人做微商挣了一些钱，有点羡慕，于是蠢蠢欲动也开始做微商，找家长借了5000元作为启动资金。当时的做法很简单，就是卖鞋子，鞋子的进货渠道是通过父亲介绍认识的。因为是正品，鞋子的利润空间不是很大，只是不用我们囤货，可以由仓库直接发货。依托当时我在学校的口碑以及人缘，很多人帮我宣传、打广告，甚至前来购买……短短三个月就卖出去了100多双，挣到了第一桶金。后来身边其他学校的伙伴见状也想加入，这两个伙伴在他们学校里很有人缘，属于那种高中的“红人”。对于他们想加入的意愿，我思考了一下，认为他们拥有人脉资源，可以更多地增加销量，并且人手增加了，我也就不会这么忙了。但是对于利益的分配，我有些犹豫了。我的家教很严，我父母是不会随随便便就给我钱，让我大手大脚去消费的，我本身也很节俭，做了微商之后，虽然手里的钱越来越多，但想到突然要把钱分出去一部分就有点肉疼，并且该怎么分，我也很犹豫。我便把我的想法告诉了父亲，父亲笑了笑，告诉我这就是创业中要面临的问题——怎么筛选合伙人，利益怎么分配……以这次做微商为例，合伙人怎样来加入，是出钱还是出资源？我想了想，回答了父亲：他们应该是出资源，因为他们在各自的学校都有很大的影响力，可以带来很多的订单。父亲似乎对我的回答还算满意，告诉我，很多时候要明白如何去“做大饼”，而不是“做小饼”，合作做大饼，虽然利润会分出去一些，但是得到的也会比做小饼要多。当时的我对商业逻辑、商业模式的理解很模糊，只是平时耳濡目染，对这些词语有所耳闻，但对于父亲的话还是一知半解，于是我便结束话题，自己慢慢去体会这些话。

后来，我联系了这两位小伙伴，一起开了第一次所谓的“股东”会，首先是确定了与两位伙伴的合伙人关系，其次是讨论了如何进行利益分配的问题，最后我们决定以“群”为单位，每个人首先占比 20% 的基础收益，剩下的 40% 收益通过每个人建群来进行销售统计，卖的多的，多拿钱。我们还确定了惩罚机制，例如，每个人立下了销售底线——一个月 40 双，如果低于这个数字，当月则没有利益分配权，如果连续三次没有达标，则退出。在确定了规则后，我们便开始忙活，效果还算不错，第一个月总共卖出了将近 150 双，我们每个人分到了将近 7000 元，这比我自己一个人干一个月挣 3000 多元要强很多，我这才有些明白父亲所说的“做大饼”的含义了。但不是所有事情都顺风顺水，当客户越来越多，我们挣的钱也越来越多之后，分歧也出现了，其中一个合伙人看到客户越来越多，就想要以次充好，来挣更多的钱。当时我坚决持反对这个意见，我认为做生意以诚信为本，不能以一些假货来骗人，而他认为假货足够以假乱真，客户很难看出来，更不会较真去专柜验证，即使发现是假的大不了退钱而已，随便找个理由敷衍过去。为此我还和他吵了一架，甚至大打出手，接下来的两个月也是因为这件事情争吵不断，大家积极性大减，两个月才卖了不到 20 双，因为消极心态还得罪了不少客户，甚至和客户发生过口角。最后那个合伙人带着他的客户退出了我们团队，而另一个合伙人也因此心烦，不想做了，于是也退出了。第一次合作团队就这样散伙了。

最后“项目”以失败告终。我把这件事情告诉了父亲，父亲跟我说：“‘识不足则为虑，威不足则为怒’，做人要不骄不躁，做决定时要快，不要被情绪所影响。”我也做了反思，这件事情如果我心态平和地与合伙人慢慢沟通，效果会不会好一些？如果不带着情绪和客户沟通，是不是就不会因此流失了客户？在事情无法挽回的时候，如果当机立断，及时止损，直接做出开除他的决定，是不是就不会发生另一个合伙人退出的情况……这些事情令我不断反思，对我今后在创业团队的管理方面产生了不小的影响。

第一次“创业”失败了，但是，这件事情也让我对创业有了初步的认识，进而对创业产生了极大的兴趣，后来发生了几件事情，又让我对创业及互联网思维有了更多深入理解。2014 年我上高二，发生了两件事情：第一件事是 2014 年 9 月，父亲给了我一本书，是周鸿祎的《我的互联网方法论》，这本书让我对互联网有了初步的认知；第二件事是阿里巴巴在纳斯达克上市。这两件事对我的触动很大，我便向家人提出再次创业的想法，家人觉得我当时年龄太小，并且刚刚经历了“挫折”，需要磨炼，让我先好好学习，等高中毕业后，先去家里的公司锻炼一下。但是我一直认为“学习和创业是可以兼顾的”，家人拗不过我便同意了。

二、磨炼心智，逆境成长

在高二暑假时，我便被家人送进了家里的公司，我也借此磨炼一下自己的心智。家里的企业是做润滑油的，主要是做埃克森美孚、荷兰皇家壳牌、嘉实多等发动机润滑油进口贸易业务，同时也拥有自己的品牌。虽说我是在自己家的公司上班，但这并不意味着我就是个大少爷。进了公司以后，我照样循着老一辈的原则——从基层职员开始做起。为了尽快熟悉家族企业的业务，我打了一个月的杂工，每日端茶倒水、搬货理货，从行政工作到杂务，什么活都要学、都要干。现在回想起来，那一个月的生活简直如同身处炼狱一般可怕，没有一个人因为我是老板的儿子就对我特殊照顾。相反，有很多人就想看我这个从小就养尊处优的“少爷”是如何受不了流水线机械式工作，忍受不了烦琐小事的煎熬而做逃兵的。虽然我从小就淘气，但我也是一个很要强的人，是一个脾气很倔的人。从进公司第一天，我就暗自告诉自己“人争一口气”，下定决心绝不让其他人看到我的笑话，我要向我的父辈证明我是一个能担得起大任的人。那一个月，不管我的上司给我安排多苦、多累的活，不管其他员工怎么刁难我，我都咬牙坚持了下来。公司的叔伯为了磨炼我，刻意让我用计算器来统计算账，这导致我每天都要忙着最头疼的算账，一组复杂的数据明明可以通过计算机轻松运算，我却必须要对照单子用计算器一点一点统计出来……我每天的大部分精力都“浪费”在机械的计算工作上了。遇到做活动的时候，每天的业务数据甚至会有一百多万条，我根本数不清有多少账单，一天的账算完，我的眼前和脑海里全是密密麻麻的数字。但是也正因此，我浮躁的心逐渐平静了下来，慢慢融入了公司的大环境。

在公司锻炼了一个月后，我在父辈的允许下开始跑业务。所谓跑业务，其实就是推销产品。我每天奔波在北京的街头，对可能成为客户的公司挨家挨户地拜访。那时，正值雨季，北京遭遇了暴雨，由于恶劣的天气，大多数人选择闭门不出，但为了不影响任务完成的进度，我每天都撑着伞，叩开一家又一家公司的门。地上的水太大，我只能挑选地势较高的街道推销产品，狂风裹挟着冰冷的雨水灌进我的衣领，漫过小腿肚的积水让我几乎寸步难行。实在撑不住了，我就躲进路边的快餐店休息十来分钟，等到精力恢复了，再继续跑业务。因为压力太大，再加上淋雨着了凉，我发起了高烧。但我仍然坚持工作。我表面上看起来很松散，但真要较起真儿来，我浑身上下充满了拼劲儿。我不但要强，还爱面子，即使生了病，我也坚持工作。

在上门推销跑业务的过程中，我也和最寻常的“草根”一样，被人拒之门外，饱受冷嘲热讽。在很多人看来，所谓的“跑业务”，不过是一个毛头小子在做推销而已。

我们家与普通家庭比起来相对富裕些，但是家里人从不娇惯我。当初，刚开始跑业务的时候，家里只给我开少得可怜的工资，一个月500元，负责联系公司周边的修理厂。维护和洽谈客户往往会花费很长时间，家里从来不给我报销车费、伙食费，导致我经常身无分文。一开始我试着谈了好几个客户，可是他们并没有表现出对我们产品的一丝丝热情，甚至还有一个客户在我每次拜访的时候还经常骂我，赶我走，而每次我都保持微笑，继续向他介绍我们的产品，他总是赶我出去，我便礼貌地把资料和名片放在了他们前台上，因为我相信销售就是一个百折不挠的工作，只要努力总会有收获的。最开始的两个月里，我身无分文且没有业绩，我甚至一度怀疑过我是否还能够挺得过去。天无绝人之路，在我的努力下，有位好心的大哥和我签了合同，帮我出了货，还请我吃了午饭。临分别的时候，他还在我手里塞了两百块钱，记得当时他对我说：“小伙子，好好干，我也是从最基层一步一步走过来的，我看好你！”从那一天以后，我打起了十二分的精神，我相信再困难的事情也不能将我击垮。我每天晚上总结客户信息，复盘与他们对话的内容，逐渐总结出自己的一套销售话术，最终我在短短一个月内，拿下了33个订单，其中有两个还是来自集团公司的大客户，还有当时骂我，让我走的那位客户，后来我们还成了朋友……最终我成了当月的销售冠军，我一直很感谢当时帮助我的那位大哥，虽然我连那位大哥姓什么都不知道，也没有留下他的联系方式，但我一直把他记在心里，不只是因为他在我最落魄的时候帮助了我，他还让我相信，努力过后终会有收获、有回报。

再后面的事情就顺畅了，在接下来的半年里，我在街上发过小广告，在“天猫”上做过运营，和公司高层飞去宁波面谈业务，在某地建立起属于公司的保税仓……随着我的业绩越来越高，我的职位随着能力被认可的程度节节高升，成了公司的部门经理，带领五个销售人员。虽然职位越来越高，但我并没有放弃当初创业的梦想。

高考的时候，我超常发挥，考了一个还算满意的分数。在填报志愿的时候，我有几个选择：印刷学院、北京石油化工大学、北京联合大学，我毅然选择了北京联合大学管理学院，我认为管理学院是一个支持创业、能够更有助于学生创业思维发挥的地方。果不其然，我的选择是对的，管理学院是一个改变了我人生轨迹的创业平台。我依然记得，在入校后的开学典礼上，我第一次听到学校的校训“学以致用”。这句话深深影响了我，也时刻提醒着我，要把学到的知识付诸实践。这对于我今后的实践起到了重要的作用。

三、毅然创业，拼搏未来

联大的大一新生，都要参加一门叫“新生研讨课”的必修课，这门课涉及内容很多，有互联网、物联网、设计艺术等，目的是让大学生能够找到自己感兴趣的方向。我选择的是移动互联网方面的新生研讨课，因为我对创业很感兴趣，而移动互联网又是当时的风口，这样我就认识了后来的指导老师——王晓红老师（以下简称王老师）。在王老师的帮助下，我接触到了一位大四学长——张卓宇，同时也了解到了我们学校的“蜂巢创意空间”，他向我推荐了一个可以让我大施拳脚的橄榄项目。我向王老师提出了我做橄榄榨汁的想法，王老师很赞同，并且跟我说要把项目做得垂直化、精深化，并且愿意更深入地带我去做。张卓宇学长把海南的培育基地老板介绍给我，我们简单地开了一个会，更深入地了解了海南橄榄的特点并分析了优势和劣势，最后决定开始做这件事情——项目以王老师为指导老师，我和张卓宇合伙共同运作，在运作的过程中不断地摸索商业模式。前期我们在管理学院举办了两次试喝会，也做了一次小众筹，但是在众筹过后我们发现了成本问题，因为橄榄是生鲜，需要进行空运，而空运的成本非常可观，是橄榄成本的好几倍，那么一杯橄榄汁的成本就会变得非常高。我们把这个问题反馈给了王老师。我们讨论了一下，王老师提出可以去做瓶装橄榄汁，因为瓶装橄榄汁成本低，不用追求时效性，物流成本也会大幅度下降，但是如果去做瓶装橄榄汁，需要注册销售公司以及拥有资质，并且还需要部分资金——这个资金成本压力是很大的。在面对庞大的自有成本，我并没有放弃，而是选择迎难而上，我觉得即使失败了，也能获得很多经验教训，并且我更想让我的项目在管理学院这个平台上大放光彩。于是我表示拿出我之前挣的第一桶金去注册公司，在注册公司前，我们讨论了近一周的商业模式以及项目名和公司名，最终公司取名为“北京享瞰科技有限公司”，注册资金 100 万元，实缴资金 35 万元，我们给项目取名为“耳榄”，寓意是听海长大的橄榄。并开始联系代工厂，并申请 QS 认证。

我们与“海南榄人福绿色产业开发有限公司”达成合作协议，以斯里兰卡橄榄为原材料进行深加工产品的联合研发、推广销售、产业园建设等合作。该项目通过搭建“公司 + 基地 + 农户”平台，全力打造斯里兰卡橄榄的推广种植、产品研发、加工生产以及推广销售的产业链。耳榄项目中的原材料——斯里兰卡橄榄营养丰富，是大众公认的健康产品，其钙含量高，具有清肺、解酒等功效。

在定义项目核心后，因为申请 QS 需要一段时间，我们便先期以鲜榨橄榄汁产品进行初步推广，目标地点是咖啡厅、鲜榨店，因为这种地方是高消费场所，鲜榨橄榄汁的成本是可以接受的，并且我们地推的价格也近乎成本价，主要目的是让附近的人了解耳榄。但事实并不像我们想得那么简单，因为鲜榨橄榄的物流成本较高，商家无法接受，最终我们还是暂时放弃了这种推广，把推广的重心放在了海南。于是我和合伙人金昊锋前往海南，和培育基地老板进行了深度沟通，最终我们在海南大学举办了宣讲会，招募了三个校园合伙人进行销售，把前期的目标地点转移到了海南，随即我们和培育基地老板联合在海南美兰区开了一家橄榄厨房，用来推广橄榄产品。橄榄汁项目在海南推广速度很快，因为本地人了解橄榄，外加做该品牌的商家不多，很快我们便在海南把控了一定市场。我们寻找当地农户进行沟通，通过帮助他们回购滞销的橄榄果肉来稳定渠道，最终我们还拿到了海南双创扶持资金。

回去后，我们便和王老师再一次沟通，在沟通的时候王老师推荐我们申请蜂巢创意空间入驻，我同意了，因为我认为管理学院蜂巢创意空间是一个好的孵化器平台，能够更好地帮助学生项目的成长，可以作为变相的项目推广，也能够让学校看到项目的进展，我当即报名了蜂巢创意空间入驻答辩。在蜂巢创意空间入驻答辩的时候，我很紧张，答辩得不够好，很多问题并没有回答到点上，而且我们项目的商业模式还正处于论证中，在评委提问的时候，管理学院张玲娜书记向我提出了几个问题："你的忠实客户在哪里？你是如何把控这些客户的？你的产品优势是什么？"这三个问题让我再一次陷入了深深的思考，我们重新细化了产品定位，一开始我们在海南和北京举办了试喝会，根据参与人群以及反馈数字，我们发现有74.6%的人喜欢喝，这其中84%都是青年人，所以我们前期把目标人群定位为青年人。后来我们发现，这款饮料还是走的大众路线，我们都还是大学生，并没有充足的资金去打市场，所以我们再一次决定以小众为主，从年轻人中进行细化，我们在细化过程中先锁定为青年人中的大学生。因为大学生冲动消费力度大，并且愿意接受新事物，我们再一次细化，把橄榄汁定位成大学生中热爱足球以及热爱足球文化的人群，因为橄榄汁能够补钙，喝橄榄汁能够防止抽筋。我们以国安球队为切入点，我们搭建了小众社群——国安社群。以热爱足球的大学生为目标人群，我们为这类小众人群定义了场景：以海南大学足球社为例，他们基本都是在宿舍看球，我们把场景从宿舍放到了学校教室，在看球的同时提供耳榄，采取第一杯免费，第二杯原价的销售策略，并且在开场时为喜爱的球队投票，喜爱的球队进一球，耳榄打 9 折，进两球 8 折，球队获胜，全场半价……通过这种方法，我们获得了不少忠实的小众粉丝。

四、困难重重，坚持不懈

在我们看似进展一切顺利的时候，我们又一次遇到了挫折，因为合作的代工厂出现了问题，我们需要重新寻找代工厂。于是我们需要再一次等待，空档期为一年。这让我们有些不知所措，因为这一年如果只做推广很容易失败，而且从注册公司到现在已经花费过多，账户的钱也所剩无几，问题再一次摆在我面前，还有人劝我，不行的话先注销公司，合伙人也在犹豫。我便与王老师进行沟通，王老师告诉我一个方法，可以在这一年参加全国举办的创业比赛，通过比赛完善自己的项目，不断地进行展示，这也算是变相地推广了。并且在参与比赛的过程中能够更好地了解社群认不认可这个产品，如果能拿到名次更是好事。我思考了一下，决定参加比赛，因为这一年不能不做事，通过参加比赛能更好地进行推广，更好地得到社会认可，钱不够用可以用家族企业的工资来补。于是我们组建了一个 8 个人的校园团队，都是管理学院学生。因为耳榄项目较为成熟，我对这个项目参加比赛获得名次很有信心。

我们首先报名了“北京市服务外包比赛”，这是我们以耳榄项目报名的第一个比赛，也是我们的首战，我们信心满满地撰写了计划书。其间王老师问我们进展如何，我们告诉王老师一切顺利，并没有和王老师沟通计划书的具体内容，因为我们认为创业已久，有了一些经验，打算写完了计划书直接给王老师一个惊喜。在交计划书截止日期前 2 天，我们把计划书写完了，当我们信心满满地把计划书给王老师看的时候，却得到了一个意想不到的结果，王老师认为我们写的计划书不合格，其中很多话语重复，没有写到点上，商业模式也没有写全，SWOT 分析不全面等等。王老师把这些问题抛给了我，我一时间语塞，我一直以为当时自己已经了解了很多了，结果发现很多东西还是不够了解，甚至连一个完整的商业逻辑都没有写清楚，我们抓紧修改，当我们刚改到一半的时候，已经是截止报名前的最后 15 分钟了，没有办法，我们只能先把这份修改稿交上。过了一周左右时间结果出来了，我们只是校级第二名。评委老师说这个第二名还是因为我们注册了公司，有实体效益而给我们的分数，而计划书真是烂得不行。如果计划书好好规划，一定可以拿到第一。我很愧疚，因为当时感觉，所向披靡，自信心爆棚，导致了这么一个意想不到的结果。我便去找王老师，为自己的鲁莽行为道歉，而王老师并没有生气，她只是告诉我一定要踏实、稳重，好好准备，多沟通，多交流，多学习，然后就让我把团队成员叫来，一起讨论计划书不足之处。在讨论期间不断地问我们详细的商业模式、商业逻辑、营利模式、如何规划，并再一次提出了她的提议，我们结合了王老师的提议，改进了计划书，最后，初步完成了计划书的修改。

在计划书修改后不久，我们报名参加了第二个比赛“北京市电子商务三创赛”，也很顺利地拿到了校赛初审第一，在复赛答辩的时候拿到了校级金奖。一切都很顺利，我们拿到了参与市级三创赛的资格，但是我们在市赛答辩的时候，犯了一个很致命的错误，因为我们消息沟通不当，没有及时告诉答辩团队，我们团队成员没有到齐。因为台风问题我们准备的橄榄汁推迟了三天发出，在快要轮到我们答辩的时候才刚到货，导致我们答辩的过程中，项目成员突然把橄榄汁端上来，把评委吓了一跳，这些举动导致我们最终止于市赛，最后只得了北京市二等奖。比赛结束后，我们开了一个会，查找了问题所在，进行了整改措施，对人员职能进一步细分，避免再犯此类低级错误。

之后我们陆续报名了“全国大学生网络商务创新应用大赛”“创青春”“启明星”以及“互联网+”大学生创新创业大赛，最终都获得了较好的成绩。并且，我的项目也逐渐被学院认可，于是我们报名了“未来CEO”比赛，在最后的生存挑战赛里，我们拿到了冠军，并且也参与到了孵化器答辩，最后入驻孵化器，同时也拿到了孵化器游学的资格。

在看似一切顺利的时候，一个好消息和一个坏消息同时传给了我，好消息是，我们找到了武汉的工厂可以进行OEM代工，算上申请QS大概4个月就能开始生产，并且在武汉代工可以更好地减少我们的成本。但是坏消息是，由于这几个月没有收入，只有支出，账目上的钱所剩不多，无法维持接下来两个月时间的经营。我和合伙人还有团队成员开了一个会，把“危机”告诉了他们，团队成员认为实在不行就不要继续下去了，及时止损。合伙人也认为，这太消耗资金，也觉得不行就结束吧，但是大家表示如果想继续，就要全力以赴，既要出钱又要出力。我想了想，咬了咬牙说一定要继续，创业就是背水一战。于是我联系了父亲，想通过家里进行投资，最后家里以投资30万元来帮我进行过渡，以年化10%计息，并且要在三年内还清。我们最后靠这30万元以及我和合伙人出资的15万元共渡难关。最后项目成功地在海南启动。

回顾过去，对照今天，我虽然比当时成熟了一些，但还是需要沉淀和积累。对于这三次创业的经历，在成为企业家的道路上我还需要不断钻研、探索。通过学院以及蜂巢的帮助，我的项目也取得了很大进展，截止到现在，如果不计场租费用，海南项目净利润达到了23万元，如果算上场租费用，还处于略微亏损状态。当然我们并没有放弃，还是选择“一站到底”，我们相信，“没有做不好的产品，只有做不好的团队”。通过努力并不断地改进方法，提高产品质量，就一定能够做好。2019 年是一个资本寒冬，在这种情况下，我们更需要提升内功，夯实基础，打好用户基数，把项目做得更好。

“黄沙百战穿金甲，不破楼兰终不还。”创业是场持久战，我想，我准备好了!

项目计划书

1 项目概要

北京享瞰科技有限公司已与海南榄人福绿色产业开发有限公司达成合作协议，以斯里兰卡橄榄为原材料，进行深加工产品的联合研发、推广销售、产业园建设等合作，致力于推动橄榄产业的发展。该项目通过搭建“公司 + 基地 + 农户”平台，全力打造斯里兰卡橄榄推广种植、产品研发、加工生产以及推广销售的产业链。

该项目的目标人群：前期以青年人为核心，针对青年人成长发育、健康生活为主，耳榄项目基于“青涩 · 年轻”的主题，将斯里兰卡饮料命名为“青果汁恋”，广告词与青年相对应，年轻正处于激情时刻，敢追、敢有梦想、敢于为梦想追逐拼搏。另外以儿童和青少年为辅，进行产品推广销售。后期以中老年人健康为核心，产品主要为补钙和保健。通过该项目的实施可达到以健康理念引领大众健康生活，以及带动当地农户致富的目的。

该项目经过近一年的实施，开展了斯里兰卡橄榄汁推广销售的相关工作：主要是基于公众号宣传海南特色文化和海南斯里兰卡橄榄历史、与一二线数家门店合作进行线上线下销售。已提交 QS 申请，并举办了橄榄汁试喝活动，通过赞助比赛、与咖啡馆合作等进行初步宣传，已建立小众社群进行产品推广。

该项目的核心技术和主要资源：斯里兰卡橄榄、去核技术及政府支持。斯里兰卡橄榄营养丰富，其钙含量约为牛奶的7倍，并具有清肺、解酒等功效；合作企业海南榄人福绿色产业开发有限公司拥有唯一的斯里兰卡橄榄去核技术；自2000年以来，在海南省各级政府的支持下，斯里兰卡橄榄的种植已初具规模。

现阶段的主要成果：已开发出橄榄汁、橄榄酱等产品；已与北京三家咖啡馆、云南大益爱心茶室、遇见女神慢摇吧达成合作；已与海南欧椰生态农业发展有限公司、海天一舍、大禾拍、美索不达米亚等多家企业建立良好的合作关系；已初步搭建耳榄小世界微信公众号、微博、App 等推广平台；2018 年 5 月，张家口三所高校将联合举办耳榄绿色产品的推广销售竞赛；目前在海南省已有一家橄榄厨房、橄榄咖啡厅，海南的用户流量已达到 2 万人。

项目的创新点：以健康产品斯里兰卡橄榄为原材料通过深加工技术造福中国消费者；营销模式方面，通过线上建立小众社群，以小众核心观念维稳线上人群，从而达到粉丝参与策划全员裂变。

1.1 项目名称

项目名称：耳榄——绿色产品网络商务创业实施

1.2 项目介绍

耳榄的寓意为“听海长大的橄榄”。本项目依托北京享瞰科技有限公司（以下简称北京享瞰公司），以斯里兰卡橄榄为原材料进行产品深加工、产品推广及销售，参与橄榄培育基地建设，在海南省海口市政府的大力支持下，打造“公司 + 基地 + 农户”平台，从而实现以健康理念引领大众健康生活，以及带动当地农户致富的目的。北京享瞰科技有限公司——耳榄项目运营流程如图 1 – 1 所示。

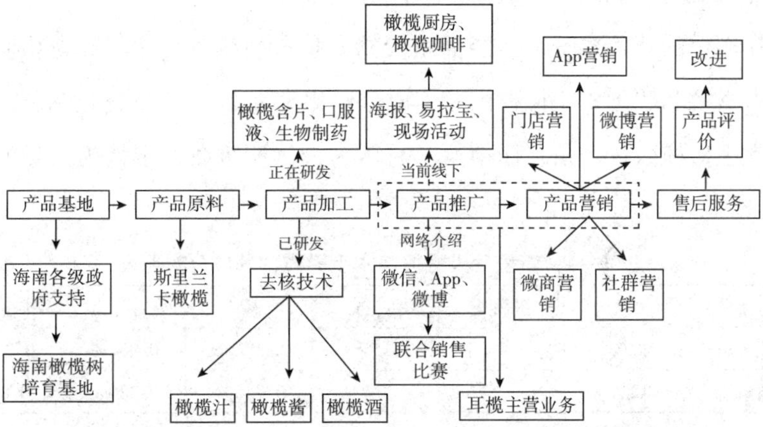

图 1－1 北京享瞰公司——耳榄项目运营流程

1.3 项目背景

北京享瞰公司团队先后赴海南榄人福绿色产业开发有限公司（以下简称海南榄人福公司）、云南等地进行同类橄榄产品市场现状调研，发现海南榄人福公司的斯里兰卡橄榄产品具有明显的优势和发展前景。北京享瞰公司决定与海南榄人福公司达成合作协议，从事斯里兰卡橄榄及深加工产品的联合研发、推广销售、产业园建设等合作，致力于推动橄榄产业的发展，全力打造斯里兰卡橄榄推广种植、产品研发、加工生产以及推广销售的产业链。

1.4 产品介绍

橄榄营养丰富，是大众公认的健康产品，其钙含量高，具有清肺、解酒等功效。斯里兰卡橄榄属多年生乔木植物，其营养丰富，药食两用。不仅富含人体所需要的 18 种氨基酸和磷、钙、铁等矿物质，以及维生素 A、B、D、K、E 等多种微量元素，而且具有降血脂、降血压、助消化、健胃、止渴、醒酒、止咳、治咽喉肿痛、减肥、促进儿童骨骼发育、补钙等多种药用功效；咀嚼橄榄，可治牙龈炎、口腔炎；吃橄榄叶粉末，可控制血压，降低血糖，促进人体血液循环，防止血管硬化。

在橄榄的营养成分上，经福建农林大学食品科学技术研究所检测，斯里兰卡橄榄和我国本土橄榄的营养成分对比见表 1－1。特别是钙含量高出我国本土橄榄数近 5 倍，而植物钙易于为人体所吸收，不愧为天然的补钙食品。

表 1－1　斯里兰卡橄榄与本土橄榄营养成分对比表

橄榄品种	总糖	蛋白质	脂肪	磷	钙	维生素 C
斯里兰卡橄榄	17%	2.4%	3.5%	0.0976%	0.964%	0.274%
中国橄榄	12%	1.2%	1.09%	0.046%	0.204%	0.02%

1.5　项目进展情况

1.5.1　积极拓展合作渠道

北京享瞰公司 2017 年 4 月注册，现已成立近 1 年，先后进行了 QS 申请，举办橄榄汁试喝活动，通过赞助比赛、与咖啡馆合作等进行初步宣传推广，已建立小众社群进行产品推广。

• 已与北京三家咖啡馆、云南大益爱心茶室、遇见女神慢摇吧达成合作。经过一段时间合作，项目团队发现咖啡馆收益较好；爱心茶室主营茶业，销售额较低；遇见女神慢摇吧需要压货。为此耳榄项目主要与咖啡馆进行合作。

• 已与多家企业取得了良好的合作关系，海南欧椰生态农业发展有限公司、海天一舍、大禾拍、美索不达米亚等，如图 1－2 所示。

图 1－2　北京享瞰公司合作企业

• 2018 年 5 月，张家口三所高校（张家口学院、河北建筑大学、河北北方学院）联合举办推广销售竞赛（耳榄为主要赞助商）。

• 在海南已有一家橄榄厨房、橄榄咖啡厅。目前在海南用户流量已经积累达到 2 万人。

1.5.2 深加工产品研发

北京享瞰公司参与研发的斯里兰卡主要产品有：

• 已开发生产的主要产品：橄榄汁、橄榄酱，如图 1－3 所示。

图 1－3 斯里兰卡橄榄产品

• 正在研制开发的产品：橄榄酒、橄榄含片、橄榄口服液、橄榄生物制药等。

1.6 项目创新点

1.6.1 健康产品及深加工技术

橄榄产品。在橄榄加工方面，北京享瞰公司与海南榄人福公司先后投入资金，聘请中国农科院、海南省农科院有关专家担任常年技术顾问，建立橄榄种植优质示范园和种子基地，培养自己的技术队伍，为农户提供种植技术咨询服务。在对外协作方面，合作公司海南榄人福公司还与福建农林大学食品科学技术研究所联合开发出橄榄汁、橄榄口服液、橄榄酒等产品。为建立加工基地和工厂打下了基础，做好了橄榄产业化经营的充分准备。

去核技术。合作公司海南榄人福公司拥有斯里兰卡橄榄去核机（由海南榄人福公司和海南大学共同研发）。

1.6.2　营销模式

线上。从小众社群入手产生裂变，依托微信建立起微信群（主要人群为小众），例如国安社群，通过线上建立小众社群，以小众核心观念维稳线上人群，达到共同核心观念；通过线上线下社群活动来提升粉丝忠诚度，最后进行城市分享会与众筹挂钩，达到粉丝参与策划全员裂变。

线下。与北京某高端饮品销售公司达成渠道商合作，与海南大禾拍务农连锁店铺达成合作，与北京张帆远航商贸公司达成合作。

2　企业概况

北京享瞰公司成立于2017年4月，地址为北京望京东园。为了响应国家的绿色工程号召，公司以建设“三大工程”（富民工程、生态工程、健康工程）为宗旨，造福子孙后代。目前主营斯里兰卡橄榄产品推广销售、橄榄系列产品研发及橄榄产业园的建设，现有员工15人，法人为项目团队队长公司创始人，项目团队以学校学生团队为主。

2.1　公司组织结构

北京享瞰公司拥有一支优秀的管理团队，集聚了具有丰富的文案和销售经验的团队。公司现有员工15人，其中销售人员占60%，北京享瞰公司管理团队由董事长郭安、CEO金昊锋、财务总监朱连泽组成。公司股份占比如图1－4所示。

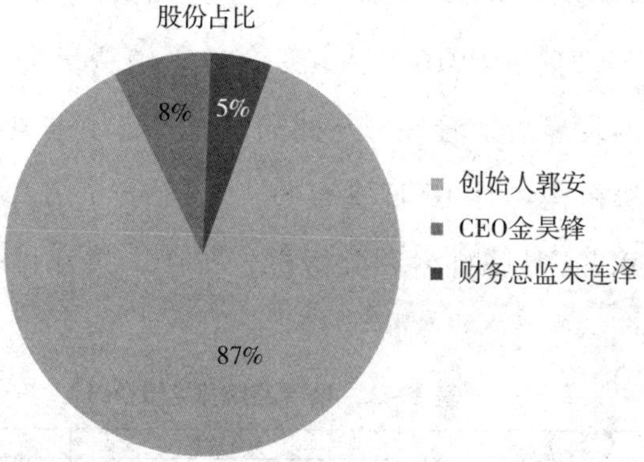

图1-4 公司股东股份占比情况

2.2 团队优势

北京享瞰公司拥有一支优秀的管理团队。现任董事长郭安具有丰富的企业管理经验和资本运作能力，在家族企业担任总经理和董事，自入职以来，曾在淘宝双11活动中销量破1000万，云南、重庆、山东交易额翻了270%。总经理朱连泽先生是公司的联合创始人，也是公司的主要财务负责人。某社群CEO金昊锋占股8%，是云南大学创业导师，曾出书《从零到亿诚心价值启示录》。

耳榄项目还有两位经验丰富指导教师，学校管理学院信息管理与电子商务系教授王晓红、副教授田玲。同时，公司管理人员以及员工均是“95后”，对网络时代有着深刻的理解，具有互联网思维和意识。另外，公司将不断引进各种人才充实管理队伍。

3 市场分析

3.1 市场可行性分析

近年来，中国果汁饮料市场呈高速发展态势，果汁市场的迅速崛起与消费者的健康意识增强密不可分，果汁饮料，尤其是纯果汁里富含身体必需的维生素和微量元素，健康美味成为果汁吸引消费者的主因。

中国人口众多，2016 年果汁销售量为 7139 万吨，2017 年为 1.03 亿吨，增长了 31.3% ，2016 年人均一年饮料消费量为 150 杯/人，未来中国果汁行业的发展前景看好，与此同时也具备了非常好的投资优势。在中国品牌评级机构 4 月 10 日发布的“2018 年（第八届）中国品牌力指数 SM（C－BPI）品牌排名和分析报告”中，果汁排名 TOP10 的品牌如表 1－2 所示。

表 1－2　果汁品牌排名 TOP10

2018 排名	排名变化	品牌	品牌发源地	C-BP得分	品牌认知			品牌关系		
					第一提及(%)	未提示(%)	有提示(%)	品牌联想(%)	品牌忠诚(%)	品牌偏好(%)
第1名	—	汇源	北京	685.7	64.2	85.3	87.6	75.2	53.9	59.4
第2名	—	味全每日C	台湾	433.3	15.0	65.0	72.1	64.2	52.0	17.3
第3名	—	光明果诱100%	上海	338.9	6.9	48.2	55.6	59.7	57.2	6.6
第4名	—	大湖	美国	300.5	3.4	37.7	46.4	66.2	42.4	3.2
第5名	—	都乐	美国	279.2	2.1	28.3	39.0	67.2	44.4	2.0
第6名	new	农夫山泉	浙江	265.5	0.7	11.9	15.9	85.3	50.0	1.4
第7名	—	悦活		234.9	1.3	16.4	27.1	62.3	42.5	1.0
第8名	+5	派森百	北京	224.9	1.0	11.5	19.0	62.3	45.7	1.0
第9名	+3	橙宝	重庆	220.4	0.3	10.6	17.0	65.1	43.8	0.9
第10名	new	帕玛拉特	天津	191.1	0.4	8.5	15.0	60.3	35.2	0.8

资料来源：Chnbeand2018 年中国品牌力指数 SM（C－BPI）；

3.2　技术可行性分析

海南榄人福公司拥有强大的科研力量。公司已聘请中国农科院、海南省农科院专家担任常年技术顾问，并合作在龙华区羊山地区建立了橄榄种植基地，用以培育良种、示范推广和科学试验。海南榄人福公司还与福建农林大学食品科学技术研究所联手，共同研究开发橄榄汁、橄榄口服液、橄榄酒等系列橄榄产品，并由福建农林大学郑宝东教授担任项目技术负责人。

3.3　政策可行性分析

海南榄人福公司和北京享瞰公司开发橄榄系列产品获得了海南省政府、海口市政府以及龙华区政府的强力支持，在土地供应、资金、税收政策等方面享受优惠。

3.4 竞争优势分析

北京享瞰公司开发橄榄系列产品有以下优势：

第一，环保绿色。因斯里兰卡橄榄有很强的抗病虫能力，种植过程中完全不打任何农药，保证了产品的品质。在加工过程中，不添加任何防腐剂，符合饮料绿色环保的潮流。

第二，营养均衡全面，营养成分高。主要成分综合指标高于一般水果，特别是富含植物钙，易于人体吸收。补钙应成为斯里兰卡橄榄汁和橄榄口服液的主要卖点，对橄榄汁和橄榄口服液可着重强调补钙功能，这种独特的补钙产品应会受到老人和小孩的欢迎。

第三，药用价值明显。耳榄橄榄产品对减肥、调血脂、降血压、护肝、醒酒等有明显效果。这对中老年消费者有很大的吸引力。耳榄橄榄口服液对护肝醒酒有特殊功效。中国人好酒，针对饮酒者而言有较大的市场空间。对橄榄酒可强化其降血压、调血脂的特殊功效。

第四，口味独特，回味无穷。如橄榄汁作为一种新型的果蔬饮料，橄榄风味明显，口感清爽，是产品的一大特色。橄榄果酒纯正的橄榄风味，独特的口感，饮后令人难以忘怀。

但是，目前橄榄系列产品品牌尚未形成，销售网络尚未建立。品牌形成有一个过程，进入市场后与消费者有一个磨合期，要想打开市场，必须加大宣传和营销力度。

4 商业模式

4.1 商业画布

北京享瞰公司初期主要生产以斯里兰卡橄榄为原材料的橄榄汁、橄榄酱等产品，针对青年人成长发育、健康生活为主，主要为青年人补充 VC、钙等；另外以儿童和青少年为辅，解决幼儿和青少年成长发育时期的补钙问题；后期相继研发橄榄酒、橄榄含片、橄榄口服液等产品，针对中老年人解决钙流失、预防心血管疾病等保健问题。与海南及其他多家公司合作建设产业园基地；通过线上线下整合营销的方式进行推广销售，通过搭建“公司＋基地＋农户”平台，全力打造斯里兰卡橄榄推广种植、产品研发、加工生产以及推广销售的产业链。北京享瞰公司将以健康理念引领大众健康生活，带动地方农户致富为理念，整合利用资源及市场反馈，运用品牌战略，逐步树立耳榄项目的品牌形象。

4.2 目标客户

前期以青年人为核心，以儿童和青少年为辅；后期以中老年人健康为核心，占领中老年保健食品消费市场。

4.2.1 主要目标客户

前期客户以青年人为主，针对青年人成长发育、健康生活。目前，大多数青年人无论是在学习还是工作、生活中，都离不开手机、电脑等社交办公用具。斯里兰卡橄榄富含大量维生素、钙等身体必要元素，青年人可饮其以补充 VC、钙等，且对吸烟、喝酒等人群众，该产品具有清肺、解酒的功效。

4.2.2 其他目标客户

- 儿童和青少年。儿童和青少年以补充植物钙为卖点，以橄榄的特殊口味吸引客户持久消费，培养客户的忠诚度和偏好。橄榄富含人体所需要的多种氨基酸、矿物质及微量元素，具有促进儿童骨骼发育、补钙等功效。

- 中老年群体。后期以中老年客户为主要目标市场。中老年人随着年龄的增加，身体钙元素会逐渐流失且易患各类疾病，斯里兰卡橄榄对于预防心血管疾病和糖尿病有良好的作用，且补充和平衡营养，有降血脂、降血压等功效。

4.3 营利模式

4.3.1 产品直销

北京享瞰公司在网站上登录商品信息或者在线下实体店进行直接销售，直接获得商品销售利润。

4.3.2 售会员卡

“IP 会员”是用来凸显用户“尊贵身份”的常见方式，年轻人特别是学生人群中非常受欢迎。公司可以通过发放会员卡的形式来让用户提升“身份”，公司可以为持卡会员提供更低廉的商品价格，更贴心的服务。

5 营销策略

5.1 线上营销

为提高公司的竞争力，应对当前快速发展的网络商务应用，本团队策划了耳榄——绿色产品网络商务创新平台，系以宣传和销售我公司绿色产品为纽带，便捷各地农户的网络沟通交流，并拥有农业百科、个性 DIY、农家乐、绿色生态旅游、农户加入等可持续性发展项目的综合性平台，拥有自己的网站，并建设有配套的 App、微信公众号和微博等。本创业项目已经拥有了自己的实体线下产品和销售渠道，旨在实现耳榄——绿色产品的网上宣传和销售，加强与各地农户的快速沟通和线上联系，并开发独具特色的农业百科、个性 DIY、农家乐、绿色生态旅游、农业嘉年华等项目。

5.2 线下营销

在营销的初期阶段，北京享瞰公司将借助其他公司现成的营销网络，打开市场。北京享瞰公司现已与大益爱心茶室和云南遇见女神慢摇吧达成了代销橄榄系列产品的意向。利用这些渠道，将可以迅速铺开市场，当然，公司也将让出较大的利润空间，以激励代理商推销橄榄系列产品。

公司未来还将以连锁加盟的方式，建立橄榄系列产品专卖店。以专卖店为营销的堡垒，通过演示、讲解等方式，宣传橄榄产品的好处，以拉动产品的销售。

6　财务分析

6.1　营业收入

参见表1－3。

表1－3　耳榄项目营业收入表

项目	单价	数量	合计
橄榄汁（鲜榨）	15/杯	3460 杯	51900 元
橄榄果	12/斤	7075 斤	84900 元
合计			136800 元

6.2　成本分析

• 橄榄汁饮料收入：按成本定价法，每杯鲜榨橄榄汁按 4 元/杯计算。

• 橄榄口服液收入：按终端定价法每瓶 8 元计算。

• 橄榄酒收入：按终端定价法每瓶 90 元计算。

• 橄榄汁成本：根据测算，每杯橄榄饮料综合生产制造成本为 1.3 元，销售费用 0.8 元，销售税金 0.8 元，管理费用 0.5 元。

• 橄榄口服液成本：据初步测算，每瓶橄榄口服液生产成本为 0.485 元，销售费用 3.2 元，销售税金 0.64 元，管理费用 0.4 元。

• 每瓶橄榄酒生产成本为 2.78 元，销售费用 36 元，销售税金 7.2 元，管理费用为 4.5 元。

• 财务费用：代理记账成本 300 元/月，每年工商年报、汇算清缴、残保金缴纳 1000 元，总共 4600 元。

● 所得税利润按总额的15%计算。

6.3 利润表

参见表1－4。

表1－4 耳榄项目利润表

单位：元

项目/年份	2017年（第一年）
一、销售收入	136800
减：制造成本	57500
税金	13481
二、销售利润	65819
减：销售费用	18000
管理费用	6000
财务费用	4600
场地费用	20000
四、营业利润	17219
减：所得税	2582.85
五、净利润	14636.15

7 项目总结和展望

7.1 前期投入

为达到北京享瞰公司的销售和橄榄产业化经营目标，根据与合作公司近五年的发展计划，前期投入资金330万元，主要投入资金包括现有股东增资、吸引新股东投资、争取政府资金支持和申请银行贷款等。表1－5为北京享瞰公司耳榄项目投入表。

表1－5 耳榄项目前期投入表

序号	投资项目	投资预算（万元）	备注
1	公司地址费用	10	公司工位2年费用
2	设备费用	5	笔记本电脑以及多媒体投放等

续表

序号	投资项目	投资预算（万元）	备注
3	橄榄产业园后期参与建设	200	550 亩橄榄示范园及种苗基地
4	人员成本	25	公司 2 年运营费用
5	建设性贷款利息	10	年息 7.56%，两年期贷款 130 万元
6	流动资金	90	
合计		340	

7.2 融资方案

耳榄项目产品投入市场之后，为了扩大生产、经营，预出让 10% 股份融资 500 万元，进行橄榄培育园维护费及产品升级。表 1－6 为耳榄项目融资表。

表 1－6 耳榄项目融资表

序号	投资项目	投资预算（万元）	备注
1	公司地址费用	100	
2	设备费用	5	电脑以及其他办公用品
3	橄榄培育园维护	200	土地翻新以及永久墙建设
4	人员成本	45	运营人员成本
5	产品线扩大与搭建	100	与代工厂合作
6	流动资金	50	
合计		500	

7.3 预算报表

7.3.1 未来收入及利润预算

未来三年总销售收入分别为 2018 年 120 万元，2019 年 540 万元，2020 年 1000 万元。表 1－7 为耳榄项目产品收入预测表。

表1－7　耳榄项目产品收入预测表

项目\年份	2017年	2018年	2019年	2020年
年产量（斤）	7000	40000	180000	350000
产品销售单价（/斤）	30	30	30	30
年销售收入（万元）	21	120	540	1000

未来三年的净利润分别为2018年40万元，2019年200万元，2020年350万元。表1－8为耳榄项目利润预测表。

表1－8　耳榄项目利润预测表　（单位：万元）

项目\年份	2017年	2018年	2019年	2020年
主营业务收入	20	120	540	1000
主营业务利润	9	70	270	400
净利润	7	40	200	350

7.3.2　财务指标分析

投资回收期＝总投资/净利润＋建设期＝500/220＋1年建设期＝3.27年

投资利润率＝年利润率/总投资×100%＝220/500＝44%

销售利润率＝利润总额/销售总额×100%＝220/650×100%＝33.8%

7.3.3　盈亏平衡点分析

盈亏平衡点BEP＝年固定成本/（年销售收入－年可变成本－年税收）×100%＝35.8%

上述计算表明，该项目只需达到设计能力的35.8%就能保本，公司抗风险能力很强。目前尚未计算仓储成本、场地成本。

案例二　鬼斧定制

——想你所想，顺势而为

心路历程

“这个世界，观点很多，需要你自己去思考和判断”，这句话经常作为我在很多场合的开场白。我作为一名大学生创业者，在此，想与正在阅读的您交流一下自己在创业道路上一些经历和感悟，还望与大家多多探讨，相互学习。

一、自我画像

1904 年，《企业家》杂志在美国创刊，发刊词采用了作家迪恩·阿尔芬奇的一首诗，这首诗的第一句话是：“我拒绝平庸，如果可以，我希望成为一名不寻常的人。”随着中国经济的蓬勃发展，在华夏大地这片热土上有越来越多的人希望成为不寻常的人，我也是其中之一。

我叫曲润华，来自山东烟台。父母给我起这个名字就含有“利润中华”之意。我名字中的“润”字似乎就有做生意，创造利润的意思吧。事实上我也特别喜欢赚钱带来的乐趣，虽然到现在为止也没赚多少钱，但我是个喜欢挑战，喜欢创新、喜欢奋斗，具有好奇心，坚持独立思考的人。

在大学期间，我做过文化定制，在学校里开过咖啡厅，做过传媒公司……一直走在创业的道路上。

大概从小学三四年级我就开始玩地下城与勇士（DNF）这个游戏了，但是我并没有仅仅就把它当成一个游戏来玩，而是在游戏里扮演了一名商人，在游戏中我收集了一些灵魂晶石等材料，通过低买高卖，在游戏里大概赚了几千万金币，折合成人民币就是几百块钱，并不是只为了赚钱，而是我从中很享受做“生意”的这种乐趣。这应该是我最早的创业体验，短暂而美好。

初三是我最早萌生创业想法的时候。那时候我就像刚出生的牛犊，有着一股冲动和闯劲。当时移动互联网已经盛行。记得当时我看得最多的就是新浪新闻，那时几乎天天看上面的科技板块。关于互联网的很多知识，都是从那个时间积累起来的，例如 B2B、C2C、B2C 等一些概念。当时自己也构想了几个小项目，比如做一个在线情趣商城，既可以保护用户的隐私，价格又便宜。后来发现还真有这么做的。但当时受制于各种因素，很多事情仅存在于构想中。

微商在这个时候也已经“小荷才露尖尖角”了，记得当时一个发小在网上卖手机流量卡、移动电源，获利还是很高的，所以我也有通过网络在学校卖这些东西的想法。他告诉了我他的进货渠道，我开始在我的学校卖，但是在我的学校卖得并不好。因为我们学校是私立学校，不允许学生带手机，所以大家对流量卡和移动电源的需求并不是很大。这次做生意没能成功，完全是因为我前期的市场调研没做好。这件事对我的启发就是做事之前一定要先做好市场调研，不盲目，不追风，要了解用户真正的需求。

上了高中，记得那个时候打车用的是滴滴、快的，吃喝玩乐用的是美团和大众点评这类平台。尤其是滴滴、快的等平台在“百团大战”的时候，打车、吃饭真是便宜，也吸引了大量用户，引起民众的关注。移动互联网如火如荼地发展，也刺激着各种有想法的人的神经。2015 年李克强总理去中关村创业大街的 3W 喝了一杯咖啡，“大众创业，万众创新”的浪潮迭起，记得有一篇文章中这样写道：“在资本繁荣期，我看到一个人什么都没有，就靠着一个想法，就从投资者手里拿走了 500 万的天使轮融资。”从国家层面到社会大众，可见当时的创新创业和融资已经非常火热。

高一的时候我去北京“新东方”学习，我发现北京的科技公司最多——百度、滴滴、美团、小米、今日头条……北京的创业氛围也是最浓的，高校云集，资源颇多，从那个时候起我就下定决心一定要到北京上大学。北京的分数线在我们山东还是挺高的，当时我甚至决定即使考不上北京的大学我也要来北京，哪怕去北大旁听也要实现我的北京梦，不然真是枉费此生。

高考完填报志愿，我不顾家人反对一定要到北京，填了一所北京的学校，我相信事实会证明这是我做出的最正确的决定之一。

来到北京联合大学，更令我意外的是联大的创业氛围是这样的浓厚，在开学典礼上，校长提到了校友的创业典型——“车库咖啡”的苏昀学长和被李克强总理接见的“三石文化”的韩磊学长。在管理学院入学会上，老师们提到了“蜂巢创意空间”这个创业组织，自此我和“蜂巢”的缘分就开始了。

我现在不仅是蜂巢管理团队的一员，而且后来我的项目经过答辩也入驻了蜂巢创意空间这个校级孵化基地，到现在蜂巢也依然是我最喜欢的学生组织，我热爱这里所有的一切。

从进入大学到现在我一共经历了两个创业项目，下面先说说我的处女作——鬼斧定制。

开始创业首先要有想法，当时最难受的是每每想到一个项目却发现早已经有人在做了，而且还不止一个团队在做。忽然有一天，我联想到自身，我写下我想要做的项目——旅行。因为自己比较喜欢旅行，我就想为像我这样喜欢旅行的人定制私人旅行。所以我当时想了一个服务外包的项目：通过开发一个 App，在 App 上有需要的公司发布需求，有能力的人员接单，这样就可以在我们的平台上面赚到钱。但是后来与一些工作的亲戚朋友交流我的想法时，发现这个已经有人做了，是一家叫“猪八戒”的网站。但是在移动端的应用市场我真的没有搜到，在 PC 端登录了这个网站后，发现他们做得已经很详细了，于是这个想法就这样夭折了。当天晚上我心情郁闷，就去宿舍后面的一家小店吃串串。在初冬的时节，我坐在靠近窗户的座位上，一边喝着冰凉的啤酒，一边吃着滚烫的串串，孤独感油然而生，当时还和远在成都的于洋同学通了个电话，吐槽了一番现在的情况，这个时候脑中忽然闪现一个灵感，可以开发一个社交软件，大家可以在这个 App 上约饭、约歌、约出行、约打篮球、约电影……一切以兴趣为导向，心中熄灭的那团火又重新被点燃了，紧接着我立即在苹果商店寻找有没有类似的软件，搜索关键词，然后开始下载与之相关的各种软件，发现有一个公司正在做这个事情，它的名字叫“美丽约”，当时心情又失落到了谷底。我认为万事须抢占先机，先下手为强。

一个周末，我和朋友一起去了 798 艺术区，作为一个“矫情”的文科生我还是比较喜欢、艺术一类的东西，感觉很有格调。当我走进一个间间画廊、一个个展览室，看着一幅幅书画和工艺品，我忽然想到了定制，这是继旅行私人定制后，鬼斧定制这个项目的想法来源。后来我就成了 798 艺术区的常客，通过多出去走走看看带给我的灵感，我不断进行市场调研，反复修改方案……鬼斧定制这个项目在我的不断“打磨”下初具雏形。下面是我们这个项目的一个简单的介绍。

二、鬼斧定制——专注于个性化定制平台

一是鬼斧定制早期致力于书画定制，通过吸引书画师入驻，用户选择适合自己书画师进行书画定制。

二是共享书画及小部分艺术品，用户可以通过平台进行书画等艺术品的出租，置换及变卖。

鬼斧定制通过吸引大量的设计师和制造商入驻形成一个私人定制的平台，用户在平台上寻找适合自己的设计师（设计师会收取服务费），通过输入自己的定制需求，设计师输出一个设计图案，再交由具有生产资质的制造商进行定制，打造一个全品类平台。

其实我们主要抓的是消费升级，以及大家对展示自己个性的强烈追求。当今社会经济高速发展，人们的生活水平也随之不断提高，现代社会人们的思想更具个性化、特性化，选择更加趋向于独特化。而且具有此类思想的人并不在少数，且人数呈不断增长的态势，与之相对应的私人定制设计的市场需求会随之不断扩大。私人定制的基础是设计师的创作跟制造商的生产，私人定制的动力来自人们不断增长的独特的、个性化的产品需求。

最初我们主要做的就是书画定制，我们做这个项目的原因有两个：

第一个是为了帮助用户用个性化的产品表达特殊的意义和生活态度，充分彰显个性。第二个是这个项目可以为书画师创收。我们通过与一些从事此职业的人交流，发现很多学美术专业的人，即使是八大美院毕业的，找工作也有一定难度。一些美院的学生说他们好多人因为不好找工作，最后就都转行了，所以创建这样一个平台做也可以增加书画师们的收入。

想法有了，接下来最重要的就是搭建团队了。我们团队的形成是借了学校“启明星立项”的东风。在此非常感谢我当时的班主任刘来玉老师，他对我们班的创业情况非常关心，知道我有创业想法后经常与我交流，对

我个人和团队给予了非常多的指导和帮助。这个时候冶延斌同学找到了我。冶延斌同学（下面简称斌斌）有很多优点，最重要的一点就是人品很好，再就是他以前学过绘画，还给别人设计过 Logo。我们两个一拍即合，很快达成了合伙意向。但是光有两个人可不行，接下来还需要招人。主要是通过同学推荐，还有自己平时留意的人选。招人要考虑的方面很多，还要考虑他的专业、能胜任的工作。比如要做 App，就要找学软件的同学，但是我们很快发现以当时我们认识的学软件的同学他们的水平还是做不出我们想要的 App 效果，技术问题一直是我们这个项目遇到的非常大的难题。后来我找到了于洋洋同学负责我们项目的艺术方面的工作。于洋洋是我在一次山东老乡聚会上认识的，他恰好是艺术学院的，曾经和同学在山东开过画室。我又找到了做事认真、学会计的刘佳晔同学，由他主要负责财务工作；主动自荐的熊丽娟同学主要负责人事和团队成员的考核工作。虽然团队搭建起来了，看起来也还不错，但在实际操作中还是发生了种种问题。内部管理在任何时期都是一个很重要的问题，下面我谈一下我们团队遇到的问题，供大家借鉴。

一、大家动力不足。因为是初期创业团队，没有工资，大家完全是靠着兴趣、意念，以及对我的信任聚集在了一起，时间稍微一长，如果项目还没有取得进展，大家的热情和干劲就会受到影响。

二、做实事的少。团队只有一两个人在做事，而其他人受制于某些原因不做事，在此我建议实行事不过三，不管是什么原因，三次没有达到要求的，实行退出机制。

三、不够专注。聚焦和专注，对创业者来说应该是一个非常重要的品质。按照初创团队的实力，能做好一件事就很厉害了。

当时我们的规划是通过参加比赛，比如启明星、三创赛、服务外包等比赛，获得奖金，获得关注，毕竟我们没有起步资金，通过这些比赛不仅可以获得奖金，也可以让自己的项目获得关注。参加这些比赛除了项目要拿得出手，指导老师也相当关键，指导老师可以用他专业的学识和丰富的指导经验让我们跨过很多“坑”。我们非常感谢我们的指导老师——刘来玉老师，他为我们修改计划书一直工作到深夜，为我们计划书的改进提出了非常宝贵的指导意见。

天赐良机，我和团队成员参加了未来 CEO 创新创业训练营，学校和管理学院以及蜂巢创意空间给我们提供了许多的支持和帮助。每周三的训练课使我们受益颇深，从中学到了很多关于市场细分、人群细分、市场营销、团队人事、项目路演等相关的知识。这其中最重要的还是因此认识了许多志同道合的朋友，第二个创业项目也是与在训练营里认识的伙伴共同合作的。

与此同时，我们也开启了寻找书画师的过程，我从微博上、身边同学的介绍以及在陌生人的帮助下，找到了几位书画师以及几家画室。谈合作的过程是比较艰难的，最大的问题就是书画师不信任、也不愿意把作品物质化。当时我们要搞一个定制的宣传活动，想跟一家手绘工作室合作，我说：“我们可以购买你们的手绘定制画像，或者你们可以为我们免费提供几幅定制的画像，我们可以为你们提供免费的宣传服务。”但是那个工作室负责人一听到需要他们免费提供画像就骂我们是骗子。通过这件事我们也懂得了一条从现实中得来的经验教训，这就是与一些人打交道时，你要跟他直截了当地谈利益。这样“修正”了以后，我们的第一笔订单就由他们负责完成的，并且完成得非常好。

在此要着重提一下“弱关系”，“弱关系”指和联系不频繁的人之间的关系，和频繁交流的“强关系”相对应。提到弱关系就必须提到我们的“90 后”美女漫画师闫思名，我们是怎么找到她的呢？

我记得高中同学以前发了一条关于闫思名的朋友圈，夸她是定制古风书签的优秀画师。我做定制这个项目的时候就想到了她，后来一了解，发现她当时已小有名气，被好几家媒体报道过。于是要到了她的微信，发展她成为了我们的书画师，所以弱关系不是问题，关键是这件事对关系两方都是有意义的，通过并不熟悉的关系，把信息传递过去，反而事情达成得很顺利。我们的第一笔业务酬金是 390 元，是一个社团想要定制一批头像印在 Logo 上，我们通过与我们合作的画室画出了这一批共计 18 个头像。虽然钱很少，但是却给了我们极大的信心，这也验证了我们的商业模式是可行的。

但项目的进展还是不太顺利，当时我们通参加比赛和入驻蜂巢创意空间，获得了一定的资金，减轻了创业资金压力，但是这离我们开发 App 的愿望的实现距离还很遥远，如果做小程序的话成本比较低，但是仍然有一个点对点沟通的问题亟待解决——我们现在还没有注册公司，没有形成稳定的现金流，所以创业初期启动资金对于我们这样的学生而言还是一大难题。

管理学院的创业氛围非常浓厚，学院领导、老师都给我们提供了很多的帮助，感谢张玲娜书记的关心和照顾，帮助我们多方寻找和联系书画师。经过答辩入驻蜂巢，不仅为我们提供资金上的支持，还经常举办一些创业活动、如项目路演、大咖讲座……在这里学到了很多创业知识，也积累了不少的人脉。

必须承认的是，在移动互联网已经遍布天下的年代，留给大家的机会并不多了，但是的确还是有机会的，只是需要进行模式创新。大学生进行移动互联网的创业项目，我认为有两个难点比较突出。

第一点是技术问题，能够找到一个熟练的技术人员是相当困难的，大多数同学没有经过历练，所掌握的技术有限，要想成功做出一个 App 和小程序比较难。

第二点是怎样获客，有了好的产品但不为人所知也是一件很令人难受的事情，现在在获客成本如此高昂的情况下，想要有效获客，需要对获客模式进行创新。比如，社区拼团通过创新模式，它的获客成本甚至要低于拼多多。

即使困难重重，鬼斧定制这个项目我未来也一定会继续做下去，刚刚过去的双十一，高额的成交量和商业数据，都展现了消费升级的强大市场潜力。好货不怕卖，押宝于消费升级和文创产业，我坚信我们的眼光是准确的。

在获客和推广方面：第一点，利用抖音，拍摄书画师进行创作时的视频同时上传到抖音上，进行项目宣传和促成购买。

第二点，利用热点进行营销，主要通过鬼斧定制的公众号，在圣诞节、平安夜、春节、情人节等各种节日和热点事件时举办活动，由我们出钱定制一些与之相关的礼品，吸引大家的参与，提升知名度。

第三点，继续与画室实体店进行合作，推广线下体验店的活动。

资金上：继续参加各种创业比赛以及参加项目路演获得投资，以及从其他地方赚到的钱投到此项目上来。

第二个创业项目是我和老郭一起做的，具体来说是我们与校外企业合作的一个项目，这个项目做得很糟心，也让我们更加深刻地体会到创业的艰难和社会的复杂，尤其是在校期间进行创业的酸甜苦辣。

时间回到 2018 年 10 月中旬，在某公司总部的一间小会议室里，一位当时正在该公司工作的学长找到了我们，让我们在学校代理他们的一个社区团购项目，承诺每卖出去一样东西，他按照比例给我们分成，分成比例大多数都是 10%，我们需要做的是建微信群，并且群人数达到 100 人以上，就给我开一个小程序商城，然后负责收货、散货。

对于做不做这个这件事，我们当时很犹豫，主要原因有以下三点：①现有的高校每天能卖多少钱，他们也没有这方面的数据。②配货时间他们无法掌控，但是大学生不同于社会工作人员，我们去收货、散货和同学们去取货的时间与上课时间有时会有冲突。③散货的场地是问题的关键，而我们并没有一个好的方法去解决。

我俩在回学校的路上也一直在讨论这个项目能不能在学校做。首先我们都认为社区团购是一个非常好的模式，它的成本是可控的，而且这个项目在生鲜供应链上是强大而有优势的，这使得他们生鲜的价格很便宜。但是具体落实到每个社区又有很多实际问题。

这期间我们还断断续续地沟通联系，到了11月末，学长再次找到了我们，这次他们已经从安贞搬到了小营路，离我们学校非常近，这次谈话让我们决心去做这件事情了。上面的几个问题基本都解决了，我们已经有了某高校的数据——每日均值大概是三四千，峰值时能达到六七千。收货地点也有了——暂时先放到金盟大厦的提货点。但是真正打动我们的其实是他说他们这么做不仅是为了卖生鲜货品，也是为了获取高校的流量。大家都懂得流量为王的道理，他们有一个重构校园市场的野心。想把我们打造成一个成功样本，甚至许愿要给我们在前期投入资金。而且那个时候恰好我们也已经开始做一些能够马上赚到钱的活动，包括承办了英雄联盟宿舍英雄赛的北京地区初赛和总决赛。我们也有一些高校的资源，我们希望能够帮助他们在校园拓展业务，当然这些都需要他们支付费用的。

但是没想到过了几天，事情就又发生了变化。12月份我和老郭各有一个游学的活动，我去杭州三天，他去深圳七天。当我坐上了从杭州开往北京的高铁时，学长打来了电话，他说我们现在就拉群，让技术人员把小程序商城构建起来，马上开团。为此，我们就开始写文案在朋友圈转发。刚好在这次游学中认识了做校园自媒体的磊哥，他们手上有大量的校园用户资源，当时我们谈了一个价格想通过他们帮助我们拉人，大概谈的是四五千元拉一千个人的价格，我们把这个价格报给了公司，没想到这么低的获客价格他们并没有批。这跟当初给我们的承诺实在相差太远。

后来又爆发了“传单事件”。做推广一般采用扫楼的方式——往宿舍里塞传单，传单上有码可以扫码进群，说好了一栋楼大概 100 多间宿舍，扫一栋楼劳务费几百块钱，当天已经说好要做了，价格他们也已经同意了，而且我们已经找好了人就要做这件事情了，但是当天晚上他们打电话说这个事情做不了了，说成本太高了他们接受不了，说是他们的负责人认识一些兼职平台的负责人，雇一个人几十块钱就能做。我说：“那好，你们能做你们就自己做吧!”第二天我去散货，见他们公司有一个人问来取货的同学刷楼干不干，一个小时五十块钱，但来取货的同学没有一个愿意干的，这个时候我就知道那个负责的 G 总根本就不认识什么兼职平台的负责人，当天晚上又打电话给我问我扫楼的事我们还做不？那一刻我就真的爆发脾气了。我说：“学长你们的这种做法我接受不了。你们这样速度太慢了，根本就不是互联网公司的做法，不能获取更多的用户。对你们每天的运营成本就是一个巨大的浪费，而我们每天的收入还不能覆盖运营成本，你们耗得起，我们耗不起，如果见不到效益，我们没有必要在这上面浪费这么多的时间和精力。”他竟然说我说得对，他说 G 总和上一任的做法，作风不一样，那个时候我才知道这些所有的变化都是因为换人了。原本的许诺都石沉大海，新官不理旧账，但这对于“旧账”的所有人来说是一件非常痛苦的事情。

后来爆发了“丑橘事件”和高校事业部的内斗。圣诞节我们搞活动，丑橘 1.99 元一斤大概卖出四五十份丑橘，以及拉人进微信群送水果等活动，我们按照他们的要求组建了一个配送团队，申请了一些配送费用和宣传费用。我们在微信上再三和 BD（商务拓展）确认，两个活动会不会冲突，BD 很明确地告诉我们不冲突。但是等活动结束，高校总负责那里就不认账了，BD 说是负责人那边的问题。丑橘呢，由于他们没有做好活动计划导致爆仓，说好次日达根本就到不了，而且前一天大家购买到 5.99 元每斤的丑橘也送不到。后来他们公司给出的解决方案是，搞活动那天买的丑橘退款且免费送一份，但是前一天买的只退款不送，我们也搞不明白这是什么操作。要么全退款全不送，要么全不退款全不送，我们只好自己出钱、出力化解前一天买丑橘人群的不满。

在此期间我们也与该负责人多次申请费用的问题，但是都没有给一个好的解决方案，最后所有的费用都是我们先垫付上去的。他们自己的内部矛盾，最终却将战火引到了我们身上，这件事情给我们最大的启示就是事前一定要先签订书面协议，要拥有法律保证，还有就是与对方合作一定要关注对方公司内部是否稳定，避免成为炮灰，后来听说其中一方被迫离职，内部战争也宣告结束。虽然发生了这么多事情，但是我是发自内心地感谢学长能够给我们这次机会，能够让我亲自实战社群运营、营销和管理的工作，非常感谢张玲娜书记和陈芊锦老师对我们这个项目的大力支持，帮助我们宣传、帮助我们在学校寻找散货场地。

前段时间相信很多人的朋友圈都被《2018，创业黄金时代结束的一年》这篇文章刷屏了，我也想简单地谈谈我的看法，我想用狄更斯在《双城记》里的这段话描述这个时代最合适不过了："这是一个最好的时代，也是一个最坏的时代；这是一个智慧的年代，这是一个愚蠢的年代；这是一个信任的时期，这是一个怀疑的时期；这是一个光明的季节，这是一个黑暗的季节；这是希望之春，这是失望之冬；人们面前应有尽有，人们面前一无所有；人们正踏上天堂之路，人们正走向地狱之门。"虽然大家都在痛陈 BAT 三大互联网巨头的垄断，但还是出现了像字节跳动、拼多多、陌陌、脉脉等众多小巨头。我想不管在黄金时代、白银时代还是青铜时代，不管是技术上还是模式上，只要能够坚持创新，都能够有所作为。比如社区团购在模式上的创新，也可能缔造出千亿级规模的公司。一个时代总是有好有坏，机遇总是有的，就看你能不能抓住。天下大势，浩浩荡荡，顺之则昌，逆之则亡。创业也罢，其他也好，做事要想成功，都离不开天时、地利、人和这三要素。

《北京女子图鉴》中有这么一段话，“想做什么就去做吧，每一个人都不一样，人生各自精彩，没有标准答案的。”一年多的时间里我参与了很多关于创业培训的课程，大多数的创业导师都是不鼓励大学生创业的，他们认为大学生在这个年龄阶段就应该好好学习。虽然我的人生阅历比不上诸位导师，但是我也想说一下我的看法。我们应该遵循自己内心真正的想法，明白自己想要什么，过真实的一生，不能够仅仅因为父母、老师及其他人的看法就改变自己的初心。父母总是希望我们活成他们所希望的样子，但这样我们却往往迷失了自己，他人的想法只能作为参考，无论是谁都不能为你的将来负责，只有你自己。

人生如逆旅，你我亦行人。我们经历了风雨，还没见到彩虹，还要担心明天事业之太阳，还能不能升起。但至少我们还活着，还在为了争那一口气，咬着牙坚持着，不断尝试，直到我们等到属于我们的机会，抑或直到我们再也坚持不下去。愿你我共同努力，顶峰相见！

“Life was like a box of chocolates. You never know what you are going to get.”人生就像一盒各式各样的巧克力，你永远不知道下一块会是哪种。我相信没有谁不会在前进的道路上感到迷茫，但是我想正是因为我们去改变这种迷茫的状态而不断去学习和提升自己，才会让我们的经历更加弥足珍贵。

我对创业的一点反思：一是合伙人之间利益分配要符合各自的能力，切忌平均分配，最好是先小人后君子。事先设置退出机制，事先制定好利益分配原则。二是减少无用的社交，提高自己的圈层，交朋友要真诚用心，尤其留心那些上来就自我吹嘘的。三是多看书，学习专业、行业知识，学习是哲学、经济学、管理学……要有终身学习的意识，以增强自己各方面技能。

最后写给自己，也写给看到此文的创业者：愿你在被打击时，坚信你的珍贵，抵抗恶意；愿你在迷茫时，坚信你的珍贵；勇往直前，爱你所爱，行你所行，听从你心，无问西东。希望大家多读书，多运动，多思考。

项目计划书

1 项目概要

1.1 项目名称

鬼斧定制——一个专注于个性化定制的平台。

1.2 项目背景

当今社会经济水平处于高速的发展过程中，人们的生活水平不断提高，人们的思想也更具有个性化、特性化，选择更加趋向于独特化，且人数处于不断增长的状态。与之对应的私人定制设计的市场需求会随之不断扩大。私人定制的基础来源于设计师的创造跟制造商的生产，私人定制的动力来自人们不断增长的独特的个性化的物质产品需求。

1.3 项目规划

早期：一是发展书画定制事业，通过吸引书画师入驻平台，用户选择适合自己的书画师进行定制。二是共享书画及小部分艺术品，用户可以通过平台进行书画等艺术品的出租、置换以及变卖。

后期：鬼斧定制通过吸引大量的设计师和制造商入驻形成一个私人定

制的平台，用户在平台上寻找适合自己的设计师（设计师会收取服务费），通过输入自己的定制需求，设计师输出一个设计图案，再交由具有生产资质的制造商进行定制，打造一个全品类的定制平台。

1.4 项目创新点

1.4.1 将私人定制模式大规模搬到网上

设计师为用户的设计需要服务。

1.4.2 设计师价格合理

引入大学生设计师，大学生思想活跃具有创造力，且收费较低。

1.4.3 从设计到成品一条龙服务

设计和生产一体化，方便用户，体验度好。

1.5 经营范围

早期：创意书画。

后期：服装、杯子、箱包、首饰等设计服务（知识付费）。

1.6 创业宗旨

为了帮助用户表达特殊的意义、生活态度和个性。

为书画师增加收入来源，促进文化事业发展。

2 项目背景

2.1 相关产业背景

私人定制设计的市场需求会随社会经济水平和人们生活水平的提高而不断扩大。私人定制的基础来源于设计师创造跟制造商的生产，私人定制的动力来自不断人们增长的独特的、个性化的产品需求。

2.2 项目概述

私人定制是指针对客户的个人习惯、爱好、性格等通过沟通，设计出来的专属于适合客户的具有独特性的产品。

本项目论述如下：

早期：由客户挑选适合自己的书画师，进行沟通，然后进行定制。

晚期：一是由客户选择进行设计的物品，挑选设计师，进行设计稿的沟通，确定设计稿后进行生产。二是设计物品包括服装、帽子、杯子、手机壳、箱包、首饰等全品类。

2.3 项目优势

本项目面向的是中产阶级，且对于私人定制有个性化倾向的客户。对于产品进行设计的是具有精湛技术的专业设计师，能想客户之所想，以客户满意为目标，能够更好地诠释客户心中所想。对于产品进行严格、高速生产，减少过去设计、生产的中间环节，达到高效率、高质量、高服务。

2.4 项目前景

随着人们不断增长的定制需求项目发展的前景广阔。

扩大设计范围，以满足不同人群的定制需求。

在满足人们物质定制的同时，满足人们精神层面的定制。

将设计生产基于一体，达到资源的高效利用，扩大社会的影响面，带来更多的生产效益。

3 市场分析

3.1 市场可行性分析

我们前期的问卷调研结果显示，越来越多的人喜欢私人定制，愿意把购买的流水线商品换成定制单品，希望通过一个适合的设计师把自己的想法变为现实。平均超过六成的人希望拥有属于自己的私人定制产品，未来制造业的商业模式将不再以千篇一律的流水线批量生产为主，将以解决顾客问题为导向的、满足个性化需求的私人定制制作成为新的潮流。参见图2-1。

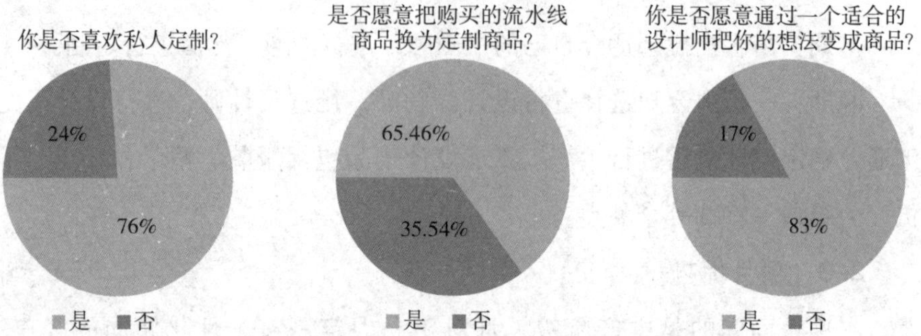

图2-1 问卷调查结果分析

3.2 技术可行性分析

实现了便捷的网络工具的普及、运用，例如遵循 Apache 开源协议的 WeX5 软件，完全开源免费，上百个可视化的组件框架全部开放。开发者可自定义组件、集成第三方组件，采用 MVC 设计模式，数据和视图分离，页面描述和代码逻辑分离。WeX5 开源并且可以免费使用，能够提高 App 的开发效率。现有多个团队支持帮助 App 研发，提供技术支持与服务，为线上平台的建设提供了便捷而专业的指导。学校大力支持和鼓励创新创业，提供一切可利用的资源，指导老师资历深、业务能力强、操作经验多，为团队提供最权威的指导。

在团队技术总监的带领下，技术团队在各方面帮助与扶持下，攻克技术难题，打造简洁明了、交互性强的平台界面轻而易举。

3.3 政策可行性分析

一是国家支持创新，大力追求个性化发展。

二是国家大力提倡工匠精神，鬼斧定制的出现，将增加厂商与用户的黏合性。用户对设计师的要求将倒逼出设计师和厂家的精益求精的工匠精神。

三是在“十三五”规划中，国家提出促进消费升级，鬼斧定制项目希望成为促进供给侧改革的推动力。

3.4 竞争分析

3.4.1 竞争对手分析

淘宝网店只是进行简单的定制，无设计，定位较为低端，不能满足人们的需求。“我来做”“想去”和“艺匠”，这些 App 都是设计师售卖自己设计的商品而不是为用户想法设计商品。“一定网”定位过于高端，都是大师级定制，满足不了广大消费者的私人定制要求。

3.4.2 自身分析

总体考虑：我们的项目目前处于一个还未被广大消费者了解与接受的领域，因此我们首先提出想法并付诸行动来推动这一项目。

优势：我们项目的优势在于目前私人订制这个领域还没有被各行各业所重视，而且我们可以根据客户的想法订制出对客户具有特殊意义的物品或礼品。比如我们可以根据客户所描述的故事来绘画出与故事相符的漫画，再配上与之相符的漫画形象，就能以漫画的形式来展现出他们生活中的点滴和令人感动的地方。可以用于情侣之间，也可以当作子女送给父母的礼物等等。

劣势：由于是大学生创业项目，我们的经验与时间都不充足，而且我们也会因为刚刚进入社会，不被人们认识，开始的时候可能也不会被人们所信任，相对而言，我们的起点低，有较大的市场竞争压力。

4 商业模式

4.1 业务模式

鬼斧定制平台，将搭建起用户与设计师和制造商之间的定制平台。用户在平台上找适合自己的设计师，输入自己的需求，设计师输出图纸，再交由有生产资质的制造商，完成生产。

4.2 目标用户

80、90、00后人群：这是公司的主要目标用户，这一部分人群追求个性化消费，且消费能力强。

办公室人员：此类人员的办公场所大多需要书画来衬托，大多以山水画为主。

16～24岁学生：学生有情怀，购买的大多数画作为微信动漫系列头像以及具有纪念意义的小幅画作。

需要装修的人：此类人大多喜欢购买油画、山水画等各种类型的画作装饰房屋。

4.3 营利模式

4.3.1 收取服务费

平台将在交易成功后分别收取设计师和制造商成交金额的5%作为服务费。

4.3.2 广告收入

App首页可以用于放置各类型广告，以网站流量和网站人群为基础，根据在首页的不同位置精准标定广告位价格，继而以各种形式向客户出售。

4.3.3 搜索竞价排名

当用户通过该关键词进行商品搜索时，商品出价越高，其在搜索结果中的排名越靠前。

5 营销策略

5.1 线上营销

5.1.1 直播营销

公司将选取几个设计师，在抖音和快手上直播设计师的画图，以及手工匠人的制作过程，吸引人气。

5.1.2 QQ、微信营销

腾讯的这两款产品是最被广泛使用的社交软件，公司将设立微信公众号，定期推送一些关于定制的信息，会将公司的宣传片发到QQ空间和朋友圈进行宣传。

5.2 线下营销

5.2.1 活动营销

将通过举办有奖设计大赛（从众多用户中选出）等活动获取设计师和用户。

5.2.2 地推

主要是去各个学校的艺术学院宣传，获取大学生设计师。同时，在学校举办一些活动，比如下载鬼斧定制App，就能够被抽中奖，可以免费为其进行定制服务。

6 财务分析

6.1 成本分析

一是项目运营成本（包括网站更新3000元，网站推广4500元，网站信息发布2000元，网站后台数据支持6000元）预测一年总计15500元。

二是人员工资，包括技术人员、营销人员和管理人员的工资。

第一年预测经济成本为	10000元
成本合计	10000元

三是地堆费用预测。

广告费（校园横幅）	500元
联系业务费用交通费	300元

广告传单	600 元
吸引师傅宣传活动	800 元
奖励用户礼品费用	2000 元
期间费用合计	4200 元

6.2 营业收入

项目的营业收入主要来源于三部分（参见表 2－1）：

一是广告收入：App 屏面一天 300 元，预计数量 100 个，营业收入大约为 20000 元。

二是产品交易的中介费。我们对每个产品交易的中介费收取 15% 的佣金，预计成交数量为 1000 件，营业收入为 150000 元。

三是搜索竞价排名。单价为点击一次一块钱，预计数量有 3000 次营业收入为 3000 元。

表 2－1 项目第一年利润预测表 单位：元

	单价（均为平均）	成本（均为平均）	数量	利润
广告收入	300	100	100	20000
产品交易中介费	15	10	10000	5000
搜索竞价排名	1	0.2	30000	24000
利润总计	20000＋5000＋24000＝49000			

7 项目总结和展望

7.1 项目总结

现阶段个性化产品需求量大，实际满足消费者需求的企业缺乏。在消费者市场上，购买者大多为情侣、闺蜜、好友、班集体以及各种需要突显个性的团队。现今的私人定制企业由于缺乏创新、难以支付顶级设计师的服务费用而使得产品逐渐趋于大众化，无法满足消费者的个性化需求，许多产品大同小异，偏离定制的原本意义。

产品质量随生产成本的高低而波动。市场中的大多数企业由于资金周转问题或者因为产品生产过程中与厂家、设计者之间的利益问题上难以达到平衡，导致定制出的产品质量达不到满意效果的情况屡见不鲜。从淘宝等网购平台上来看，我们可以发现虽然很多做私人定制的商户种类繁多，但很多商户都并不具备一定的精准设计概念，他们大多数人都只注重定制，趋向于满足买家的简单需求，简单地为其刻字、裁衣，做工较为粗糙。

7.2 现阶段主要成果

- 完成了微信公众号的搭建并推发公众号文章。
- 完成了18幅作品的订单并已经交付给用户。
- 成功入驻了蜂巢创意空间。
- 获得“互联网+”创意组三等奖。
- 与多位画师以及一家手绘工作室达成了合作意向。

存在问题：我们满腔热血做了一段时间后，发现现阶段主要存在以下问题。

一是时机不太好，现在做书画定制和一些其他品类的定制，关注的人比较少，用户付费意愿不够高，这个市场还需要培养。

二是大学生创业自身所具有的局限性，团队成员流动性非常大，缺乏资金、技术和整合资源的能力。

三是营业收入比较少，活下去才是最好的商业模式，没有收入是养活不了团队，不能保证项目的持续发展的。

7.3 项目总结与展望

在分析出现阶段的困难之后，一次偶然的机会让我接触了传媒领域，我们从文化定制领域转型到了文化传媒制作领域，现在已经接到并完成了猫眼秋季宣发大师课、微软人工智能数据采集、苹果的线上推广、荣耀歌王全国总决赛等项目，以及在北京运营着一家咖啡厅。现在我们已经实现了营利，但我仍然看好文化定制领域并将在机会来临时顺势而为，重返“初心”。

案例三　足球孩

——弃武从文的足球事业的践行者

心路历程

这些年来，我经常会去思考：未来我会在哪座城市和谁过着怎样的生活？我希望我的未来充满惊喜，有着无数的不确定性，因为我不喜欢每天重复着一样的生活，睁开眼睛做的是同一件事，像机器一样机械式生活，甚至每月拿的工资都一成不变，毫无新奇也毫无期待地过完这一生，我确定这不是我想要的。我生来便有改变世界的梦想，总是幻想着世界可以因我而改变。因此，我选择去做一名创业者，去创造属于自己的人生，去开创属于自己的时代。我想，为自己热爱的事而奋斗终生是幸福的。足球便是我最热爱的，没有之一，我曾默默地告诉自己，只要我不倒下，我就会一直站在这片绿茵场上。曾有足坛前辈香克利这样表达对足球的感情："足球无关生死，但足球高于生死！"这段话也同样诠释着我对足球的热爱。

我想我是幸运的，能把自己最热爱的事和梦想紧密结合在一起，充满激情地去开创属于自己的未来，轰轰烈烈才是我想要的人生。但写下这段话的同时，我的内心是无比复杂的，因为我深知创业是一件无比艰难的事情，需要应对错综复杂的社会与商业形式，需要放弃悠闲自在的生活，需要接受激烈的竞争和接连不断的挑战，甚至需要面对团队分歧，顶得住重重压力。即使如此，创业依然是我愿意为之奋斗的事业，创业带给我们不只是成功与失败，更重要的是对人生的洗礼。

一、不同的人生不同的路

（一）人生最重要的是选择

从小便和伙伴们奔跑在沙土与野草之中，却不懂得专业的足球动作，只是热衷于一次次的拼抢和每一个自认为华丽的带球过人动作，我也不记得对于足球的热爱是从何时而起，也许是从我踢入的第一个进球开始，也许是从我完成第一个带球过人开始，也许是从我第一次摔倒后又爬起开始……总之，这份热爱伴随了我很久，也必将长久伴随下去。

我第一次接触到正规的足球训练是在2012年中考结束的那个假期，为了备战2年后的省运会，我有幸被选入齐齐哈尔市足球队参加训练，从此正式开启了我的足球生涯。这时的我即将步入高中的校门，还曾担心足球会影响繁重的学业，但我仍然不舍得放弃。

还记得我满怀憧憬地参加第一堂足球训练课，教练是一位年过半百头发花白的老人，他声音洪亮，腿脚依旧轻便，做起动作来有模有样，他就是齐齐哈尔大学即将退休的教授李强老师。正是这位李老师成了我足球之路的启蒙恩师，并且成为日后将我带上创业之路的引路人。原本妄想着自己能一步步成为职业球员，成为一名足坛巨星，但体验了第一堂足球训练课后却意识到这一切远没有那么简单，不过这也更加激起了我对足球训练的热情和对足球梦的期待。

正式步入高中的校门后，一次偶然的机会，学校成立了校足球队，我也有幸担任队长，我也结识了校足球队主教练王永存老师，这位老师在我高中的足球生涯与生活学习中同样给了我极大的帮助。

由于每日辛苦的足球训练以及青春期玩心过盛，我的成绩从最初的班级前十名下降到二十几名，甚至一落千丈。成绩的退步，也最终让我选择走上足球特长生之路。

因为对于大城市的憧憬和对创业梦的渴望，报考大学时我最终选择了北京这座城市。毫不避讳地讲，我参加过 2 次高考，第 1 次的失利曾让我背负了沉重的压力，但我依旧坚持到北京来，最终通过“高水平足球运动员”的考试来到了北京联合大学，得以继续追逐着我的梦想。

（二）是恩师，也是月老

北京和家乡有许多不同，这里的生活节奏很快，经常能够看到匆忙的人们拿着早餐赶着地铁、公交，也能看到早晚高峰拥挤的人潮，如果你不抓紧做点什么，很容易会被落下很远。这里接触到的事物更多，机会也更多。我在刚上大学的第 4 个月便找到了在一家足球俱乐部做一名兼职足球教练员的工作，当时心想着如果不能创业或者找到其他的工作，至少自己还可以有一个保命的饭碗。这座城市的确比我的家乡要发达得多，仅仅每个周末去工作，我一个月的薪水便能顶得上家乡普通员工整月的工资。

无巧不成书，我的足球启蒙恩师李老师从齐齐哈尔大学退休，由于女儿在北京生活，便也来到了这里。他是一个闲不住的人，也因为对足球教学的热爱，便与我又多了一层关系——同一家足球俱乐部的同事。一个晚上，他发给了我一个足球教学网站的链接，里面的内容全部是国外的足球教学视频，并且进行了简单的分类，虽然只有个别栏目有内容，但是已经有了初步的模型。作为一名足球教练员，我虽然自己会踢球，但如何教别人踢球这方面的经验却有些捉襟见肘。这个链接引起了我极大的兴趣。国内有一些提供足球教学资料的平台，但分类并不详细，很难找到自己想要的内容，如果这个网站一旦建成，将会为足球爱好者提供很大的帮助。在随后的聊天中，得知这是他参与的一个创业项目，发起人从2014年便开始筹备，只是由于种种原因没有正式推进并发布，这更激起了我对这个网站的兴趣，还热心地为网站提出了一些建议。

那是一个不同寻常的夏天，一天中午我接到了一个电话，是网站的发起人谭洪伟先生打来的，他在电话中说，这个项目想要在这个夏天正式启动，但当时只有李老师在北京，项目团队中的其他人都在黑龙江，李老师从事足球教育工作近40年，经验丰富，是团队中不可或缺的人物，但由于一些工作内容量大，他无法独自完成，便邀请我加入，我自然是十分欣喜，一口答应了下来。我们又在电话中进行了简单地交流，他提醒我，创业是一件十分辛苦的事，过程很艰难需要坚持，想要成功就要付出百倍的努力，希望我考虑清楚再给他答复。我一直怀揣着创业的梦想，又出于对足球的热爱，这个项目将两者完美地结合在了一起，我当然会坚持下去。就这样，我们正式组成了一个5人团队，由谭洪伟先生与张琪女士负责平台的开发等相关技术工作，由李强老师、魏宏旗先生和我共同负责足球方面的相关工作。

二、创业维艰更为坚

（一）迎着浪潮，又遇寒冬

对于中国足球而言，这是一个最坏的时代，中国足球成绩已跌入谷底，即使请来世界顶级教练也无济于事。中国足球更是处在遇强必输，遇弱不胜的境遇。正因如此，国家不断出台大力发展足球的政策，国内各方面力量投入，足球产业正在蓬勃发展，所以这也是最好的时代。迎着欣欣向荣的足球热潮，伴着“资本寒冬”带来的困扰，我的创业之路就这样在我21岁的夏天开始了。

我的第一项工作是与李老师一起，将足球教学视频进行筛选分类。这些视频起初有2万多个，经过创始人谭洪伟与另一位合伙人魏宏旗的初步筛选分类，传送到我们这里的视频大概有5000个。这些视频全部是国外一些专业的足球俱乐部录制的，我们需要做的是将所有的视频再次进行非常详细、专业的筛选，留下画面优质、训练方法优秀的视频，并根据足球基本技术、战略战术、身体素质等教学内容进行层层分类。我们连续进行了整整21天才完成这项工作。为了网站能够尽快发布，我和李老师每天大概要花费10～12个小时的时间。我们没有专门的办公场所，就在学校找一间没人的教室，一部电脑、一支笔、一个笔记本、几本足球教材，就这样一坐就是21天，累了就站起来走走，困了就趴在桌子上眯一会儿，李老师虽然已经是61岁的年龄，却没有半分的懈怠之意。要不是他的影响，我想我也坚持不下来，至少效率不会这么高。虽然这只是一个开始，但我却深刻体会到了创业的辛苦。现在我很庆幸每天还能有充足高质量的睡眠，而不是当时几乎每天都会梦到自己坐在电脑前整理视频的情景。

但是第一个麻烦来了。由于平台中的视频资料全部来自国外，并且众多视频又来不及翻译，所以我们只能想到一个办法——将技术动作与战术讲解用中文进行描述，放在相对应视频的下面做讲解。这个方法也正是我加入团队前的建议。我们利用一周的时间查阅相关书籍，找到视频对应的技术、战术等内容的讲解，摘抄下来上传到平台当中。第一个麻烦解决了，与此同时，我们也遇到了另一个问题，就是文字版权如何解决？我们不断联系相关的出版社与作者，希望可以获得授权，但得到的回应统统是等待答复。就这样，我们等了将近一周的时间，仍然石沉大海，没有收到任何回应。无奈之下，我们只能将整理好的文档全部删除。我们只好自行编辑文字内容，再次投入下一阶段的工作当中。对于每一个技术动作与战术讲解，我们都会查阅数本相关书籍，同时也在网上查找相关解释，再结合李老师多年从事足球教学工作的知识储备与我自身的理解进行文字描述。因为这么做，创作性的工作量大，无奈我们只得将项目进度延长一周。我们将所有整理完的材料通过百度网盘发送给远在黑龙江的发起人，由他上传至平台上。我们将项目定位于为青少年、幼儿足球教练员提供全面详细的足球教学资料，又为了平台能够更容易地被记住和搜索，因此我们将平台取名为“足球孩”。

（二）这一路布满荆棘

我清楚地记得那一天是2017年9月1日，我们迎来了激动人心的平台正式发布的时刻。这一刻来的太不容易了，这一路布满荆棘。在平台发布之前，我幻想着可以“一战成名”，迅速获得无数关注，并成为足球界的焦点。我对这个平台有足够的信心，作为一名足球教练员，我深切地感受到足球教学资料的重要，在我们平台发布之前，大部分的足球教学视频分布在优酷、土豆等综合性视频平台，以及百度、搜狗等搜索引擎中，用户需要进行复杂的搜索、筛选方能查找所需的内容，这个过程不仅十分费时、费力，并且最后也不一定能够找到自己真正想要的内容；除此以外的一些足球教学类平台，内容极其有限，足球教学资料全部是随机上传的，并未进行详细的分类，用户有时翻阅数个历史发布记录，也不一定能找到自己想要的内容。我们的项目便是为了解决这些问题，通过详细、系统的分类，清晰地将足球训练内容一一罗列出来，十分方便，充分满足各自需求。所以我们都对足球孩充满期待。

然而这个想法太过幼稚，现实狠狠地给了我们一巴掌。宣传又成了我们的难题。我们添加了几十个足球相关的微信群和QQ群，通过在各个足球群中发表足球孩相关内容的自媒体进行宣传推广。我们满怀激情地发布足球孩，却没有得到想象中的轰动效果，当天网站的访问用户也仅仅有百余人，手机App的下载量也只有区区几十人，这令我们十分失望。我们寻找原因，继续加大宣传力度。我们发现，由于微商数量快速增加，各个微信群中的广告也铺天盖地，我们发表的信息仿佛石沉大海，浏览量微乎其微。必须努力寻找吸引用户的方法！我们每天都在尽可能地添加更多的足球群，并在其中发表足球孩的宣传内容。

经过两个多月的努力，我们共添加了200多个足球群。在添加足球群并宣传我们的项目的过程中，我们发现由于QQ使用人数的减少而微信使用人数的增加，通过微信进入足球孩的人数要比QQ多得多，于是我们便把更多的重心转移到微信上来。2017年11月我们抓住了微信公众号的热潮，正式开始了微信公众号的推广。当时的微信公众号盛极一时，大量的微信公众号涌现出来，众多企业将微信公众号作为了线上宣传和服务的手段，此时的用户对于新鲜事物也有着浓厚的兴致。因此利用足球孩微信公众号来推广项目，迅速获得了大量用户的关注。短短两个月的时间，我们的微信公众号累计关注人数2020人，平均一个月增加1000人。2017年末，我们的网站总点击量约有200万次，手机App的下载量4000余次！

这个世界变化真的太快了，快得让我感觉一眨眼的工夫，世界就变了一个样子。我们利用微信公众号进行宣传推广，也仅仅是抓住了它的“尾巴”。很快微信群、微信朋友圈开始充斥着各种微信公众号的推文，甚至朋友圈都被接连不断的微信公众号推文刷屏，杂乱的推文大大败坏了人们对于微信公众号推文的阅读兴致，这让我们的项目推广再次面临挑战，我们只能不断地寻求新的方式、方法。

2018年新年到来之际，微信也拥有了新的功能——微信小程序。刚开始人们体验着“跳一跳、欢乐球球”等小游戏带来的乐趣，后来微信小程序可以抢火车票了，可以团购了，不再像App一样需要下载才能使用，而是打开微信就能实现各种微信小程序带来的功能。创始人谭洪伟再次赶上微信小程序的热潮，迅速开发出足球孩微信小程序，并于2018年2月投入推广。这给我们的App也带来了极大的冲击。足球孩微信小程序平均每个月都有3000人的新增访问量，不到半年的时间微信小程序的总访问用户便接近

20000 人。平台于 2018 年 7 月完成全面改版，改版后的各项平台数据均得到显著提升，足球孩微信小程序更是每个月新增 4000～5000 人的访问量。

不久后我们又遇见了同样的问题，大量的微信小程序的涌现。使我们很容易被埋没其中；另一方面，微信中的广告铺天盖地，很多微信用户已经失去了对新消息的阅读兴趣，甚至大部分人都将微信群设置为“消息免打扰”，无数微信群被打入冷宫，以致基于微信的自媒体营销方式变得不再高效。

没有资金的注入，项目只能寻找低成本的方式去做宣传。创始人谭洪伟除了不断给足球孩寻找、添加新的资料内容，还将其所有的精力都投入 SEO（搜索引擎优化）中，提高网站在有关搜索中的自然排名。为了从中获得更多的流量，从网站结构、内容建设方案、用户互动传播、页面等角度对“足球孩”网站不断进行改版完善。

不久，线上营销到达了瓶颈阶段。2019 年 1 月，我开始着手准备线下营销。为了更好地宣传“足球孩”，我们不仅印制了宣传单，还将平台中的优秀足球教学视频打包刻录成光盘，同时选取一些优秀的足球教案装订成册，在发放宣传单的同时一并赠送光盘教案。在进行线下宣传之前，我们调研、收集北京市近期的足球比赛、冬令营等足球活动的信息，利用这种方式成功对接了大量的足球俱乐部、教练和家长。另外，我们还找到了一些俱乐部的负责人的联系方式，尝试登门拜访，寻求合作的机会。线下营销远没有想象中的容易，如何让人们更有意愿倾听介绍并接受宣传单是首要问题，所以我从表情到第一句话，都要设身处地地设计好，以获得对方对我的信任和继续了解的兴趣，这一点至关重要。即使我们尝试了很多方式，仍收获甚微，增长量不尽如人意。

（三）是公益，还是收费？

这个问题直到现在仍然困扰着我们。我们怀揣着对于足球的热爱走到了一起，我们同样希望可以利用足球孩为中国足球的崛起做出贡献。在足球孩正式发布之前，我们就面临着这样一个问题——项目性质完全公益，还是探索营利模式？不同的意见让我们的团队第一次产生分歧。

创始人谭洪伟坚持以公益性质推出，他做项目的初衷是为了服务国内的基层足球教练员们，以中国足球的利益为出发点，而不是自身利益。为了项目的运转，他每天投入在平台上的时间超过 10 个小时。而我的想法则是如何将项目做好、做大，获得更长远的发展，从而为中国足球的腾飞做出更大的贡献。因为我们 5 个人没有强大的背景做支撑，也没有雄厚的资金基础做保障，直接做公益力量太过薄弱，能做的贡献也微乎其微，极其有限，如果我们只是一味地投入，根本无法保证项目的长期运营。我希望可以通过免费的资料吸引用户获得一定的流量，并进一步探索合适的商业模式，使项目得以持续发展，并且能越做越大。我希望未来可以组建专业的足球教研团队，与国外优秀的足球俱乐部合作，研发适合中国的足球训练课程体系，通过专业的方式提高国内的青训水平，乃至打造“国内第一手足球教学资料”，成就足球孩体系。

目前，中国足球存在着这样一个喜忧参半的现象。由于国家领导人与政府对足球的高度重视，不断出台发展足球的政策，足球产业因此呈现出井喷的状态，不断涌现出形形色色的足球机构，但相当一部分涌入其中的目的是想进来分一杯羹，导致足球产业混乱不堪。大部分从事足球行业的人和机构，初衷并不是单纯地想要振兴中国足球，为中国足球贡献力量，而是想利用足球捞金，直接破坏了中国足球的发展环境。足球不是商业，足球需要的是真正的热爱！实现中国的足球梦是足球孩坚定不移的使命！

（四）体验感是留住用户的王道

平台没有良好的体验感，很难使用户满意进而获得黏性。无论是美观的界面，还是便捷的操作都是至关重要的。

项目正式发布的第一版足球孩平台，就面临着这样一个问题。一方面由于技术等原因，又很难找到平台匹配的模板，导致界面的美化程度不够；另一方面由于资金不足，租赁的服务器带宽有限，大量用户同时在线时会出现卡顿的现象，很多用户均反映有此类问题发生。体验感欠佳成为平台发展的致命伤，导致在项目初期流失了大量用户。2018 年 7 月，创始人谭洪伟及新加入的合伙人洪嘉对平台进行了重新设计，平台全面发生改版并发布后，用户增长迅速，增长量达到了之前的 2 ~3 倍，用户黏性得到了明显提高。所以一个优秀的平台不仅仅需要优质的内容，同时需要良好的体验感。由于足球孩平台中内容众多，为了保证内容的完整性，项目团队至今还没有找到最好的界面展示方法。

（五）是全力砍柴，还是先磨刀?

写到这里大家会问："为什么文中你只提到了平台内容和宣传方面的事情? 关于项目的商业模式和未来的发展规划是怎样的呢?"关于这问题，我们团队内部存在着两种不同的思路和看法。创始人谭洪伟先生认为，由于我们没有充足的资金和丰富的经验，项目运营应该稳扎稳打，要把重心放在做事上，先把事做好了，再去想其他的。他认为目前应该做的是如何丰富内容并提高流量，他这一年多来，每天花费在这两件事上的时间超过 10 小时，这种创业精神非常可敬。而我的想法则是：应该先详细规划项目的发展方向，制订每一阶段的计划、安排，明确初期的商业模式。项目想要做大、做强离不开超前的发展眼光，未来如何更好地服务于中国足球是我们现在就需要思考的问题。正如古话所讲："磨刀不误砍柴工"，但光磨刀不砍柴，再锋利的刀也没用。想要抵达终点，我们需要选择正确的方向，并坚定不移地走下去。创业亦是如此。

三、习武之人从了文

我们一生总会经历各种各样的事，遇见形形色色的人，项目指导老师李丹丹老师带给我的影响，使我终生难忘。故事还要从大二的一门选修课说起，这门课的主讲老师正是我后来参加的大学生创业大赛的项目指导老师——李丹丹老师。在一次课上我有幸分享了我们的项目——足球孩，这也是我第一次公开介绍项目，随后李丹丹老师询问我是否有意愿参加即将到来的“大学生创业大赛”，我想这是一次很好的展示机会，便一口答应了下来。

我参加的第一个创业大赛是“2018 年创青春全国大学生创业大赛”(简称创青春)，报名需要提交一份《创业计划书》，当时距离报名截止日期仅仅剩下不到半个月的时间，这对于我一个体育生来讲简直难于上青天。起初的《创业计划书》是由创始人谭洪伟撰写完成。由于他对参赛要求并不清楚，他撰写的《创业计划书》无法使用。这时，李丹丹老师问我是否真的下定决心参加比赛，如果决定参加比赛她愿意教我撰写创业计划书。我当然不愿意放弃这次机会下定决心参加，于是我硬着头皮从零开始学习《创业计划书》的编写。刚开始时，一窍不通。我准备照着模板填写，可是看着模板中的每一个标题我都感觉无从下笔，什么商业模式、财务分析、市场营销，看得我眼花缭乱。于是，我便仿照着另一本已经完成的《创业计划书》，结合李丹丹老师的讲解，先将自己项目相关的内容写下来，每写一个章节就送给李老师修改，这样反复数遍。那半个月，我每天早上醒来便打开电脑开始写《创业计划书》，一直忙到寝室熄了灯，断了电。其间发生了让我刻骨铭心的一件事：深夜 12 点我将新修改完成的《创业计划书》通过邮件的方式发送给了李丹丹老师，原本以为她会第二天再给我批改，却没想到当天晚上的凌晨 3 点多便将批注发给了我，第二天早上醒来看到后我特别感动，正是因为李老师对我的付出和鼓励让我更加坚定地走下去。

我在距离报名截止前一小时交上了计划书。我曾自我调侃，一名体育生从前写一篇几百字的作文都已经足够痛苦，这一次我却用了一周的时间完成了1.8万字的《创业计划书》，如果不是李丹丹老师的帮助，我一定做不到。

三个多月后，比赛进入“创青春”校赛的决赛阶段，我们的项目排在了进入决赛名单的最后一名，真是有惊无险。学校安排第一天赛前培训，第二天就要将修改后的《创业计划书》上交，同时还要制作出项目路演的PPT，这一切只有一个晚上的时间来完成。这是我第一次参加项目路演，PPT的制作也是匆匆忙忙，显得有些简陋。李丹丹老师鼓励我说：“做到这个程度已经算得上成功了，因为这次进入决赛的项目大部分都有比赛经历，甚至有一些项目还获得了其他大赛的国赛成绩，你们接下来只要放松心态就好。”这句话更加激起了我的斗志，我的目标是击败他们！初出茅庐的我路演时还是显得有些紧张。但我是幸运的，三位评委中有一位老师来自国家体育总局，有一位老师是一名不折不扣的球迷，都显示出对足球孩的浓厚兴趣，都也认可了项目对于中国足球的价值，还有一位老师是资深的创业指导领域的专家，认为项目的发展前景十分广阔。三位评委对足球孩的评价很高，同时给出了很多的指导性意见，并且对项目的发展给予了持续的帮助。几天后公布的成绩名单中，足球孩赫然排在了校赛第一名的位置，当我看到成绩的那一刻更是抑制不住内心的喜悦，甚至至今还能感受到那种惊喜的心情，这一次让我对项目充满了信心。

荣获了“创青春”校赛第一名的成绩，也就顺其自然地进入了下一阶段北京市赛的选拔，再加上校赛评委们的认可与支持，我对于北京市赛自然是信心满满，甚至开始期待着最终登上国赛的舞台。为了更好地迎接更高层次的挑战，我们请杨保老师给予了项目商业模式等多方面持续的指导，并且将《创业计划书》进行多次修改。人生总是有喜也有悲！没有谁的人生是一帆风顺的。当我收到北京市赛初赛结果的通知文件后，便迫不及待地打开，当我查看多次进入复赛的名单都没有找到关于我们项目的半个字时，此刻的我真的不敢相信自己的眼睛，但事已至此，我只能强忍着失望的心情接受下来。为了不影响团队成员对于接下来参加比赛的心情，我选择将这件事暂时隐瞒了下来。

项目除了参加“2018年‘创青春’全国大学生创业大赛”外，还参加了“第八届全国大学生电子商务‘创新、创意及创业’挑战赛”（简称三创赛）、“第四届中国‘互联网+’大学生创新创业大赛”（简称“互联网+”大赛）、“2018年‘启明星’大学生科技创新创业项目”（简称启明星）等多项大学生创业大赛。不同的比赛侧重点不同，有时项目的评审还要看评委是否属于该领域，或者是否对该领域感兴趣，以及创业计划书和PPT路演的风格是否符合评委的口味……所以也会有一些运气成分在里面，但运气毕竟不是决定性的因素，项目的创新情况、市场需求、发展前景、商业模式、团队构成及现阶段运营的程度才是真正决定成绩好坏的因素。

这一年的创业大赛有收获也有遗憾。比如，有“创青春”校赛荣登榜顶的激动，有市赛落选的难过；有“三创赛”荣获北京市特等奖的喜悦，有未获得国赛二等奖的不甘；以及对“互联网+”大赛的期待却仅获北京市三等奖的失落。对于我来说收获远远大于遗憾，在这段经历中我收获了难以磨灭的友谊，无论是项目的指导老师、评委，还是团队的成员，乃至北京联合大学都给予了我和项目极大的帮助，没有他们我将寸步难行。同时对我来说，这是一次洗礼，我已记不清这一年修改了多少本《创业计划书》，制作了多少版项目PPT，参加了多少场项目路演，我经常自嘲说，我本一介武夫，却从了文。

多去遇见不同的人，多去经历不同的事，把惊喜当作经受挫折后的奖赏，也就不枉这段难忘的青春了。或许对于我来说最重要的不只是创业最终是成功还是失败，而是这段经历赐予了我更多的历练，让我成为更好的自己，也让我懂得什么是难能可贵的“企业家精神”。

项目计划书

1 项目概要

1.1 项目名称

足球孩，网址：www. zuqiuhai. com。

1.2 项目背景

中国足球成绩不佳。每每提起“中国足球”都是我们国人的伤疤，甚至成了大家茶余饭后的“笑话”！耳边最常听说的是：“十几亿人中为何找不出 11 个踢球好的?”是啊！堂堂中华，泱泱大国，为何足球成了我们的“软肋”? 我国的足球一直不断伴随着“惨案”走过了十余年，这十余年间没有惊喜，只有惊吓。

习近平总书记非常关注中国足球的发展。习近平总书记是不折不扣的球迷，更是将“足球梦”当作“中国梦”的一部分。2009 年习近平总书记首次提出校园足球，指出大力发展青少年足球，习近平总书记明确提出：“中国政府高度重视发展足球运动，给予有力的、持续性的支持”。

国家和政府同样高度重视足球发展。2015 年 3 月，国家出台了《中国足球改革发展总体方案》，这不仅是中国足球改革与发展的纲领性文件，同时也是中国体育史上一个里程碑式的事件。全国全面推广校园足球，大力发展足球青训。近些年来，中国连续出台了一系列发展足球的政策。目前已经建成 2 万余所足球特色学校，计划到 2025 年全国足球青训教育机构会日益增多。

1.3 项目进展情况

“足球孩”项目诞生于 2017 年 9 月，截止到 2020 年 4 月已初步建成了“足球孩”足球教学资料分享网站、手机 App、微信小程序、微信公众号、微博等平台，目前改版后网站的总用户量达到 24 万余人，微信小程序总用户量达到4.4万余人，微信公众号总用户量达到1万余人。

1.3.1 现阶段开展的线上解决方案——足球教学资料平台的搭建

搭建线上平台：为青少年足球教练及学员提供丰富全面、详细系统的足球教学资料，包括视频、教案等，平台对于教学资料是根据不同年龄、不同技战术进行详细的分类，既方便了教练员和学员的查找，又能够助力提高教练员的执教水平和学员的学习能力。平台中包括9000余个足球教学视频及3000余个足球文档，这些视频全部是由国外及国内的专业足球教育机构录制，视频内容中的教学方法与视频质量更是优中选优，通过数次观看筛选最终决定上传，包括“足球基本技术、战术、身体素质、足球热身、足球游戏、U系列训练、校园足球训练及多种系列教学训练”等教学视频。教案文档主要为足球教学教案，另外还有运动生理学等理论知识。教学资料丰富全面，分类详细系统，充分满足足球教练员及学员所需。

1.3.2 未来计划开展的线下解决方案——足球教练员的培训和青少年足球赛事体系的构建

青训足球教练员课程（教练员培训班）：项目培训课程从目前我国足球落后的根本原因出发，利用平台优势教学资源，由项目专业的教研团队设计开发，提高中国足球教练员的执教水平，从而提高青训水平。

青少年足球比赛：项目举办各校园级别联赛以及U系列梯队联赛，打造成熟的赛事体系，希望在未来促成有一定影响力的国际性邀请赛，通过比赛锻炼队伍，使球员更好的学习成长。

足球教学沙龙：项目建立足球教学沙龙形式的全国教练员交流平台，从而加强教练员之间的交流分享，促进教练员之间教学水平的互促提高。

我们的项目旨在从根本上解决中国足球青训水平低的问题。通过各个线下方案的结合，植入先进的足球教学方法及理念，提高青少年教练员的执教水平，提高青训质量，加快实现中国足球梦的步伐。

1.4 项目创新点

目前我国足球教学资源十分匮乏，只有中国足协举办的足球教练员等级培训班，大量足球教练员无法获得更多的培训学习机会，从而丰富教学方法，提高教学水平，这一现状制约着中国足球的发展，无法及时地传递给足球教练员更先进的足球教学理念。“足球孩”项目希望可以解决这一痛点问题，给足球教练员提供更多的学习与交流机会，提高中国足球教育水平。

“足球孩”发现国内足球痛点，发掘用户需求，感知市场环境，利用项目的产品与服务进行创新，主要包括以下四点：

一是平台中的所有内容都是经过层层筛选并进行非常详细的分类后才上线分享的。一般平台往往是随意随机性上传分享资料内容，这样用户查找查看起来非常麻烦，也十分被动。与其他足球类资料分享平台不同，“足球孩”改变了这个现状，通过进行非常详细的分类，涵盖了足球训练前的热身和训练后的身体素质训练，足球基本技术到战术，不仅丰富，层级也十分明显，用户可以一目了然地了解足球教学的框架，十分轻松就能获取到自己所需，极大地增加了便捷性。

二是提供系统的足球教学内容。目前市场上并未存在如此系统的足球教学资料，大部分平台还是以随机性发布为主，整体教学逻辑性不强。“足球孩”提供了非常系统的足球教学资料，包括校园足球的1~9年级的训练内容与梯队U4~U18训练内容，足球教练与家长可利用足球孩教学资料，根据学员不同的年龄安排不同的训练计划。

三是线上线下相结合的方式充分服务于中国的足球教学工作，并形成一整条足球教学服务链条。线上提供丰富全面、详细系统的足球教学资料，线下开展足球教练员培训班，从基础供应关系到深度培养关系，更切实地提高中国足球教练员的足球教学水平。另外，还可以将线下的课程通过线上进行展示，线上线下形成一整套服务链。此外，现在还会开展青少年足球赛事、足球教学沙龙等一系列的相关业务，更好地服务于中国足球。

四是整合资源，搭建客户价值链。利用“足球孩”的产品与服务获取用户，并根据不同类型的用户不同的需求，并整合其他资源与平台用户需求挂钩。例如，搭建“城市俱乐部模块”，各个城市的各个俱乐部将招生招聘等俱乐部详情展示于平台上，足球教练员、学员家长可进行求职求学的筛选查找，通过平台联系起三方用户关系。除此以外，还可以搭建专属的足球电子商务模块。

该项目的意义是培养专业的教练员及优秀的足球运动人才，研发科学有效的足球训练课程，打造国内一流的足球赛事、足球文化的交流中心。一系列的项目内容、实实在在的举措的最终目标，就是从根本问题出发，专注中国足球青训事业，为中国足球源源不断地输送人才，切实改变中国足球干打雷不下雨的尴尬困境，为中国足球冲击世界杯打下坚实的基础，从根本上去实现“足球梦”“中国梦”！

2 企业概况

2.1 公司组织结构（如图 3 – 1 所示）

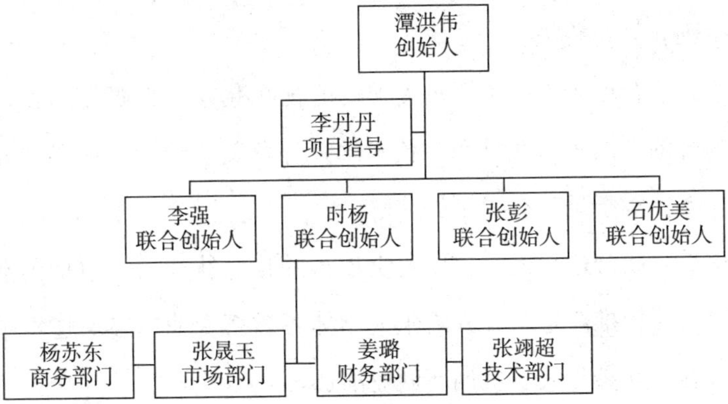

图 3 – 1 公司组织结构

2.2 团队介绍

谭洪伟：创始人。负责平台的整体设计与开发、市场营销、商务合作关系的相关业务洽谈、项目的整体规划与团队管理。ETL 开发、高级 DBA、十余年数据库管理与开发经验，现就职于某数据安全公司并担任部门主管。

李丹丹：项目指导。针对项目进行多方面的指导，包括平台的搭建、营销推广、业务模式等。北京联合大学电子商务专业副教授，曾指导多个大学生创新创业项目，帮助数个项目获得多项国家级、北京市级、校级大学生创新创业奖项。

李强：联合创始人。负责足球相关资料的整理与分类，足球教学课程的设计与培训讲解。齐齐哈尔大学体育学院副教授（已退休），中国足协会员协会教练员讲师。数次荣获足球比赛与教学相关奖项，从事足球教学、训练 36 年。

时杨：联合创始人。负责足球相关资料的筛选与整理分类，项目的营销推广，业务模式的设计等运营工作。北京联合大学工商管理专业，中国足协 D 级教练员，国家二级足球运动员，曾获多项国家级、北京市级、校级大学生创新创业奖项。

张彭：联合创始人。主要负责项目的视频翻译、自媒体运营，包括公众号等内容的产出等。武汉职业技术学院外贸英语专业，从事幼儿足球启蒙教育 6 年，对于足球有深刻的理解。

石优美：联合创始人。主要负责项目的自媒体运营，包括公众号等内容的产出与营销推广等。齐齐哈尔大学体育教育专业，参与过多项全国性的体育大赛，并参与大学生创新创业项目。

杨苏东：商务部门。负责项目的商务合作洽谈等工作。北京联合大学金融学专业，曾获“中国 GBC 商务精英挑战赛华北赛区亚军”“全国大学生谈判比赛三等奖”与曾获多项国家级、北京市级、校级大学生创新创业奖项。

张晟玉：市场部门。负责平台的市场营销，扩大品牌知名度与用户流量。北京联合大学金融学专业，善于营销策划，曾获多项国家级、北京市级、校级大学生创新创业奖项。

姜璐：财务部门。主要负责项目的财务工作。北京联合大学会计专业，拥有 ACCA 国际会计师资格证书，多次参与500强企业实习，曾获多项国家级、北京市级、校级大学生创新创业奖项。

张翊超：技术部门。负责平台的技术开发工作。北京联合大学电商管理运营专业，熟悉 java、大数据编程，曾在某互联网音乐公司负责后台数据管理、制作 banner 图，曾获多项国家级、北京市级、校级大学生创新创业奖项。

2.3 团队优势

一是专业性。李强老师拥有非常专业的足球教学训练理念与经验，同时谭洪伟、时杨均有足球相关运动教学经历，共同组成足球教学资料开发团队，足球教学十分专业。

二是技术支持。创始人谭洪伟先生拥有十余年的平台开发与数据管理相关工作经验，可为平台的搭建提供技术支持。

三是资源丰富。团队拥有众多的足球体育相关资源，加以整合并开发，将会带给项目更大的发展突破。

四是大学生创业政策扶持。团队是由在职员工、退休教授与多名大学生组成，目前国内陆续出台支持大学生创业相关之策，并且在北京联合大学的大力扶持下，项目具有政策优势。

3 市场分析

3.1 市场可行性分析

我国目前对于足球教练员的培训，除了中国足协举办的等级考试培训班以外，几乎为空白。专业、系统的足球教学资料和培训体系更是一片待开发的领域。与此同时，教练员非常想通过专业足球教学资料和培训提高自己的执教水平，但是苦于市场上没有专业的机构和资源。这不仅使教练员的水平很难提高，更重要的是制约着中国足球的发展。国内青训与赛事体系不完善；青少年幼儿参与足球运动人数众多，并飞速增长；足球教练员从业者增加迅速，急需提高执教水平，但缺少培训资源。市场的空白，给了“足球孩”发展的空间。

3.2 技术可行性分析

团队拥有足球与平台开发相关专业技术人员，对于整个项目的搭建运营拥有足够的专业背景支持。同时项目还拥有 3.5 万部足球教学视频资源与近 1 万篇足球教学教案、文章等核心资源。

3.3 政策可行性分析

众所周知，近年来国内大力发展足球事业，不断出台促进足球发展的相关政策，中国足球正在飞速发展阶段。2013 年体育总局、教育部出台了《关于加强全国青少年校园足球工作的意见》，意见中高度重视并加大力度扶持青少年校园足球事业，提出计划于 2020 年和 2025 年分别建成 2 万所和 5 万所足球特色学校等一些促进校园足球发展的相关政策。2015 年国务院办公厅印发《中国足球改革发展整体方案》中指出：“以总体要求、主要目标为大方向，通过对管理机构重新设计、职业俱乐部建设、完善竞赛体系、校园足球、社会足球、人才培养、国家队建设、场地建设管理、完善投入机制等涉及足球领域的各个层面的具体部署，为中国足球今后的发展指明了前进的方向。”国家近些年陆续出台的一系列足球发展相关政策表明了中国下决心要将足球搞下去，将出现众多的足球教学相关需求与市场发展前景。

3.4 竞争优势分析

目前众多足球教学资料平台，存在着教学资源内容不全面，没有系统、详细的分类目录等问题；用户的体验较差，不便于查找，无法彻底满足用户的需求；没有专门针对青少年足球训练的课程，教练员们只能自己进行摸索，多走了许多弯路，训练效果不佳；线下活动举办较少，用户之间进行沟通的平台较少，不利于足球训练的发展。

项目团队收集了约3.5万个国外足球教学视频，近1万份足球教学教案文章，包含了足球训练的各个方面。这些视频与教案经过了专业从事足球的人员的审核、分类，我们的视频、教案资料丰富全面、分类详细系统。平台中的资料更是具有国外优秀的教学理念与方法的优势，核心资源优势明显。

4 商业模式

4.1 商业画布

本项目现在拥有网站 www.zuqiuhai.com、手机 App、微信小程序、微信公众号、官方微博等服务平台。每个平台间相互关联，用户可以在各个平台获取足球教学资源。“足球孩”足球教学各平台中的内容在不断丰富的同时，各个平台会长期、经常性地进行维护、更新与完善，根据用户的反馈进行优化。希望可以通过多个服务平台，为用户提供“丰富全面、系统详细、先进有效”的足球教学资源。如图3-2所示。

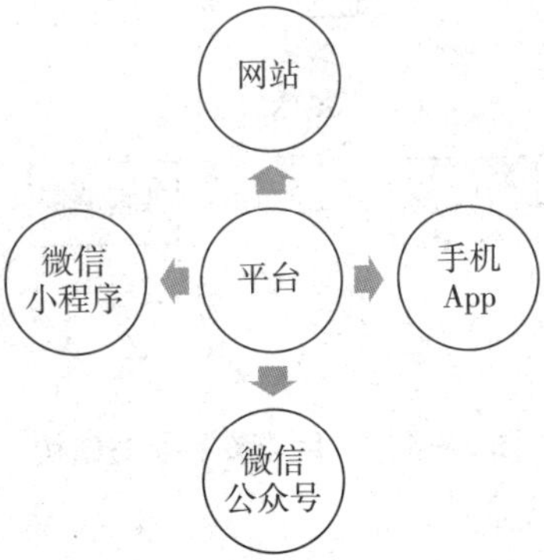

图3-2 “足球孩”平台

本项目的主要产品与服务包括："足球孩"足球教学资料分享平台、教练员课程培训、足球赛事、交流沙龙等一系列围绕足球教育来开展的业务，未来计划进入足球数据分析领域。项目服务的用户主要为青少年足球教练员，以及青少年学员、家长和其他足球机构。项目中的足球教练员课程培训，填补了目前我国除足协考级外的足球教练员培训空白。如图 3－3 所示是本项目提供的业务范围，包括足球教学资料、培训课程、足球比赛、足球数据分析，以及足球相关资源整合。其中，平台中的教学资料包括足球基本技术、战术、身体素质、足球热身、足球游戏、U 系列训练、校园足球训练及其多种系列教学视频 10000 余部和足球教案文档 3000 余个，并且进行了层层分类。另外还有青少年足球教练员培训课程，课程设计参照了平台中的优势资源，另外计划将培训课程录制视频投放到平台中。通过对比赛数据的深度挖掘，可在课程中加以利用，用以指导足球教学及比赛。整合资源是足球青训俱乐部可以利用平台的管理系统管理俱乐部，同时可以发布俱乐部的招生招聘等信息用以宣传，同时将其他足球相关机构整合到平台中，搭建足球电子商务板块，打造足球生态社区。

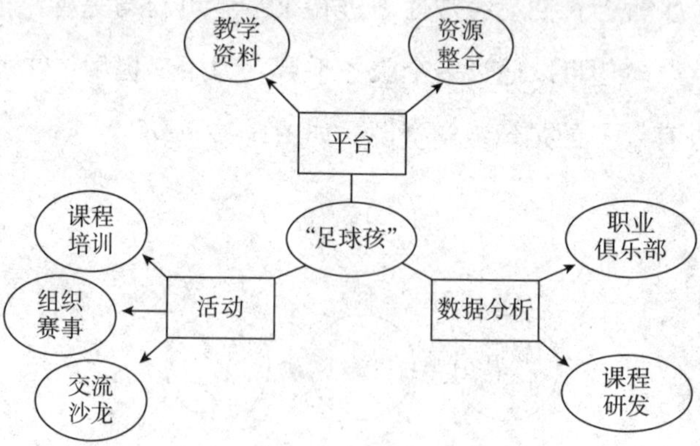

图 3－3 "足球孩"业务结构

4.2 目标客户

项目的主要客户包括：青少年足球教练员、足球学员、家长和足球青训俱乐部、体育器材设施制造商等多种足球机构。如图3－4所示。

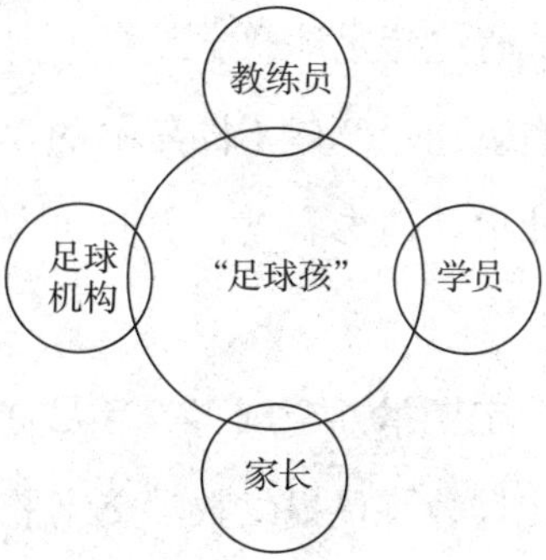

图3－4 目标客户

4.3 营利模式

团队整合国内外先进的足球教学资料，免费发放到平台上，吸引用户，提高流量；同时，项目专业的教研团队设计出一套专业系统的教练员培训课程，并搭建青少年足球赛事。此外利用项目平台整合多种足球机构，充分开发B端与C端客户。未来还计划利用"足球大数据"，通过深度发掘分析，更好地配合中国的足球青训事业。如图3－5所示。

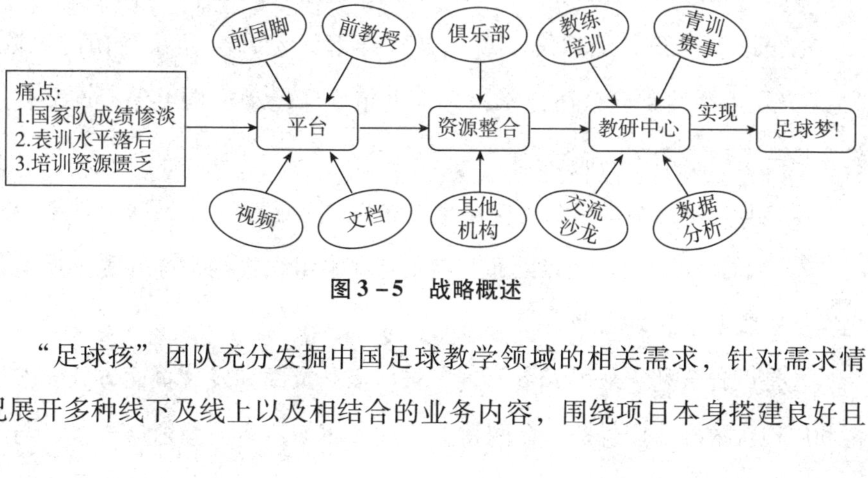

图3－5 战略概述

"足球孩"团队充分发掘中国足球教学领域的相关需求，针对需求情况展开多种线下及线上以及相结合的业务内容，围绕项目本身搭建良好且合适的营利方式，实现创收，具体包括：

一是青少年足球教练员培训费。通过开设青少年足球教练员培训班，收取培训费。将先进的足球教学理念传授给青少年足球教练员，并使其丰富教学方法，更好地完成青少年足球教学工作。

二是足球赛事组织费。通过开展不同年龄的校园组和俱乐部组别的全国青少年足球邀请赛，收取队伍参赛费，并且可以与其他公司洽谈，获得赞助。

三是足球教学沙龙。定期举办全国青少年足球教学沙龙活动，收取注册费，为全国的青少年足球教练员提供教学交流平台。

四是内容付费。观看“在线培训直播、培训课程录像、专门研发的足球教学资料”等收取会员费。项目团队计划开发的模块，为教练员提供线上增值服务。

五是为俱乐部提供平台管理服务。“足球孩”足球教学平台中的“城市俱乐部”模块，俱乐部可以利用该功能进行俱乐部的管理等工作，并且还可以发布俱乐部的招聘招生信息等俱乐部信息情况，从中收取费用。

六是电子商务。整合经销商资源，利用“足球孩”平台帮助经销商宣传销售运动服饰及体育器材，以及其他新颖的高科技足球设备。

七是运动保险。足球是一项竞技性体育运动，会存在受伤的风险，“足球孩”与体育保险公司合作，为青少年足球运动员提供保险产品，这将会是一个广大的市场需求。

八是其他足球赛事组织机构信息发布费。“足球孩”足球教学平台中的“赛事邀请”模块，用以发布其他足球赛事组织机构举办的赛事邀请信息，从中收取信息发布费。

九是广告营利。采用 App 开屏广告、福利页面和发现页面方式，按流量和展现次数赚取广告费；在网站上，加入旗帜广告、弹窗广告等，与电子商务企业、足球相关产品合作，按点击率和展现次数收取广告费等。根据平台最近的访问量预计，广告收入将是本项目的最大收入来源之一。

通过“足球大数据分析”业务，与职业足球俱乐部签署协议，为俱乐部提供数据支持，为职业足球俱乐部的训练与比赛提供科学化的帮助。

5 市场营销

5.1 线上营销

一是 seo 优化。近期项目在搜索引擎自然排名机制的基础上，对网站进行内部及外部进行调整优化，改进网站在搜索引擎中的关键词排名，获得更多流量，从而达成网站营销及品牌建设的目标。

二是网络视频推广。2017 年 12 月初陆续将带有“足球孩”网站水印的足球教学视频投放到优酷等综合性视频平台上，当不知道“足球孩”足球教学平台却又对足球教学资料有需要的人，在优酷中搜索并查看到“足球孩”上传的带有水印的视频时，将会起到良好的宣传导流作用，到目前为止上传视频的总播放量达到 8.5 万余次。

三是通过微信、QQ、微博、抖音等自媒体平台进行营销推广，建立自媒体营销矩阵。截止到 2020 年 4 月，共已加入全国 700 余个与足球相关的微信群。并相继在“全国青少年足球教练”“青训群英会”“中国公益足球家长群”“全国校园足球大联盟”等千余个与足球相关的足球微信、QQ 群中发表关于内容、更新等详细信息，其他自媒体平台同时跟进，在宣传期间网站访问量、手机 App 下载量、微信小程序使用人数、微信公众号关注人数均有明显的增长。并受到了平台的广泛好评，也有个别用户对平台做出一些反馈意见，宣传效果十分明显。

5.2 线下营销

一是相继参加各种足球类活动。包括 2019 年 1 月在北京召开的“2019 北京市足球运动协会第一节教练员大会”，2018 年 11 月 30—12 月 2 日

“中国国际足球产业博览会”，2018 年 12 月 9 日“人大人足球主题沙龙”，2018 年 12 月 27 日中关村互联网教育创新中心“创业充电站”等数个足球沙龙、展会、论坛。在各项活动中进行项目的路演，向大家介绍“足球孩”，并且在交流过程中发现更多的合作者及客户，为项目积累了资源。

二是参加多种大学生创业活动。参加“第八届全国大学生电子商务‘创新、创意及创业’挑战赛”，荣获国家级二等奖、北京市特等奖；“第四届中国‘互联网 +’大学生创新创业大赛”北京市三等奖；“2018 年‘启明星’大学生科技创新创业项目立项”北京市级项目立项。在校期间参加数个大学生创业大赛，并多次获得优异成绩。另外还参加多种大学生创业活动，进行项目的路演及交流，并邀请大学生创业指导专家予以指导，为项目的发展奠定了良好的基础。

三是“足球孩”团队相继拜访包括北京市国奥越野足球俱乐部等数家足球俱乐部与足球学校，向俱乐部的管理层、教练员、学员家长与学员发放带有网站网址、手机 App 二维码、微信公众号等信息的宣传单。“足球孩”团队还给俱乐部的学员们上了一次足球训练课，课前首先让学员们观看了课堂上将要学习的训练内容的视频，随后做出训练指导，发现学员们对于观看视频的积极性十分高涨，在观看视频后都对即将训练额内容产生了直观的印象和概念，能够很快地模仿出训练动作，效果十分有效。训练结束后，还对表现优秀的学员颁发了奖品，这一系列的活动意义重大。

6 财务分析

6.1 营业收入

预计“足球孩青少年足球培训中心”业务收入主要由三个大方面构成，分别是：线下业务收入、线上业务收入、营业外收入。

一是线下业务收入——“培训、赛事组织和沙龙以及足球大数据”公司利用已有的平台，开发出自有品牌的培训课程，组织青少年足球教练员培训班，收取培训费，等等。通过举办全国青少年足球邀请赛，收取参赛费等费用，并联系赞助资源。定期举办足球从业人员的沙龙交流活动，收取报名费等。此外未来利用足球大数据的深度挖掘开发，实现价值收益。

二是线上业务收入——“平台增值服务与资源整合”。平台开通各种增值服务，研发更加科学系统的足球教学资料，以会员注册购买的方式提供给用户；将平台模块功能化，可以为足球俱乐部提供管理系统服务，由此获得收益；通过在网站中添加“城市俱乐部”“全国邀请赛”等模块，与相关足球类机构洽谈，在我们的平台上为他们发布信息，利用网上的高点击量为多个足球机构提供信息宣传。另外还可以整合其他足球类机构，包括足球装备器材商、足球经纪人公司、足球运动康复中心，以及将国外的足球资源引入中国等，平台还可以利用广告获得营利。

三是营业外收入——“固定资产、无形资产投资等”，这部分收入预计未来 1 ~2 年内的数额为 0。预计公司步入正轨，产生较大利润后，会将部分资金用于投资；设备等固定资产进行盘盈、处置；无形资产，如专利等转让或授权使用，以产生营业外收入。

6.2　成本分析

目前，“足球孩”项目并未正式注册公司，因此项目的成本主要包括“服务器的租赁、带宽升级、平台开发、营销推广”等方面的运营费用，总体成本粗略计算每年 10 万元左右的支出。

7　项目总结与展望

“足球孩”项目诞生于 2017 年 9 月，截止到 2020 年 4 月已初步建成了“足球孩”足球教学资料分享网站、手机 App、微信小程序、微信公众号、微博等平台，平台改版后到目前网站的总用户量达到 24 万余人，微信小程序总用户量达到 4.4 万余人，微信公众号总用户量达到 1 万余人。2020 年计划将进一步完善平台，扩大用户量，争取成为国内足球教学第一手教学资料库；增加平台功能，整合足球资源，打造足球生态社区；成立公司，扩大团队组织，形成团队凝聚力和战斗力。2021 年将加强与国内外俱乐部及其他机构的对接与合作；组建专业的足球教研团队，研发科学系统的足球教学课程；定期举办足球教练员课程培训，开展各类青少年足球赛事、足球沙龙等活动，实现项目营利。未来，我们将以“足球教学”为中心，打造多元化的足球企业，争取更多资源，扩大公司规模与业务结构，并利用“足球大数据”深度挖掘其中价值，形成“足球孩”品牌，从而从根本上解决中国足球的尴尬境遇，成为“中国足球梦”的奠基人。

第二篇

创业锦囊篇

案例四　爱情超市

——初创者的“百科全书”

心路历程

我于2015年4月加入校内大学生创业团队，迄今创业这条路已走了三年半，这三年半有许多收获和成果，也有许多阻碍和艰辛，有让我兴奋的夜，也有许多失落的晨，无数次的思考与发问，却从未退缩。对于创业，我有一些体悟，在此与大家分享。本篇我将会讲述过往的经历，结合亲身经历表达对创业的些许建议。

创业路上每时每刻都在面对大大小小的选择，对于创业团队，很多事情都是第一次尝试和验证，甚至是全新的创造，那么这时过往的经验就不是万能的，市场瞬息万变，有时候经验反而成为羁绊，这样的事情也是屡见不鲜。有些方法是可以提炼和借鉴、复制的，就像一个体系化的万能公式，在本文中我会分享一个自己总结的，在做选择时用的公式，希望能够给创业者一些启发。

一、初心与经历

（一）初心

在刚上大学的时候有一篇文章给我留下了深刻的印象，文章讲的是许多的创业者步伐走得太快、太匆忙，没有很好地复盘与总结，慢慢走向死胡同，也背离了初心。文章还提供了一些好的方法与建议，当时刚刚着手创业的我对此深有体会，我借此鞭策自己，并遵照文章所讲去做，如今自己也走了一段创业路了，借此机会可以好好地停留一下。

我是一个轻易不做决定，做了决定轻易不更改的人。褒者说，是执着，贬者讲，叫执拗。当录取通知书下来，我以录取线压线的分数考上第三志愿的时候，我思索了一整晚，思索要不要再复读一年去上自己的第一志愿，最终我下定心，做了一个持续到今天的正确决定——不再复读，勇敢创业！

（二）初体验

刚开始大学的生活，我就将一部分精力分配给了创业前的积累，读财经杂志、看创业书籍、参加社会项目路演、上创新创业校选课、参加模拟CEO 培训训练营等。随着时间的推移，我渴望能真正投入和开展自己的项目，在构思项目方向的同时也在接触有类似想法的同龄人。机会总是眷恋有准备的人。偶然一次机会接触到校内一个做异地恋社交 App 的创业团队并加入其中，这也是管理学院蜂巢第一批入驻的项目之一。两个月后我也成为项目的合伙人，半年后项目入驻校级孵化器并招募到从重庆过来的第二个大学生合伙人，其间通过报名社会上的创业大赛，取得全国二等奖，并拿到了前优酷高管的 5 万元种子轮投资，同时项目也通过现场投资路演，入驻海航集团旗下的海创孵化器，拿到北京市创新发明大赛铜奖。这些小成绩让我们兴奋和欣慰，但实际情况不像表面上的光鲜，背后有太多的辛酸，相信大多数的创业团队都是一样的。我们几乎每天都会在办公场地里讨论，往返其他高校寻求技术合伙人，参与更多的路演，我作为团队的核心角色一直在经历着这一切，希望得到更多的投资和资源支持。我把它当成自己的项目去做、去努力，除了专业技术性强的内容外，什么工作都要亲力亲为，为了招人和留人做工作，为了项目的明天出谋划策，虽然没有挣到钱，但是过得充实，这其中有成长、有收获，这难道不就是在这个年龄最好的体验吗？这样的日子持续了一年，2016 年 6 月，炎热的夏天迎来了“资本寒冬”，我们的 App 项目也戛然而止，但项目夭折的根本原因并非是因为“资本寒冬”，而是创始人决定不再继续做此项目，我们两个合伙人表示理解，但也有很多的不舍。我当时的身份只是合伙人，并非整个团队和项目的最终负责人，所以注定无法对当时创始人的感受和这个做出决定的原因做到百分之百地感同身受。时至今日，经历了自己创业项目的全过程，我才真正理解了当时的境况和当事人的处境，项目中断，不是因为项目没有前景、不是因为项目创意不好、不是因为缺人，而是因为一个更为实际和关键的原因——项目短时间内无法实现营利，没有经济来源，全职人员无法生存。

（三）蓄力

2018 年 3 月，一年前同在校孵化器的创业者问我是否有兴趣来他们的公司实习，我决定去做活动策划岗位的实习工作，便将原先的创业项目交给下面的人继续常规化运营。三个月后，我离开了实习岗位，开始忙于毕业论文，转眼大学生活即将结束。四年过得很快，也很充实，虽有很多遗憾，但青春无悔。眼看即将离开学校，我不想让做了一年半的校园自媒体“死去”，它还有热度没有发挥，还有光芒没有闪烁，我认为它还有更大的空间可以提升。就在我寻找项目接盘侠的时候，一年半前在地下广场认识的一个校内创业者主动找到我，他想把平台号更好地利用和发展，或许这就是契机与命运，在反复的沟通和接触之后，我们决定合伙把这个项目做起来，并且投入我们的资金与心血。

（四）在路上

到2018年底我们已注册了公司，合伙人也由2个变成了5个，核心团队20多人，整个学生团队近50人，平台的发展速度也是原先的几倍，我们还入股了另外一个做电商的项目。从严格意义上讲，这是我自己第一次正式创业，压力比之前更足，动力也更大。每日往返于学校和家之间，很多的时间在思考，同时觉得项目也有试错的时间，我在等待条件成熟，努力过好每一天，不轻言放弃。

二、优势与特点

（一）韧性

作为参与创业三年多的我，对于自己的优劣势与特点也有了一定的分析和总结。首先我是一个比较有韧性、不轻言放弃的人，这是白手起家的创业者都应具备的素质。很多的创业者创业失败都是因为他们在遇到挫折时就放弃了，如果项目真的有原则性问题，及时调整和放弃是有必要的，但是如果刚遇到一些局部性问题就打了退堂鼓，那么这样的创业者注定不会取得长足的成功。“万事开头难”，最开始扛不住的人是无法迎来严冬天之后的春天。

（二）综合能力

商场如战场，不进则退。只有韧性是不够的，增强创业技能，提高领导能力是必须的。创业初期很多事务都需要合伙人自己去操作，具备综合素质会让前期的很多事务得以顺利进行。就像水桶理论一样，水的高度由短板决定。如果有某方面欠缺严重，那么就可能使整个项目进入瘫痪状态。我的一大特点就是全面发展，综合能力强，很多方面都有涉及，几年来负责过信息咨询的搜集查询，负责过人员的招募和面试，负责计划书、方案书等各类文稿的编写，进行法务查询、合同起草，制作平台推文、搭建平台版式，参与路演合作谈判，线下推广销售产品，组织大小会议，策划整体项目方案，管理大小团队，进行财务汇总，做报表，等等。这些经验和技能的掌握使我无须过度依赖他人，既具有单兵作战节省资源成本的初始发展基础，又可以组织众人拾柴，将项目复制使其能更好地进行流程化、持续化。

（三）思考力

思考力是优秀创业者必须具备的能力。做校园自媒体本身就没有固定的方法和指南，需要不断地思考和探索。我具备较强的思考、分析、规划能力，形成了自己的思维体系，可以更快、更有效地对事物进行判断，我在做规划时不仅着眼于当下，更着眼于长远，能够将长远规划与近期规划做可行性融合，善于做战略性、结构性方案，具有一定的创新性和灵活性，能够学以致用，善于发现问题、分析问题、解决问题，并总结反思，勤于自省，分析事物背后的原因，讲究循序渐进和可行性。

（四）统筹管理

管理能力是企业家精神的一种体现，以身作则，以德服人是重要的一点，只有这样才能更好地领导团队。带团队也是带人心，我具有较好的统筹能力，可以将伙伴们聚合到一起，除了业务能力要众人信服之外，团队各种人际关系、人际事务也要处理得当，否则人心不聚，项目便是一盘散沙。从大一做院学生会部长，到大二做合伙人，再到后面做创始人，大致算来手下管理过的学生已经超过了一百人，我很感谢所有的伙伴，没有他们也就没有我们彼此更好地成就与成长。

（五）不断学习

“知者知不知，无知者不知”，乐于学习，善于提升，多读书、读好书很关键。学以致用，才能更进一步，我认识到学海无涯，山外有山，人外有人，作为一名创业者，坚持多渠道学习是必修课。我喜欢阅读沟通类、经济管理类、心理学类的书籍和文章，认真在书上作笔记，对于重要的书还反复阅读。

三、感悟与建议

关于创业的感悟与建议，自己有些浅见，我愿与大家交流讨论，但愿每个人都能独立思考，海纳百川。下面我用几个标签词来展开。

（一）可行性

提升整个事情的可行性，这一点尤为重要。当然在这之前可以先做一个区分：对于把创业只是当成一次人生体验，或者仅仅想通过参与创业简单地了解创业，提升自己的人生经历而言，不一定要去确保和提升项目的可行性也可以一定程度地达到自我体验和了解、提升的目的。但是对于把创业当成目的，想认真地投入，将此项目创立成功，实现长久营利的创业伙伴们而言，注重和努力提升可行性可以说是最重要的一件事。

所谓可行性是一个概念词语，如果想要真正体会、领悟这个词的含义，通常需要真正长期地做一些创业性的内容。这个可行性可以说是一个结果，是将事务真正推向完成的原因，里面包含了各个重要环节，比如模式可行性、产品可行性、技术可行性、团队可行性、资金可行性、渠道可行性、政策可行性、竞争可行性、趋势可行性、流程化复制化可行性等方面。就像水桶理论一样，创业想要取得实质且长久的成功，对于关键要素的可行性缺一不可。创业是一个资源整合的工作，是一个集成项目，世界上大大小小的项目夭折的原因是其中一个重要环节出问题便引发连锁反应，项目的成功需要每一个重要环节都不出现重大问题，这也是创业的难度所在。绝大部分的大学生创业“死”于综合可行性缺失，因为初来乍到的年轻人大多没有意识到可行性的重要性，或者没能理解可行性，误以为项目可行而走入死胡同。

我举一个例子，有一个同学想做一款针对青年人的社交 App，他在没有做充分可行性分析的情况下便开始了项目，他自己不会软件开发，也没钱请专业的软件开发人员，花了几个月的时间去寻找技术合伙人，最终没有找到，他还没真正开始做项目便死在了“团队可行性”上。假设他找到了愿意一起做项目的技术合伙人，他们想做一款市面上同类软件里没有的功能，可以实现视频立体播放，但是这个技术要求很高，即使软件开发出来，大部分用户手中的硬件设备也无法支持此功能实现，那么他们死在了“技术可行性”上。于是他们放弃此功能，继续开发其他可实现的功能并终于把第一版产品面世，他们接下来需要将产品进行推广，但是在信息爆炸的时代，哪怕只是在北京一座城市推广也需要上百万的资金，可他们没有这么多钱，他们死于“资金可行性”。假设当时的融资环境非常好，又幸运遇到了对此项目有意向的投资人给这个项目投了钱，他们希望能和线下的轰趴馆进行合作办活动提高粉丝黏度，但是这些轰趴馆太分散，而且有各自的业务，很多生意好的轰趴馆并不愿意合作的话，项目在“渠道可行性”上也出现了不小的麻烦。假设渠道问题终于搞定，用户数量在持续烧钱推广的方式下也增长得很快，项目看起来蓬勃发展，两位合伙人很开心，但钱很快花得差不多了，于是他们打算再一轮融资，可是投资人却不肯投钱，因为投资人看不到项目的未来营利能力，两人此时才发现他们根本没有好好想过产品的营利模式，用户一直以来都是因补贴和送福利使用产品，并没有主动付费的意愿和付费点，他们忽略了极为重要的“模式可行性”。即便顺利地建立了已验证成功的商业模式，一个草根团队做大市场的资源整合项目，很可能会有巨头企业跟进此领域做产品，也很有可能会被直接打死，这就是死在了“竞争可行性”上。如果为了生存转向做灰色产业的服务，那么不久后就会被政府查封，彻底地死于“政策可行性”，整个领导团队都难以再翻身。青年创业者在创业过程中一定要不断验证和提升可行性，这样才能一步一步发展壮大。

（二）团队

团队是创业要素中最重要的点，事在人为，如果团队不行，其他的条件即便再好也会出问题；如果团队尚可，其他方面有问题还可以去逐一解决。投资人决定是否投项目看三点：团队、模式、天花板。对于年轻的初创团队而言，团队比另外两者模式和天花板更为重要。如今的年代已经不是单打独斗的时代了，联合才是真理，建议还没有开始创业但想进入的同学们一定要有团队，对于小白创业者建议先加入一个现有的团队之中。团队结构之中要先找到项目的合伙人，也就是团队的火车头和发动机，在面临很多困境的时候，需要合伙人之间互帮、互助、互相勉励，这是手下员工不能替代的。当初我放下手中项目去实习的一大原因便是没有合伙人，独自带领团队很多时候有心无力，而我在几个月后回归创业也是因为有了合适的合伙人。

在团队搭建和人员选择方面，每个创业者有自己的选择标准和方式，不同的项目也有不同的团队需求，但有一点几乎是所有团队都应做到但却被不少人忽略的一点——团队互补。人无完人，团队互补才能更好地发挥各自优势，弥补个人不足，团队领头人每天都要做的事情，就是发现问题并解决问题，能够准确地分析核心人员的优劣势并安排属于各自的定位，协作分工推进项目。创始人要明确项目需要的合伙人角色特点并找到他们，合伙人和其他核心成员也要找好自己的定位并和其他成员更好地配合互补。

（三）心性与舒适圈

创业者的心性是决定能走多远的一个重要影响点。创业者要做好面临困难的准备，在项目遇到问题的时候不气馁，不放弃，冷静积极地处理，同时要保持理性并认清现实。很多大学生创业者创业初始是因为一个美好的憧憬，凭一个感兴趣的点子和满腔热情。有热情是好事，但是更要保持理智和成熟，创业绝对不是靠想象和一厢情愿就可以走到最后的。创业是一场马拉松，创业者忌浮躁与功利化，只有耐心的创业者才能笑到最后。很多投机主义者和没经历过磨难的年轻创业者，奔着短期就能创业成功，抱着美好的幻想去尝试创业，最后只能是无功而返。对于有想法要创业的人，我个人的建议是请想好了再做：如果仅仅是为了体验成长和丰富经历的话，可在不影响其他事务的情况下去大胆尝试；如果是真正打算创业的人则需要好好考虑，在基本要素没有达到的情况下不要贸然开始自主创业，否则很可能赔了夫人又折兵。可以等到在社会上工作几年之后，条件成熟时，再创业反而能更快地成功。如果是真想以创业为人生规划，并且想尽早了解提升自己的创业者，建议在早期先进入一个已经在运作的初创团队去体验，即使项目的方向和自己想创业的方向不完全吻合，对于创业路上的很多方面也都会有一定的帮助。在适当的时候开始组建自己的团队进行真正的创业，才是明智之举。创业是艰苦的，只有对于能够苦中作乐的人，创业才会是非常有趣的。创业者每天就是不断“逼迫”自己、不断调整和突破极限，不断走出舒适圈，才能生存，才能强大。想评判自己适不适合创业，先看看自己是否是一个擅于走出舒适圈的人。所以对于观望、徘徊或出于好奇而想创业的人，我建议先认清这一点再考虑其他内容，如果不能做到吃苦和不断钻研，那么我可以说结果一定不是你想要的。

（四）借势

雷军有一句名言：“在风口上猪都能飞。”虽然有点夸大和片面，但是站在一定的角度去看此话是十分有道理和有建设性的。作为初创团队最好学会借势而动，借助国家政策大势，借助用户消费习惯趋势的大势，借助身边团队渠道的优势，借助现有技术流量平台的第三方服务，等等。借势也帮助初创团队弥补和规避早期要素的不足，更加顺利地走向发展期。当然，不可一味借势而忽略建设、打磨自主产品内容，不可将借势变为依赖趋势。我知道很多创始人习惯于跟风投机，什么行业火就做什么，但是缺少深耕的竞争力，风风火火地做过很多项目，却没有一个活下来，这样也是万万不可的。

（五）分析模板

创业路上每时每刻都在面对大大小小的选择，对于创业团队而言很多事情都是第一次尝试和验证，甚至是全新的创造，这时过往的经验就不是万能的。市场瞬息万变，有时候经验反而成了羁绊，这样的事情也是屡见不鲜。然而，有些方法是可以提炼和借鉴复制的，就像一个体系化的万能公式，在这里分享一个我自己总结的做选择用的公式，我将之称为 EVCD 公式，就是从四个维度去分析事务，从而为做选择提供一些依据，这四个维度分别是价值 V、难度 D、成本 C、效果 E。首先分析一件事情或者决策本身的价值如何，其他因素不变量下，高价值值得高付出，低价值可以放低成本，而此价值也可以从多维度去衡量：对于团队发展的价值、对于项目推广的价值、对于产品营利的价值、对于品牌塑造的价值、长期价值短期价值、内部价值外部价值等。然后分析它的难度，难度过大可能无法实现，难度过小可能被轻易模仿或者竞争激烈，可以根据需求和实际情况，从人力难度、技术难度、渠道难度、模式难度、复制化难度、持续性难度等方面进行分析。难度决定能否实施，成本是实施的代价，主要包括人力成本、资金成本、机会成本、沉没成本、信任成本等。最后一项是效果，如果说价值是目标，是天花板，那么效果就是结果、是实际收益，也是衡量事件成果的直接标准。这里要注意一点，在分析评判效果的时候是分两次进行：第一次是开展前，此效果是预期或是目标；第二次是实施后，此效果是统计、是复盘。同时，看效果应从全局出发，有些直接结果带来的利弊效果并非是即时的、当下的，而是具有长远影响的，这时候就需要创业者具有足够的能力和眼光进行充分的判断。EVCD 公式其实是一个进行可行性分析的过程，在最终判断时应综合全部四个要素，并结合自身的实际情况进行要素权重分配，是一个性价比的判断。在多方案选择时，可以将四要素按四象限作图标量，根据成图面积来进行直观对比。

（六）创业要素

几乎所有具有一定创业经验的人都十分清楚，有几个要素对创业是非常关键的，如果你恰好是一名创业小白或者入门者，那么有必要牢记下面要素的重要性。

团队。对于绝大多数项目而言，团队的重要性是第一位的。

资金。如果说其他要素构成项目成功的关键和核心，那么资金是项目成功的基础。对于当今不少项目而言，资金才是关键或核心，大资本推进的整合性项目拼的就是财力，没有一点资金的话，什么都寸步难行，其他要素都免谈。没有资金，就很难有充满战斗力的团队。如果是白手起家的年轻团队，我不会建议他们去接触需要烧钱才能做好的项目，因为即便是融资财主也会先看团队配置。

渠道。拥有强渠道可以帮助创业者进行单点突破，从而得以立足；拥有强渠道可以帮助产品产生壁垒，持续扩大化地发展。

产品。没有产品就没有一个稳定的发力点，产品不见得是实物，可以是无形的服务或者业务架构。创业者心中需要有清晰的想法，不可以做流水账，形散神也散。建立和打磨产品的过程也是创业者不断提升的过程，好的产品需要不断迭代，需要合理创新，与时俱进。

商业模式。商业模式是做什么、为什么要做、谁来做、如何能做成的问与答。商业模式要多结合产品一起来讨论，有很多产品能够营利，但不足够有趣、有创意、有温度、有价值的产品，即使能够营利也不能蓬勃发展，也几乎没有很有趣、有温度价值但始终无法赚钱却能活得久的项目。

（七）动态模型

创业是灵活的，是需要不断调整和改进的。创业者要学会培养动态调整的项目意识和能力，不同阶段采用的要素设置要有所不同，需要因地制宜，相机而变，不可刻舟求剑，永不改变。没有哪个创业团队是一成不变就能走向成功的。调整可以是多方面的：团队架构调整、产品板块调整、渠道方调整、商业模式调整甚至是项目整体方向的调整，创业者意识变化是常态、合理的，而不是不好的或者麻烦的事情，如果没有这种意识就会跟不上节奏，出现项目病症，团队可能出现各种问题，有了这种意识就能够及时调整。如果可以做到未雨绸缪进行动态的调整，就可以决胜千里，调整也要适度，不要为了调整而调整，要谋定而后动，盲目地调整只能累垮核心，失信三军。

（八）思考力、执行力

创业者需要不断创新思考和不断尝试，包括学生团队的管理也需要不断地摸索和调整，要讲究方法和灵活性。拥有好的思考力不仅可以为项目推进和调整带来更好的方法，同时可以在人际关系中发挥重要的作用。对于内部团队管理，如何管住人，如何激励人，条件越困难就越要求好的方法。对于外部谈判与合作，思考力可以帮助创业者进行本质分析从而做出真实判断。真正的商场是讲究手段和技巧的，如果创业者是一个轻易相信他人并且无条件将自己情况透露对方的人，那么他一定会栽跟头。为用户提供良好的服务同样需要有效的思考，很多时候用户不会直接说出自己的想法，甚至用户自己也不能很好地总结，这个时候就需要采用换位思考等方式方法来描绘用户画像，充分分析产品并努力实现构思。在准确判断局势的情况下真诚地对待合作伙伴和团队成员以及用户，便一定会收到好的成效。创业团队的执行力也必须强，没有一步步地扎实行动，再好的构思也停留于构思，并且很多情况下之所以可以有好地思考和判断，就是通过在实际执行中进行验证和获得灵感的，思行合一是不二法门。

（九）学生团队

对于大学生创业者而言，大多数的项目团队在早期都是由学生组建而成，一个团队在发展过程中不可能只有创始人和合伙人，可能会有若干其他的学生成员参与其中，那么如何更好地吸引并留住学生成员，如何更好地带领和管理学生团队，学生团队和社会全职团队有哪些不同点，使用学生团队有哪些注意事项和建议。这些内容关乎初期创业团队的生死和项目走向，对于有四年学生管理经历，带过上百名学生的我，不能说已经完全清楚了这些内容，但是确实有自己的心得体会，希望能够帮助到想要了解这方面知识的人。

首先是如何更好地吸引并留住学生成员，要做好这一点就要先判断来者的目的与需求，然后看看自身能够给他们带来哪些，如果双方的供需匹配，那么就抓住匹配点进行发展与发挥，事情会事半功倍。大学生有意向参与大多是因为以下几点：好奇、体验、学习、成长、收入、投机、成就、出路。想要留住学生，除了给他们最想要的点之外，如果能够营造一个良好的团队氛围使成员之间产生感情，那么学生们更加容易一起走下去。如何带领管理学生团队，这里面涉及了很多方面，分工明确、分级管理，让学生团队正确认识所做事务，给他们信任，对其关怀与鼓励，多沟通多督促，尽量多见面多交流，适度团建，有效奖惩机制，不留闲人，谨慎起用问题人员，给予机会和挑战等，这些都是有效且必要的方法。学生团队和社会全职团队各自具有鲜明特点，学生团队普遍热情高、长性差、想法单纯方法简单、想法多执行力弱、根据心情和兴趣做事、成本低、能力与经验有限、稳定性弱、未知因素多、时间分散不利做事和管理、效率低、无法适应高强度高压力、更脆弱、能够共患难；社会全职团队普遍能力强经验更多、更功利、成本更高、效率更高、想法复杂方法多、更稳定、更坚强更抗压。使用学生团队的建议如下：

一是广撒网后挑精英，分流管理与分工。

二是不要在初期未稳定成员身上花费过多精力，应多培养和带领有潜力的核心成员。

三是进行合理包装和游说，但不要去欺骗和单纯利用学生团队，建议不要对学生团队期望过高。

四是培养有文化与有温度的团队。

五是更严格要求团队尤其是核心成员。

六是在有条件的情况下招募一定的全职团队带领学生团队进行开展，全职团队和学生团队定位分工分开，比例可为1：3～1：5。

七是适当发放薪酬，可以将期权或分红作为激励与回馈，针对不同项目不同情况采取不同方案方法。

（十）好的身体

身体是革命的本钱。最后要强调创业者要保持好的身心健康，创业是场马拉松，身体出了问题就难以坚持，即便创业成功达成目标，没有了好的身体可能也没有了意义，很多创业者都有身体问题，学会劳逸结合，尽可能地放松心态是非常有必要的。

祝愿所有奔跑的创业者都能不虚此行，越走越远。

项目计划书

1　项目概要

1.1　项目简介

爱情超市是一个可以帮助人们找到最佳伴侣的连锁实体店项目，项目人群定位为中国一二线城市22～35岁的青年，以都市白领人群为主，针对工作忙、节奏快的高收入人群，以及不善主动与人搭讪交往，同时又具有恋爱需求的用户群体。通过运用恋爱心理学的专业知识，配有完善的软硬件设置以及专业的心理恋爱医师，经过科学的测试和针对性的谈话挖掘出客户的真实需求，通过一系列科学且新颖的方式有效满足用户需求。爱情超市是从挖掘需求到发现目标再到紧密联系最后确认关系的一条龙式服务，其核心价值在于快捷、真实、高效，同时具有新颖、科学、亲和感强的独特优势。

爱情超市通过线上的新形式网页和微信公众号进行辅助引流及宣传推广，同时举办各类针对性的线下活动进行实体店的服务延伸，通过一系列科学且新颖的方式有效满足用户需求。

实体店内配有完善的软硬件设置以及专业的心理恋爱医师，用户可详细地提供各类想展示的信息，经过科学的测试和针对性的谈话挖掘出真实需求，在提供自身信息给其他用户的同时可寻找了解感兴趣的人，在爱情超市提供的一系列服务下有效地与之建立联系和深入互动。

1.2 项目背景

1.2.1 市场规模

根据权威数据统计，长期生活在北京地区的 18 ~ 35 岁的青年男女数量为 750 万 ~ 800 万，全国 18 ~ 35 岁年龄段人群规模为 4 亿左右。截至 2016 年，中国网络婚恋市场价值规模达 34.4 亿，其中白领用户为行业核心付费群体。

1.2.2 市场状况

男女比例失衡、网络普及，依然认同恋爱崇高的价值观。单身潮来袭以及离婚率走高，驱动婚恋需求增强。中国网络婚恋服务商营利模式分为 TOB（企业）端和 TOC（用户）端，目前在所有营利模式中，会员费和一对一服务费是网络婚恋企业主要营利模式。

网页寡头占据绝大部分市场。主要的网络婚恋巨头有百合网（占有率

20.67%）、世纪佳缘网（占有率20.45%）、有缘网（占有率12.56%）、珍爱网（占有率18.89%）、爱情公寓（占有率11.33%）、妙恋佳人网（占有率8.22%），合称“六大门派”。

目前，我国单身人数近2亿，男女比例严重失调，出生人口性别比例也失调，单身男女婚恋问题成为社会亟须解决的难题之一，同时也意味着婚恋市场的巨大潜力。

1.3 项目进展情况

2018年2月，点子诞生，组建初始团队。

2018年2月，建立爱情超市微信个人号并试运营。

2018年3月，建立爱情超市微信公众号并试运营。

2018年4月，项目策划完善，撰写爱情超市商业计划书。

2018年4—5月，寻找招募项目合伙人。

2018年7月，入驻北京联合大学管理学院蜂巢创业孵化器。

2018年9月，初始团队成立。

2018年11月，成立公司。

2018年11月至今，进行线上试运营，借助现有平台进行传播和相似性活动效果试验。

目前已举办一次酒吧夜店交友活动，一次线上告白活动，一次蹦床轰趴娱乐活动，受众已达1万人以上，参与活动的人数达到了2200人。获得了较良好的反应，获得了一批较良好的用户基础与实验对象。

1.4 项目创新点

1.4.1 市场痛点与存在问题

如今的婚恋市场普遍地存在着一些问题，首先是服务的内容和载体过于单一，商业模式过于同质化。更为严重的缺失在于，无法真正高效地解决用户想要找到最合适伴侣的这一需求，无论是线上的配对或社交服务，还是线下的聚会活动，都无法摆脱流于表面形式的现状，难以深入和针对性地服务用户。具有一定盲目性，易使用户产生无助感和信任离失。

1.4.2 归纳传统婚恋行业普遍问题

· 男女匹配内容流于表面价值，无法提供实际交往过程中彼此关注的细节信息。

· 对有需求但喜好不明确或缺乏经验的用户，无法为其有效的推荐以及解决用户盲点。

· 线上平台深度不够，无法使男女真实了解和产生话题及共同行为，缺乏真实感。

· 线下活动突兀而盲目，活动内容粗糙平庸，难以产生内在感应。

· 无论线上和线下，都无法为不善于社交和表达的这一类刚需用户提供有效的帮助。

· 仅凭一面之词及频繁的无关痛痒的活动向用户收取费用，易使用户产生质疑和抗拒感。

· 网页浏览内容烦琐，效率低下；App 社交信息不透明，目的不纯。

· 服务内容和整体基调过于传统乏味，缺少用户黏度，不具备良好的自传播效应。

2 企业概况

2.1 公司组织架构

公司拥有 5 个合伙人，分别为白家琪、刘学磊、赵培佐、王鸿儒、张旭崑，以及其他管理成员与非管理成员共计 23 名。其中，除白家琪已于 2018 年 7 月毕业外，其他成员均为北京联合大学在校生。

2.2 团队介绍

● 白家琪（团队总负责人）：

2015.4—2016.7 担任校内创业团队联合创始人，开发产品领域社交

App，主要负责信息收集、产品策划、宣传制作、人事管理、谈判路演等内容。

2017.3—2017.6 在北京光阀舰科技有限公司担任项目经理，主要负责员工管理考核、项目进度把控和人事工作安排，协助经行营销策划的讨论制定和与甲方进行业务沟通。

2017.7—2017.12 作为发起人，并总负责一个校园自媒体创业项目，参与公关和新媒体运维工作。

大一大二期间担任学院宣传部部长，熟悉新媒体运营，管理20人学生团队。大四期间在社会公司做过三个月线下活动策划职务。

荣誉奖项：大学在校期间曾获得全国第二届通信杯创新创业大赛 Pre-angel 特别奖、全国第二届通信杯创新创业大赛二等奖、北京市创新发明大赛铜奖、娃哈哈校园营销大赛二等奖、校内 CEO 创业训练营团队二等奖、院级知识竞赛二等奖、院级启明星社科类项目三等奖、院级优秀学生干部。

• 刘学磊（市场推广外联公关负责人）：

2016 年 9 月

连续三天为北京联合大学北四环校区联通迎新校园卡日销售冠军。

连续四天为对外经济贸易大学移动迎新校园卡日销售冠军。

2017 年 8 月

为北京语言大学、北京科技大学新生入学校区被褥售卖负责人。

2016.9 至今 北京联合大学北四环校区远大驾校总代理。

2016.9—2017.6“宿舍便利箱”发起人并成功入驻我校管理学院蜂巢孵化器。

大一大二时荣获“校级三好学生”“院级三好学生”“二等奖学金”“国家励志奖学金”“人文知识竞赛三等奖”等各类奖项。

• 赵培佐（心理技术开发负责人）：

大二大三时曾担任社团社长，策划过3场校级娱乐活动，具有很强的组织与策划能力。

• 王鸿儒、张旭崑（活动执行负责人）：

同为大二生，具有很强的社交与活动策划与执行能力，思想活跃新颖，能够完整地策划与组织好每一场大型活动。

2.3 团队优势

团队成员多为“90后”大学生，思想先进新颖，能够切实了解目标客户所需，积极乐观，喜欢搞一些有趣、有料、有的玩的事情。虽然创业很辛苦，但我们懂得苦中作乐的道理。

整个团队分工明确，目标一致，专业分明，能够高效地完成每一次的活动策划与执行。除此之外，团队成员均拥有一定的线上或线下的娱乐交友活动的策划与组织经验，以及恋爱软件的设计创业经历，对于未来趋势下的婚恋恋爱新趋势新需求有着敏锐的察觉，贴合目标用户的心理认知，比传统婚恋组织更容易把握和发动社会新青年的心理动态与活动参与度。

3 市场分析

3.1 SWOT分析

优势：婚恋模式新颖，具有线上和线下实体店双模式；恋爱交友模式的创新。

劣势：自身资金储备不丰富，初期核心技术的开发不完善。

机会：具有庞大的潜在客户；利用网红经济引流的实体店更容易吸引眼球；网络传播效率高；具有丰富的互动渠道。

威胁：模式的创新容易引来同行业竞争者的抄袭模仿；顾客要求高，难以满足；同质化现象严重。

3.2 风险可行性分析

一是塑造网站品牌形象。

准确定位市场：首先要确定市场，然后确定主要经营市场以及营销策略。

打造诚信平台：注重保护隐私，提高网站的私密管理，按照不同消费者的喜好加以区分，使消费者在一个相对稳定的环境中按照自己的意愿进行选择。

加大品牌推广：突出重围，树立品牌优势。

二是注重人才的培养，提升团队战斗力。

创建成功的婚恋网站，离不开高质量的人才储备和高素质的团队。

三是加强产品与服务的创新。

婚恋网站现在面临的最严重的问题就“同质化现象严重”，创新是迫在眉睫的任务。

四是实现多元化营运策略。

利用庞大的会员资源，进行产业拓展。同时，还应该及时进行行业分析，尽早发现婚恋市场中的“蓝海”，获取市场地位。

4 商业模式

4.1 商业画布

4.1.1 重要伙伴

作为以线下实体店为入口和出口载体的爱情超市，是线上线下多方位打通与整合的运营模式，主要合作伙伴包含传统婚恋网站，可为我们提供大量且优质的用户信息与流量导流，同时，两性电商、婚纱摄影、情侣礼物等大小商家也是我们的长期合作者。

4.1.2 关键业务

· 原创实体店形式，增加用户使用率，降低消费门槛和时间成本，增强心理安全感。

· 恋爱师——配备经验丰富的恋爱顾问和心理分析师，面对面交谈，科学而针对性地为用户服务。

· 精数据——后台数据库标签式录入及调取，进行人性化喜好匹配，提供深入展示自身和了解对方机会。

· 网页墙——店内墙面空间为真实版网页内容呈现，更加快捷自由，部分内容免费提供。调动用户积极性，增强体验感。

· 生活店——店面风格温馨文艺，提供日常消费（咖啡、看书、撸猫），拒绝死板和标签化，降低用户反感，消除防备心，增加用户黏度和认同感。

· 置物架——MV 个人宣传投影、纪念意义物件展示、礼品互送……全面增强真实度和体验感。

· 一点通——网页界面为模块式风格，根据喜好直接进行分类查找，简约新颖而高效，避免标题加文字式的传统网页带来的报纸阅读感和使用无助感。

4.1.3 核心资源

一是北京师范大学心理系研究生作为项目合伙人之一，联合其导师与业内资深专家，从最专业的角度、使用强大的技术力量，联合剖析设计产品。

二是爱情超市团队拥有大量的低成本和快速验证产品的种子用户群体资源，在京地区拥有 4 万左右的粉丝用户，遍布京内各大高校和企业，是团队合伙人其他在孵项目的直接资源，以供产品进行快速迭代和冷启动期的低成本高效率裂变营销。

三是团队拥有丰富的线上相关产品设计运营和线下活动策划执行经验，拥有上万人社群运营经验和上百次大小线下活动举办经历，为项目的落地开展、谈判获得客户等提供了充分便利与动力。

4.2 目标客户

4.2.1 产品策略

产品开发：基本对客服务、自助式对客服务、个性化对客服务。

基本对客服务项目：为了与会员建立良好的信任基础和合作关系，爱情便利店所有尊贵会员均可享受我们提供的各项基本服务，包括以下内容：

·根据会员需求大范围匹配；

·通过测试问询和分析匹配更合适的人选；

·确定人选，设计形象；

·策划双方邂逅的方式；

·为二人提供周到、贴心的服务。

自助式对客服务项目：爱情便利店精心设计了一系列的活动供会员自主选择，在提供基础服务的基础上增加了可自主选择的邂逅方式——有室内聚会（浪漫、温馨）和户外活动（动感、激情），这类自助式服务在会费以外另行收费。

个性化对客服务项目：鉴于国内高收入阶层的消费能力和追求个性标新立异的消费偏好，爱情便利店将根据会员本人的申请，为其获取爱情提供一切尽可能的 VIP 服务。

4.2.2 产品设计

4.3 营利模式

本项目为前期收费，后期服务。

一是会员模式：招募单身男女成为平台会员，收取会员服务费。

二是全民股东计划：每家自营连锁店开放 25 个利润分红名额。

三是网页及微信公众号，信息获取费、信息发布费。

四是在会员见面时提供饮品、茶歇，收取一定费用、店内用品消费，周边礼品消费。

五是举办大型线下相亲活动，收取报名费、广告费、赞助费，现场消费。

六是加盟连锁；开放加盟，收取加盟费以及管理费。

本项目营利模式的特点在于推出全民股东计划。因个性化客服会员收费较高，特推出利润分成计划，让会员成为股东。在享受服务的同时，让会员有归属感，最终实现全民营销。

5 营销策略

5.1 线上营销

5.1.1 线上营销途径

- 各种社交软件推广、产品引入期媒体广告宣传
- 网络宣传电台、媒体情感专线
- 建设企业自己的网站、产品成熟期关系营销网络
- 品牌效应、口碑式的宣传效应
- 连锁知名品牌

5.1.2 线上营销售价

爱情便利店提供的服务定价，在充分测算成本的基础上，并保证一定利润率和迅速开拓市场的需要，参考市场同类服务的价格，在不同服务方式中采取不同的定价方式。参见表4－1、表4－2。

表4－1 爱情便利店服务价格表

类别	基本客服价格	自助式客服价格	个性化客服价格
会员服务	2000元/年	3000元/年	8000元/年
婚介服务成功费	3888元/次	4888元/次	5888元/次
相关活动费	300元/次	500元/次	800元/次

表 4－2　爱情便利店销售策略

期间	策略组合	具体方案
产品推出期	平面广告宣传 公共关系宣传 网络宣传	公共汽车站牌广告、电梯内广告 商场外广告荧屏 相亲会广告 各种社交软件推广
产品引入期	媒体广告宣传 网络宣传	电台媒体情感专线 建设企业自己的网站
产品成熟期	关系营销网络 品牌效应	口碑式的宣传效应 连锁知名品牌

5.2　线下营销

- 公共关系宣传
- 公共汽车站牌广告、电梯内广告
- 商场外广告荧屏
- 相亲会广告

6　财务分析

6.1　营业收入

本项目为前期收费，后期服务。

本公司营利模式的特点：

• 推出全民股东计划；因个性化客服会员收费较高，特推出利润分成计划，让会员成为股东。在享受服务的同时，让会员有归属感，最终实现全民营销。

• 人员薪资：单店人员基本工资一年：216000 元，考虑到公司初创，生活补助发放视情况而定（创业团队基本生活补助每月 3000 元）

• 假设会员费（见表 4－3）：

表4-3 会员费收入模拟

	会员数（人）	单价（元）	共计（元）
基本会员	100	2000	200000
自助式会员	100	3000	300000
个性化会员	25	8000	200000
总计	225		700000

- 婚介服务成功费（见表4-4）：

表4-4 婚介服务费收入模拟

	会员数（人）	单价（元）	共计（元）
基本会员	40	3888	155520
自助式会员	20	4888	97760
个性化会员	5	5888	29440
总计	65		282720

单店年收益总额=700000+282720=982720元

6.2 成本分析（参见表4-5）

表4-5 成本分析表

项目名称	投资估算
网页制作+运维一年	7200
公众号制作+运维一年	13000
单店租金一年	150000
单店装饰+设备	50000
线上、线下宣传费用一年	40000
总计	260200

7 项目总结与展望

项目一路走来有很多困难也有很多收获，这份改变和升级青年人恋爱交友模式与体验的愿景是令人兴奋和具有使命感的，期望我们可以不断突破不断创新，为人生致富，也为社会创造一些价值。

第三篇

创业问答篇

案例五 大愚科技

——创业路上的自问自答

心路历程

如果问一个二十出头的年轻人，他是想要被催着买房买车、结婚生子的生活，还是想要改变世界、让自己一辈子不平庸的生活？估计大多数人会回答想要后者，却最终在现实中选择了前者。一个人不满足于只是为别人打工，而是致力于给这个社会带来一些什么，改变一些什么，从而实现自身价值，这就是创业。

一、我为什么创业？

我走上创业之路已经一年多了，公司刚刚搬进了新的办公室，也加入了新的小伙伴，大家都对未来充满了憧憬。我已经想不起来，从什么时候开始在我的内心里就种下了创业的种子。

似乎在上小学的时候，我就已经开始有“创业”的经历了。那时候，我还是山间的野孩子，每天在大山里奔跑，在小溪里嬉戏，在田野里打闹，和其他的小朋友一样天真烂漫。我的家境在村里算是一般吧，每天都要向家里要一块钱买零食。那个时候的我，觉得有一块钱已经很满足了。

记得有一天，我在小卖部看见了新的零食和新的玩具，我很想要，但是身上没有钱。于是，我回去问家人能不能给我买，奶奶跟我说："钱不能直接给你，你得自己挣。我们家山上有大大小小的竹子，大的大概三块五一根，小的大概一块五一根，你可以算一下买玩具需要多少根，然后我可以带你一起去挣。"后来的结果大家应该都猜到了，我自己花了一天的时间，用尽各种办法，从山上运回了需要的竹子。为了获得想要的玩具，我完成了自己人生中第一次"生意"。

第二次"创业"还是发生在小学，那年夏天，我们已经搬到了镇上的新家。家里卖废品的时候，我发现啤酒瓶盖也能换钱，而且价格对于当时的我来说还不低，这些啤酒瓶盖其实到处都是，很多都被随意扔掉了。我家附近有三家饭店，每天都有很多人吃饭、喝啤酒。暑假闲来无事，我就开始了第二次"创业"。每天吃完中饭、晚饭后，我就到镇上各家饭店去捡啤酒瓶盖，后来有小伙伴看我在捡这些瓶盖，问我是用来干什么，我就把我的点子和他分享了。我们两个人明确分工，一人负责一块地盘的瓶盖，最后一起汇总分配利益。与上次运竹子不同，这算是人生中第一次通过团队合作做了一次小生意吧！

现在回想起来，这些只是引子，这些经历潜移默化地将"创业"这个词印在了我的脑海里。我真正接触创业是在大学。我去听了新东方徐小平老师讲的创业讲座，具体讲的什么内容已经记不清了，只记得徐小平老师和蔼可亲，听完之后我对创业热血沸腾：我是学计算机专业的，读了乔布斯、比尔·盖茨、马云这些风云人物的创业传记，更是让我踌躇满志，想要像他们一样去创业，去为改变这个社会做一些事情！我想，很多大学生看完他们的传记估计都会有和我一样的感受吧。我的心里有一颗创业的种子，因为读过一些书，有过一些思考，我在大学的四年里不断地积累一些知识，不断提高着自己的能力。当时，我对自己的规划是：先丰富自己，等到自己各方面的能力都达到一定阶段的时候，如果有合适的机会，那就果断创业。那个时候，我的创业的规划基本是排在十年以后的人生规划之中的，如果真是这样发展，各位读者就没有机会在这本书上读到我的一些经历和感悟了。我之所以提前创业，就是因为看到很多人抱怨的地方和很多做得还不够好的地方，觉得自己应该能够为此做些什么，来解决我所看到的这些问题。

二、我在创业之前，积累了什么？

第一，快速学习能力。自己所处的计算机这个圈子里，技术迭代更新速度非常快。我意识到快速学习能力是在这样快节奏变化中真正能够适应社会发展而不被淘汰的能力。上课的时候老师就告诉我们，一个新的知识，从它产生，到验证，到使用，再到进入教材中，至少需要 10 年的时间。这意味着，我们现在学校学习到的这些知识，很多都是过时的、不实用的。前一段时间读到的《谷歌公司是怎么运营的》讲到的创意精英，他们经常会遇到全球最新的一些问题。面对问题，他们都是通过学习来快速完成有可能解决该问题的知识的储备，从而寻求最佳的解决方案。这充分说明了快速学习能力在面对未来，面对未知问题时的巨大作用。

第二，时间管理能力。有句话叫作“虽然我们不能改变生命的长度，但是我们可以拓宽它的宽度”。怎么拓宽生命的宽度呢？我觉得做好时间管理就是必经之路，我也是它的受益者。我的大学生活算是很丰富，学习上所有级别的奖学金一个也没有错过，生活中该看的书、该刷的剧、该去的地方、该尝试的东西、该交的朋友、该混的圈子……都有所涉猎。

第三，领导力。如果“你是要去成为海贼王的男人”，那么领导力就必不可少。互联网创业的上半场也许是一个单打独斗的战场，有一个好的想法，就能够在某一个蓝海中泛起浪花。但是互联网的下半场一定是一个打群架的战场，随着各种红利的消失，在茫茫的红海中，谁能够集聚一批志同道合的勇士，谁能造一艘企业“航空母舰”，谁才能最终赢得胜利。

三、创业的机会是怎么来的？

无心插柳柳成阴。当我慢慢去积累一些经验的时候，各种创业的机会却悄然而至了。第一次有人邀请我一起去创业是在大二下学期的时候，有个学长好像是学市场营销的，已经有一家自己的饭店。他们想做一个 App，这个 App 是噱头，就是用来圈钱的，想找我去做产品经理。我出技术，他们出钱，我觉得这个打破了我的道德底线，就拒绝了。第二次邀请我去创业的是一个学生，也是想请我做个关于电影交流的 App。我感觉这个项目没有任何新意和吸引力，所以拒绝了。第三次是在参加完全国大学生“互联网+旅游创意”大赛之后，我找到了评委，问他我们的项目有没有可能进行下去，他回答说，如果你们想创业，可以加入我的孵化基地。当时，我真想去试一试，不过当时我正准备考研，其他的伙伴也各有各的想法，我再次放弃了这个念头。

第四次是在我大四毕业前夕，一家公司找到我，给我资金，给我项目，希望我能够沉下心来去创业。第一次谈完之后，我仔细想了想，还是拒绝了，主要是出于对项目的一些疑问。后来，他们再次找到我，解答了我的疑问，并向我传递了这个项目的核心思想是时间的延期支付，我最后选择了加入。刚开始时，团队加我只有三个人，另外两人：一个是做市场的艳姐，另一个是做产品的嘉亨。最初，我的职位是这个项目的总经理，我的上司是这家公司的老总。这家公司原本不是做移动互联网的，现在想转型做移动互联网，因此便有了我们这个创业项目和创业团队。三个人都是初出茅庐的“奶油小生”，我是去挑大梁的。我很不解的是为什么让我们这样一群人来做这件事情，我当时真是一片空白。上班第一天下午，老总就找到我，上来就问我对该项目的想法和下一步应该安排哪些人，去做哪些事。说实话，我当时是懵的，我只能按照我当时的理解去说。后来，老总叫我详细聊了聊产品的一些具体内容，我从自己专业的角度谈了一些看法。反正我当时就是“小生”一个，初生牛犊不怕虎，大不了也就是被踢出局。第二天，我开始快速学习，借了很多关于创业的书，周末还去参加创业训练营，学习相关的知识。一个星期之后，我开始找到一点感觉了，开始深入思考产品的细化方案，当前阶段的团队搭建，用户需求的深挖：如何能够让产品以小博大，如何运用互联网思维来推进产品……经历了两个星期之后，我最终选择了放弃。放弃的原因很简单：第一，自己的能力不够，驾驭不了这样知识。一个项目；第二，我考上了研究生，希望更深入地学习计算机。就这样，又一次创业机会和我擦肩而过。但是我一点都不后悔，因为我一直认为，心心念念，必有回响，那些我想要去的地方，我终究会出发。果不其然，在2017年初，一个新的创业想法在我的脑海里闪现了。

四、第一次商业化尝试是什么感觉?

我大学毕业了，同时又是一个热爱计算机的人，我发现了我们学校计算机相关专业学生培养的问题——实践太少。在我看来，他们并不是能力不够，而是缺少一个好的实践环境，缺少一个人来带、来教。而作为一个自认为专业技术还不错的学长，我特别想做点什么，能帮助到这些学弟、学妹。那个时候的想法也很简单，就觉得自己如果有幸能够影响到一些学弟学妹，真正对他们有所帮助，那将是一件很不错的事情。我的技术成长也是一位叫作张浩的学长带出来的，我希望也能把这个正能量传递下去。所以，我开始在学校发一些消息，通过认识的学弟学妹，延伸到一些不认识的学弟学妹，告诉他们有这么一位学长想带学弟学妹来学习一些技术，提升他们的能力。正是因为这样一件事，我接触到了很多想学点东西但是又无从下手的学弟学妹，刚开始是 2 人，后来是 5 人，再后来是十几人。在这个过程中，他们的技术确实有所提升，但是又有了新的问题，这些提升只是技术基础的提升，而对于整个工程项目的理解以及实战，他们的经验是很缺乏的。这样一个问题的出现，让我进一步去思考，如何能够让他们参与到一些真正的商业化的项目中去。

一次偶然的机会，我拿到了两个小的技术开发的创业项目，我一个人没法在短时间内完成，于是我找了两个技术不错的学弟，用了 4 天的时间把项目完成并成功交付，两个学弟每人分得 1500 元的报酬。这样一次商业化的运作，给了我很大的启发。我突然觉得，这件事情大有文章可做，即创业项目需要通过低成本开发来试水市场，学校的学弟、学妹需要真实项目来积累经验，提高技术。如果我能够把二者联系起来，那么双方的需求都能得到满足。一方面创业者的创业项目能够得到推进；另一方面学弟学妹能够在这个过程中成长，还能得到比去 KFC 做服务员更多的佣金。我越想越觉得靠谱，兴奋得连续几天没有睡好觉，一直在思考这件事，还特意做了一个最原始版本的 PPT。我是一个相对谨慎的人，喜欢把一件事情想清楚了再去做。现在想来，其实很多事情都是在发展和不断变化的，基于当时的眼界和思维，根本没有办法把这件事想清楚，唯有真正实践才能让事情变得越来越清晰。

五、创业的前奏？

经过几天兴奋的思索，我便梳理出最基本的创业想法，包括我的目标群体是谁，目标群体现在所面临的痛点是什么，我的解决方案是什么。当我有了这样一个想法之后，第一时间就想到了晓娟老师，我觉得她一定能给我很多建议和指导。于是，我拿着我做好的第一版商业计划草稿的 PPT，找到了我校管理学院的盛晓娟老师。我和晓娟老师在大学期间就已经认识了，她指导过我和管理学院的同学一起去参加过相关的创新创业比赛，都取得了不错的结果。在这个过程中，作为工科男的我被动地学到了很多，也在晓娟老师的鼓励和帮助下，成长了很多。经过几次和晓娟老师、梁磊老师一起头脑风暴之后，我觉得这件事可以去做了。2017 年 4 月 1 日愚人节当天，我发了一条朋友圈信息，写着“我要去开一家微公司，叫大愚科技”。为什么叫微公司呢？当时的想法很简单，觉得只要3~5个小伙伴就能够把这个事情做起来；为什么叫大愚科技呢？因为4月1日是愚人节，加上自己心中一直追求一种“大智若愚”的充满智慧和能量但又不锋芒毕露的精神境界，遂取名“大愚科技”；为什么选择在4月1日发呢？因为自己当时没有那么坚定，更多还是抱着试一试的心理。要是以后成了，也便留下一段故事；要是失败了，就当是愚人节的一个玩笑罢了。

六、这回我真的是创业了？

虽然当初只是作为一个愚人节的玩笑发在了朋友圈，但是这回我是真的踏上了创业这条路，而且一直走到了现在。

发完朋友圈的第二天，我开始了创业的第一件事情——找合伙人。我的想法很简单，我对自己在这个项目中的定位是CEO，而我要做的项目是一个以技术为核心的创业项目，于是我认为需要找到技术合伙人，他们的技术一定要比我好，并且有创业的意向。想到这个点后，我脑海中浮现了两位大学同学：一位叫庄叶（原名庄树杰），一位叫杨育垚。说起来也是非常有意思，这两个同学都不是我们班的同学，庄叶是我在学校轮滑社认识的，庄叶为人友善，性格雷厉风行，在前端技术方面有几年工作经验；杨育垚是我在学校CSDN俱乐部（一个技术社团）认识的，他为人低调热心、技术控、热爱钻研，在后端、前端、运维方面都有涉猎。随后，我便约了他俩晚上在望京SOHO小聚。我特地打印了三份创业计划书草稿材料，并在封面页用红色字体标记“内部资料”，以体现其重要程度。见面寒暄过后，得知两位同学在工作上都有一些不尽如人意的地方，加上酒劲正盛，我便开始了我的“表演”。我将两份“内部资料”郑重交予二位，开始讲述我的思路、我的情怀、我的理想。几番讨论之后，三人一拍即合，说干就干！就这样，我找到了我的两名创始合伙人。时间证明我没有看错人，现在他们在公司独当一面，有他们在，我很踏实。

找到了合伙人，我做的第二件事情就是制定合伙协议。明确权责利益划分，才能保证整个团队齐心协力向前。之前，我也听过很多关于朋友、亲人之间合伙做生意和创业的故事，结果因为利益纠纷，最终关系变得很生分。有几个朋友能够一起创业是一件非常幸运的事情，但是兄弟情谊归情谊，利益归利益，亲兄弟明算账。我找到在华北电力大学读法律硕士的同学郑雯婷来帮我起草合伙协议，把必要的一些内容，包括股权分配、收益分配、权责划分先明确了。然后，我约了两位合伙人一起坐下来，详细谈论协议的细节。我对我的合伙人说，虽然我们关系很好，有幸一起来做一些事情，但是为了公司能够稳定长足发展，我们必须先小人后君子，这样对公司、对大家都好。哪怕项目失败了，我们至少还是朋友。庄叶和杨育垚都很认同，整个过程很通畅，一顿饭的时间我们便把协议的基本内容确定了。这份协议也为我们后面成立公司，吸收新股东加入，奠定了一个良好的基础。

有合伙人了，明确了权责利益了，接下来就是招兵买马了。我们做的第三件事就是明确我们现阶段需要什么样的人才，然后通过身边所有能够接触得到的方式，去寻找我们团队的初始员工。刚开始大家都是兼职，所以我们招的员工也是以兼职的形式来进行，一部分来自已经工作的同学，还有同学的同学；一部分来自在校大学生，不同学院、不同专业的都有。招人的过程其实是挺艰难的，我们那个时候真的给不了多少钱，最多只能是给予一个创业的氛围、创业的实践、相关的技术上的指导。有些人来了，又走了。在这里我想提两个人：一个是褚天舒，一个是李瑞。褚天舒是我们团队招的第一个实习生，刚认识他的时候他还是大二生，那天是我面试的，我问他有过什么实践经历没有，他给我看了一个网站，说这是他给亲戚做的一个已经在线运行的网站。从他的言谈举止中，我能够感受出他对技术的热爱。事实证明，他确实做到了。现在，他已经成了我们公司年龄最小、技术最强的后端工程师，为我们公司的技术支持做出了很大的贡献。李瑞是中华女子学院视觉传达专业的学生，认识她纯属偶然，我没有想到她可以和我们一起走到今天。前期，我们项目的界面设计基本是她完成的，还有包括公司的网站、品牌形象、宣传海报等内容，都是她一点点做起来的。从中我得出两点心得体会，很值得与大家分享。第一，很多学生其实可以变得更优秀，只是缺乏好的环境和正确的引导。我们要做的就是找到他们，让他们发光、发热。第二，初始的几个员工对公司的影响不比创始人小，如果说创始人是项目的父母，那他们就是项目的叔叔、婶婶，正是因为他们的影响和共同努力，项目才不断往更好的方向发展。

有了初始团队，明确了责任义务，明确了团队的发展方向，就差最后也是非常关键的一件事情了，那就是启动资金。前期，我们不设固定办公室，充分利用学校资源，主要在创业广场开放空间进行办公，充分利用社交工具“微信”和免费的看板工具“leangoo”来进行项目管理。此外，还需要购买一些服务器和付费软件，给团队成员发放劳务和报销一些闲杂费用。经过我们的核算，最终我们 3 人凑了 1 万元启动资金开始折腾（这段时期我们也称之为试运营）。

七、近一年的试运营期试出了什么？

当我准备好开始试运营的时候，已经 5 月份了，正是临近期末考试和暑假，我们基本上处于探索阶段，断断续续做了几个项目，坚持搞了一些技术培训，逐渐形成项目最基本的内容，包括商业计划书、团队介绍、业务介绍、公司 Logo、公司愿景、运营模式等；逐步构建起团队内部的协作方式，劳务发放方式以及标准这些内容。从 9 月学校开学之后，我们又花了接近半年的时间，做了以下三件事情。

第一，服务案例积累。我们是一个做技术服务的团队，没有标准化的产品，用户只有通过体验才能知道团队是否靠谱。我们花了近半年的时间，不断去寻找我们的标杆客户，塑造我们的标杆案例。第二，找合作。

有了一定的服务案例之后，我们不光需要找客户，还需要找合作。这是一个合作共赢的时代，我们项目规模很小，可能很容易被替代，需要我们与资源方进行深度合作，甚至能够形成生态圈，你中有我，我中有你。只有这样才能够相互依赖，共同发展。第三，构建标准化的服务流程。一个互联网企业想要在短时间内快速扩大，必须有很好的可复制性，可复制的前提就是要有一条标准化的服务流程体系。这半年间，我们通过不断地尝试，逐渐形成了一套标准化的服务方案，并在发展过程中不断进行优化，这使我们做事越来越规范，服务效率也越来越高。

经过了近一年的试运营期，发现自己似乎能够做出一些成绩。我们开始服务更多的客户，并且开始有更多的团队成员加入，开始有更多的合作伙伴，开始得到管理学院蜂巢、学校创新创业孵化器，还有智慧城市学院院长的支持。我们在蜂巢有了自己的一小块孵化梦想的空间，从游击队逐渐转变成正规军。

就是在这个时候，张智良出现了。张智良是比我小一届的学弟，毕业前就已经开始创业，现在也经营着几家公司。我们促膝长谈了几次，他很认可我们这个项目，想加入进来一起创业。当我把公司的一些情况和他聊完之后，他一针见血地指出了我们当时存在的问题。他说我们最多算是一个社团，根本不是一家创业公司。其实，这个问题我也已经意识到了，在与客户沟通的过程中，我发现，当我以一个创业团队的身份和客户聊的时候，他们会咨询我，但是不会真正选择我。因为我们是一个创业团队，不是一家正规的法人单位，存在太多不稳定的因素。此外，当时我们合伙人都是兼职，都还有自己的工作，也因为这个原因拖慢了很多工作进度。张智良提出成立一家公司，一是一起先把这潭水搅起来。我其实当时还是犹豫的，因为我觉得自己可能还无法驾驭，最终决定还是和合伙人一起决定成立公司。对我来说，当时做出这样的决定主要有三个考虑：第一，经过近一年的试运营，项目一直在往好的方向发展，我觉得这件事可以做得更好；第二，觉得自己正处在一个做事可以不计后果，想做什么就能做什么的一个最佳年龄，哪怕项目失败了，对于年轻的我来说也是完全可以接受的；第三，两位老师对我说的两句话真正刺激到了我：一位是梁磊老师，她曾经对我说："你，行事过于谨慎，容易错过很多机会。"另一位是张智良，他对我说："你，对自己不够狠，成不了大事！"综合以上考虑，带有更多的理性和上一定感性的我最终决定放手去做，一切听凭天意！

八、成立北京大愚智能科技有限公司，是真的吗？

接下来的故事可以总结为一句话，就是"大家好，跟你们讲个笑话，我是一家创业公司的CEO"。

2018年5月24日，我们拿到了公司的营业执照，还有公司公章、合同章、财务章、法人章，我成了一名真正的公司法人兼CEO。随之而来的是我体会到自身知识的严重不足。于是我开始恶补各种知识，最疯狂的时候一天要看10本书，包括公司法、劳动法、财务知识、税务知识；开始了解市场、人力、行政、财务、法务、技术、运营这些不同的部门和岗位在企业中所起的作用。经过和张智良近两个月的调整，公司基本走向了正规化运营的道路。从成立公司到今天，我们不断在面临新问题，解决新问题，其中我们觉得非常难的有两个大问题。

第一，如何拓展市场。作为一家有全职员工、正常运营的企业，我们需要有稳定的项目来源，来保证公司的持续正常运转。解决这个问题就需要进行市场拓展，让更多的人知道我们，选择我们。但是，这个对于我们来说是一件非常难的事情，主要有两点：其一，我们团队没有一个人是专业做市场的；其二，我们是做技术服务的，让有需求的客户第一时间想到你并选择你是很难的，不像做标准化产品的公司，可以主动出击。很多时候我们主动出击却收效甚微。这个问题当时困扰了我们很长时间，使得企业在一个多月的时间内没有新的项目对接进来。我向很多人倾诉了我的困惑，希望从大家的智慧中得到一些启发。大家给我的建议包括参加各类创业活动，相互递名片；想办法买到各种中小企业的数据，通过陌生电话进行联系；混迹各种目标客户的圈子，主动发布业务消息；和相关有资源的渠道和平台进行合作；发展自己的市场团队……根据当时的情况，我主要采用了参加各类创业活动和与相关有资源的渠道进行合作这两种方案，取得了不错的效果。

第二，如何提高服务效率。项目问题基本得到解决，我们整个公司开始更高强度地运转起来。这个时候，我就发现有些时候效率很低，包括沟通效率、项目推进效率等等。究其原因在于：其一，一部分全职人员、一部分兼职人员，由于时间安排不一致，线上沟通有时影响效果；其二，有工作分配不合理、不均衡，一个人干多个人的工作，使得每个人不能够发挥最大的能力；其三，团队角色不完善，有些人员不够专业，使得整体效率降低。我们采取了一定的策略进行解决：首先是在学校外面租了一个两室一厅的公寓，把客厅改成了办公室，铺上了办公地毯，墙上装上了白板，配备了一个二手会议桌，大概能够坐 7 ~ 8 人，虽然有点挤，但是能够让大家有一个相对稳定的办公环境，能够及时面对面进行沟通。我们都开玩笑说，以前比尔 · 盖茨、乔布斯创业的时候有车库，现在我们比他们好点，我们有大愚公寓。接着，我们将服务进行细化，把一些低价值而耗时的任务剥离出来，交由专门的人进行处理，使得专业的人做自己最擅长的事，从而进一步提升效率。最后，我们将不同技术水平的人合理搭配工作，进一步做好进度风险的把控，从而提升整体的服务效率。

然而问题总是层出不穷，每一次股东例会都基本能够整理出来大大小小十几个问题。2018 年 11 月的一天，我在笔记本上写道：“创业就像坐过山车一样，时而平缓，时而刺激，玩的就是心跳。创业的路上，你永远会遇到各种各样的问题，有些问题，可能很快就有了解决方法，有些问题，可能会困扰你很长时间。但是，我始终相信，方法总比问题多，挺过去，方能成功。”那时候，我真正意识到创业不易，创业成功更不容易。这条路上注定有太多坎需要跨过，并且永远有跨不完的坎，一个坎没有跨过去，也许就走向失败了。

故事讲到这里基本就要接近尾声了。2018 年，对于我个人来说，真的是不平凡的一年，也是成长最快的一年。因为我选择了创业，选择了成立公司，作为一个 CEO，我从一个经营公司的小白，快速成长为了解企业的运作，了解商业的逻辑，了解客户、市场、行业的各方面信息的一名复合型人才，用团队成员的话说就是“哪里需要我，我就去哪里”。一路走来，多了一份成熟，也多了一份稳重。我很庆幸将自己的真实故事诉诸笔端，与大家分享。在此，感谢父母、导师对我的支持，感谢管理学院蜂巢、学校创业孵化基地给予的场地支持、创业辅导、创业游学等帮助，感谢管理学院、智慧城市学院领导和老师对我们的关注和扶持。再次感谢每一位帮助过我的人。最后，感谢我的合伙人，我的每一位团队成员！

如果再用一句话来结尾，我希望是“我们都选择了一条铺满荆棘和未知的路，永远不知道下一秒会发生什么，永远不知道自己准备得够不够。生命不息，奋斗不止”。如果再给这个故事配个背景音乐的话，我希望是“追梦赤子心”。

项目计划书

1 项目概要

1.1 项目名称

大愚科技——专注于为校园创业者提供技术服务

1.2 项目背景

2014 年 9 月，李克强总理在夏季达沃斯论坛上公开发出“大众创业、万众创新”的号召，“双创”一词由此走红。当前“互联网 +”浪潮正席卷全球，我国也不断地制定出台各种政策积极推进“互联网 +”行动计划。“互联网”成为很多创业者的首选方向。

大学生是“互联网 +”行动的重要参与者，也是实施创新驱动发展战略和推进大众创业、万众创新的生力军。在当前严峻的就业形势下，社会、政府和高校等各个层面都开始积极鼓励和大力支持大学生互联网创业。随着创业环境的不断优化，越来越多的大学生将投身“互联网 +”创新、创业当中来，领域也越来越广泛。

在移动互联网时代，很多创业项目的产品是以手机应用、网站、公众号、微信小程序等软件作为载体进入用户的视线的，很多创业项目在很大程度上都会和软件产生交集。但是，不是每个创业者都具备自己研发软件、运维软件的能力，很多校园创业者往往只有一个“互联网 +”的想法，甚至连具体的技术解决方案都没有。我们作为一个大学生创业团队，既怀揣着一颗创业的心又具备一定的专业基础，因此大愚科技创业项目应运而生。

项目最初的想法源于为每一个校园创业者提供一套完整、敏捷的技术服务，让其能够快速将自己的“互联网 +”的创业想法成为现实。项目于 2017 年 4 月 1 日愚人节提出，我们又希望团队能成为一个有“智慧”的团队，因此项目名称定为“大愚科技”。本项目专注于为校园创业者提供技术服务和“互联网 +”解决方案。目前，团队服务内容主要包括产品研发、产品运维、产权服务技术培训等几大方面。

本项目能够为社会提供就业岗位，增加就业机会。本项目在实施过程中，可在多种层面为在校大学生以及毕业大学生提供兼职和全职的工作岗位，在一定程度上缓解国家的就业压力。本项目成立公司以后，公司可以为社会提供众多就业岗位，可以为国家的就业形势做出一定的贡献。此外，助力“互联网+”，帮助创业想法变为现实。本项目主要为小型创业项目提供专业的技术支持和服务，帮助其完成软件开发和软件运维方面的业务，使其不会因为自身技术方面的限制而阻碍其发展和成长，让创业项目能够尽快落地变为现实。

快速准确地帮助校园创业者实现创业想法。作为本项目的主要服务人群，当他们拥有一个很好的创业点子时，使其不会受到技术原因的限制而错过最佳时机，使他们能够专注于自己的创业想法，而不需要过多考虑技术实现的问题。

提升在校大学生就业实力和竞争力。本项目为在校大学生提供多种实习和实践岗位，为大学生提供了从零基础到参与完整项目的不同层次的指导和培训，并为其提供真实的项目课题，让其在真正的项目中学习技术、体会技术和掌握技术，为今后正式参与工作提供宝贵的实战经验，提升自己的就业实力和竞争力。

1.3 项目进展情况

该项目目前已经注册公司，主营软件产品研发（小程序、App、网站）、软件产品运维和软件产权服务三大业务。团队核心成员拥有丰富的从业经验。目前已经服务客户50+，项目0失败，90%达成二次合作。公司荣获“北京市大学生优秀创业团队”荣誉称号，获“国家高新技术企业”荣誉称号，拥有软件著作权9项，并自主研发多套提升内部效率的技术框架。

1.4 项目创新点

1.4.1 创新服务模式

我们是一种介于小型外包团队和中大型外包公司之间的服务模式，从而实现以中大型软件外包公司的专业化、规范化的服务，以小型外包团队的价格和一站式服务（包括产品研发、产品运维、产权服务）来为校园创业者提供最优质、省心、完备的服务。相对于现有软件外包服务模式（如图5－1所示），我们具有明显优势：进度可控（有大量的技术人才）、延期风险低（有大量的技术人才）、标准化服务方案（有标准化研发合同、验收合同等，有包括产品、设计、研发、测试、运维在内的一套完整的技术服务流程和相关人才）、提供完备的产品运维方案和技术支，使客户无后顾之忧。性价比高（技术人员大多是兼职）。

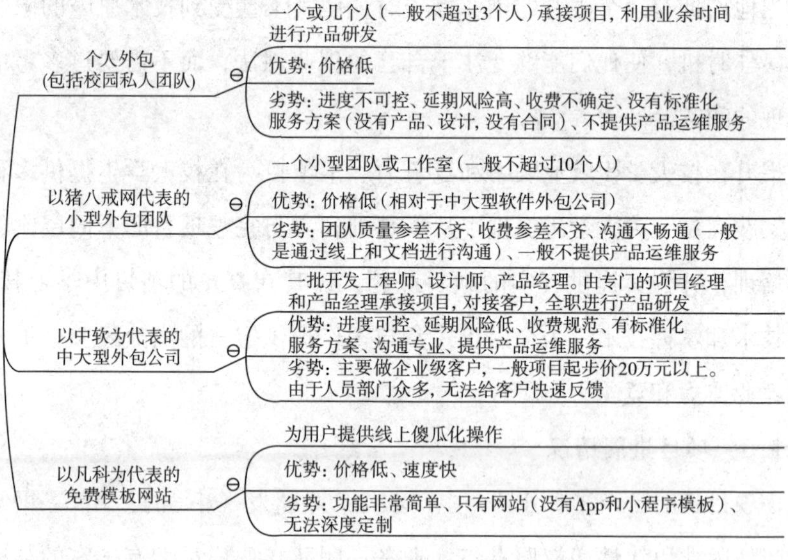

图5－1　现有外包公司服务模式对比

1.4.2　“优化创业教育，反哺专业教学”运营新模式

我们将校园创业者和技术类（如计算机专业）大学生、毕业生汇聚起来，对于校园创业者，我们以专业的服务和高性价比，助力“互联网＋”项目创意落地，使得创业教育进一步落到实践，走向社会，走向市场，而不再“止于想法、止于文案、止于比赛”；对于在校大学生，我们提供一个可持续发展的积累经验、赚取佣金、提升未来求职竞争力的渠道，而不在“止于课堂、止于理论”，从而打造“优化创业教育，反哺专业教学”

新模式（如图 5 –2 所示）。

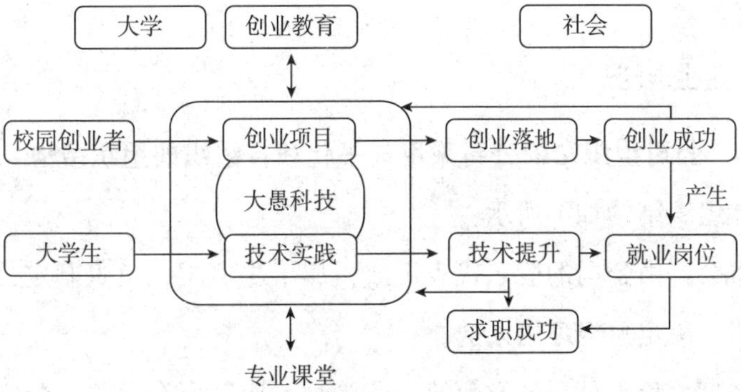

图 5 –2 “优化创业教育，反哺专业教学”运营新模式

1.4.3 定位准确，服务到位

我们主要面向的服务对象是校园创业者，他们往往受过良好的高等教育，对社会发展有自己的见解，同时也拥有一些非常好的创业点子，但是往往苦于技术能力或者可用的技术资源不充足，导致创业实现起来并不容易，我们的出现会大大改变这种局面。作为技术服务者，我拥有良好的技术实力，能够快速了解他们的创业想法并帮助其实现，让其不再因为技术问题而停止创业步伐。

1.4.4 小团队全程跟踪服务

我们的运营模式采取小团队工作模式，当接到一个创业项目时，我们内部会合理分配项目任务，然后项目人员会全程跟踪服务，直到该创业项目完成并成功交付。

1.4.5 人才培养计划

我们面向在校大学生进行实习生招聘，指定内部相关人员带领，根据实习生的实际情况进行个性化的指导和培训，使其在大学时期接受课堂之外的实际工作经验的培养，提升他们的就业实力和竞争力。对于优秀的实习生，我们会根据实习生的意愿将其留在团队，为项目继续发展提供自己的力量。

2 企业概况

2.1 公司组织结构公司采用扁平化和自组织的组织结构

整体组织结构如下所示：

董事会：由公司的股东代表组成，属于决策层，负责制定公司的总体发展战略，决定总经理的人选。

总经理：负责公司各方面的经营管理，对董事会负责，决定各部门总监人选，制定和监督企业战略实施。

服务部：负责产品研发、产品运维和技术培训等项目服务内容相关工作，处理与客户项目有关的技术问题，并负责项目知识产权的具体管理。下设产品研发组、产品运维组、技术培训组，此三组由项目驱动，自行组织。

运营部：负责内部管理、协调各部之间的关系及人员招聘、培训、考核和规划，负责财务管理和高校资源（主要包括兼职大学生资源、校园创业者资源）管理。

市场部：负责对外公共关系工作，建立企业和品牌形象，组织大型公关活动；负责公司总体的营销活动，决定公司的营销策略和措施，并对营销工作进行评估和监控。下设线上营销组、线下营销组和公关组，采用活动驱动的方式，自行组织。

2.2 团队介绍

大愚科技创始团队 4 人，分别是刘小安、庄树杰、杨育垚、张智良。

刘小安是创始人兼 CEO，计算机专业硕士，曾就职于海知智能。4 年移动互联网技术、产品经验。全权负责的项目超过 10 项，涵盖社交、电商、旅游、O2O 等领域。

庄树杰是联合创始人兼 CTO，软件工程专业本科，3 年移动互联网软件开发经验，曾担任北京博翰时空 Web 前端工程师、北京计算机技术及应用研究所虚拟化云项目前端负责人。

杨育垚是联合创始人兼运维 CTO，软件工程专业本科，3 年软件开发从业经验，曾就职于北京爱亲科技股份有限公司，担任技术部前端组负责人，主导公司多个项目的技术选型和开发工作，并独立负责完成其中整体框架及核心功能。

张智良是联合创始人兼市场总监，电子信息工程本科，自修金融投资、精算、商务谈判等多种专业。自高中开始创业，现担任四家公司执行董事、一家公司 CEO，同时兼任多家企业高级顾问和精算师、多个高校企业 MBA 外聘导师。

2.3 团队优势

大愚科技项目团队由一群毕业于国内外高校的研究生、本科生组成，目前团队成员 30 人。其中博士 2 人，硕士 2 人，其他人员均为本科学历。项目团队成员包括技术、市场、财务、法务、工商管理、设计等相关专业人士，团队成员在各自擅长的领域都有丰富的积累和经验，这为项目的正常运营和发展提供了强有力的保障。

3 市场分析

3.1 市场可行性分析

该项目通过打造一个平台，将有需求的大学创业者和在校计算机专业学生结合起来，实现资源的有效配置，具有一定的发展空间。另外，校内及周边的同类竞争者少，而潜在客户人数多。因此，大愚科技创业项目具有广阔的潜在市场，随着该项目校园影响力的逐步扩大，不仅可以将此项目推广至北京地区各大高校，也可以将该项目推广至企业，直接和企业实现对接，这将大大保证“大愚科技创业项目”的持续运营。

3.2　管理可行性分析

管理可行性主要看团队建设中所需要的人力资源。“大愚科技”的策划与实施团队成员各有所长，整个团队来自不同专业、不同年级、不同学院，团队中不仅有优秀的在校大学生、研究生，还有已经毕业工作的社会精英等，使“大愚科技”的思路广泛，同时又严谨、细腻。整个团队分为五大部分：董事会、管理部门、服务部、技术部、市场部。团队配合默契，运作有条不紊，从团队管理方面看，“大愚科技”的项目可行。我们还可以连接其他各个高校的人力资源以扩充我们团队，使团队更好地合作。

3.3　政策可行性分析

随着社会服务行业和科学技术的不断发展，我国“十二五”时期就把IT服务与外包作为重点发展的高端服务业。与制造业相比，IT服务外包行业具有广阔的发展前景和明显的战略优势。在“大众创业，万众创新”政策加持下，国家鼓励大学生自主创业，前前后后发布了如《关于大力推进大众创业万众创新若干政策措施的意见》《关于深化高等学校创新创业教育改革的实施意见》等一系列的辅助政策。

学校尤其是大学校园，是一个非常大的潜在市场。根据我们的实际调研可知，由于现在就业形势严峻，越来越多的大学生投入创业大潮中，当今互联网浪潮席卷全球，很多校园创业者都会选择借助一定的互联网平台去促进自己的企业发展，而他们又缺乏相应的技术支持，这就产生了这方面的产品开发和服务需求。我们正是致力于打造这样一个平台，将校园创业者和在校计算机专业的学生相结合，实现资源的有效配置。

3.4　竞争对手分析

我们从客户的需求出发进行了分析，上述目标客户需要技术支持，我们需要研发一个“互联网+”相关的创业产品。经过分析，他们获取这些服务的渠道有：临时招聘、个人外包、网络小团队外包、传统外包公司。

临时招聘：这对于本身不是技术出身的创业团队，尤其是校园初创团队，这个渠道基本可以略过，详细优劣势分析如图 5 - 3 所示：

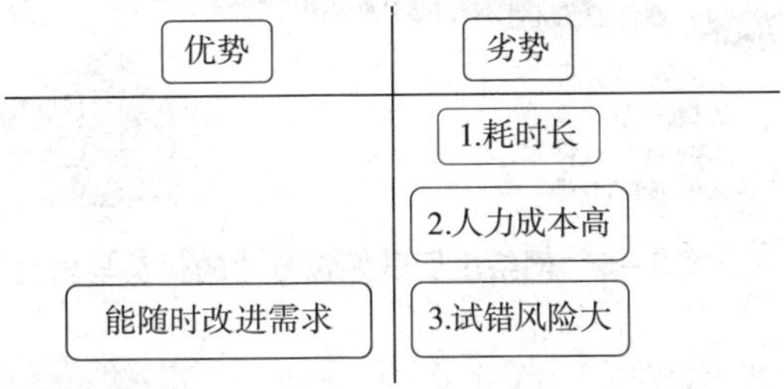

图 5 - 3　项目优劣势分析

个人外包：我们调研发现，有一部分校园初创团队会选择个人外包的形式，找周围的熟人来实现他们的创意。这个渠道优劣势分析如图 5 - 4 所示：

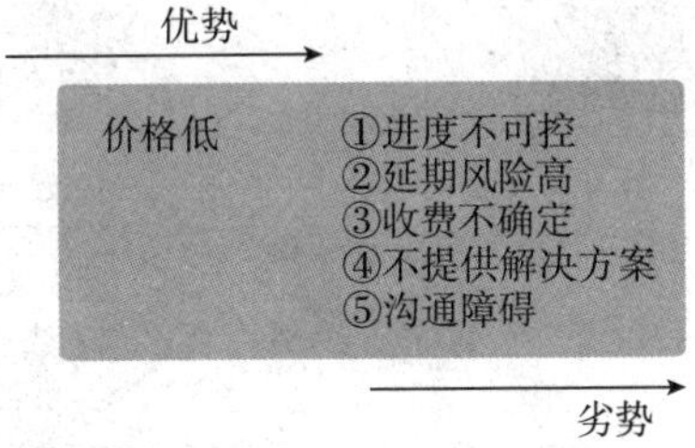

图 5 - 4　个人外包方式的优势与劣势

网络小团队外包：由于前面两种渠道的劣势，现在有很多校园初创团队会选择这种方式，最有代表性的就是猪八戒网。经过我们的调研，猪八戒网相关团队的成交量较低，这显然不能满足下巨大的用户需求。这个渠道的优、劣势如图 5 - 5 所示：

传统外包公司：传统外包公司在产品研发、产品解决方案等方面都具备完善的体系和完备的服务，他们都养着一批优质团队，更专注于中大型项目研发（如图 5 - 6 所示）。

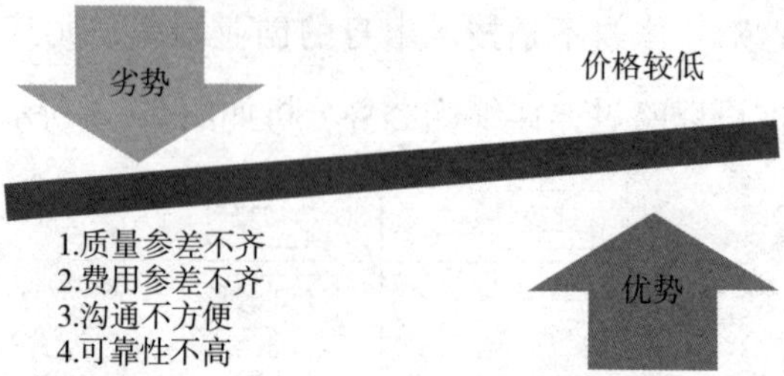

图5-5　网络小团队外包方式的优势与劣势

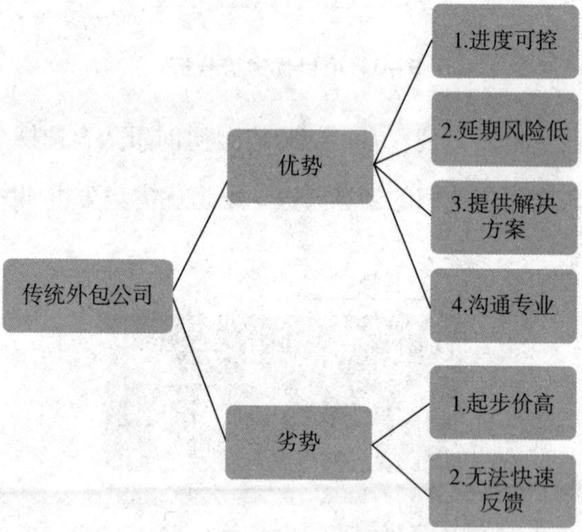

图5-6　传统外包方式优势劣势

3.5　竞争优势分析

3.5.1　最大化统合资源团队

全体成员为高校在校生、优秀的毕业生以及行业精英，身处北京联合大学和专业的行业当中，对于校园市场和其他市场有着较为深入的了解，能更好地为“大愚科技”的用户们提供最具专业和更便利的服务。

3.5.2　符合市场需要

不论是在校生参加比赛，还是社会个人宣传、实现自我价值，都会面临技术性的难题，所以我们的潜在用户群体十分庞大。

3.5.3 性价比需要

由于“大愚科技”团队专业人员众多，团队结构丰富且完善，我们可以更好地了解目标客户需求、控制项目进度。团队大部分人员属于兼职性质，工作也不会占用固定场地和固定时间，大大降低了人力成本，从而最大限度地提高了性价比。

3.6 SWOT 分析

通过对目标群体和竞争对手的分析，我们得知对于很多初创团队，他们主打的是内容而不是技术，对技术的要求不是特别高，而是想通过技术实现一个简单的创意产品去试水市场，比如：ofo，前期的 App 技术含量很低。我们提供的是技术服务，我们进一步对该项目进行了 SWOT 分析：

项目优势（S）：进度可控，专业的人做专业的事，我们是一群由计算机专业大学生、研究生组成的团队，可以保质、保量地完成用户的需求；延期风险低，我们有完善的团队，并且通过线上协作的方式，能够快速进行项目研发；性价比高，我们都是兼职，采用远程协同的方式完成项目，无须固定场地，无须固定时间，大大节约人力成本，相同的服务，价格较低。

项目劣势（W）：与现有知名软件公司形成的规模经济相比，目前没有一套完善的服务体系，我们处于劣势。

市场机会（O）：团队所选择的切入点是校园创业者市场，由于高校市场的特殊性，社会团体想要进入这个市场不是一件很容易的事情，这还是一片蓝海，同行业竞争、替代品竞争较弱，有力的政策支持——“大众创业，万众创新”的政策支持，使得技术支持服务需求量不断在增大。

外部威胁（T）：尚未形成技术壁垒，竞争对手也在不断发展和转型。比如，用友软件公司就为创新创业比赛提供了一个移动应用开发平台，虽然还不是很成熟，但说明大公司也瞄准了这个市场。

4 商业模式

4.1 商业画布

大愚科技的商业模式如表5－1展示：

表5－1 大愚科技的商业画布

<table>
<tr><th>重要伙伴</th><th>关键活动</th><th>价值主张</th><th>客户关系</th><th>客户细分</th></tr>
<tr>
<td rowspan="3">1. 高校创业中心
2. 高校创业、比赛指导老师
3. 高校自主创业学生代表
4. 社会中有关高校就业孵化的指导中心
5. 相关高校知名公众平台</td>
<td>1. 项目实施前实地及线上的市场调研
2. 与高校招生就业办及创业中心联合宣传项目
3. 微信平台及微博的定时维护更新
4. 定时与相关高校创业学生代表联系</td>
<td rowspan="3">为校园创业者提供技术服务和“互联网＋”解决方案
1. 为社会提供就业岗位，增加就业机会，在多种层面为在校大学生以及已毕业大学生提供兼职和全职的工作岗位
2. 对于有创业想法的大学生们，我们可以为其提供服务帮助其创业想法变为现实
3. 快速准确地实现创业想法，每一个项目的项目进程很快，能够高素质高水平的完成
4. 为大学生提供成长空间，提升就业实力和竞争力</td>
<td>1. 客户线上活动反馈
2. 客户线下活动反馈（客户回访）
3. 建立激励消费机制度</td>
<td rowspan="3">1. 校园创业者（主要目标客户）
2. 高校老师及需要软件制作的部门
3. 社会创业者或需要人群（少量）</td>
</tr>
<tr><td>核心资源</td><td>渠道通路</td></tr>
<tr>
<td>1. 线上微信平台、网页
2. 线下实地宣传
3. 团队所在高校对外连接
4. 学校创业资金来源</td>
<td>1. 线上微信、微博平台以及网页
2. 线下各大高校就业办、创业中心宣传
3. 通过本高校资源对外宣传</td>
</tr>
<tr><td colspan="3">成本结构</td><td colspan="2">收入来源</td></tr>
<tr>
<td colspan="3">1. 活动物料准备消耗
2. 固定资产准备消耗
3. 人员工资消耗
4. 经营过程之中内部消耗
5. 特殊情况消耗</td>
<td colspan="2">1. 技术服务费
2. 会员会费
3. 佣金提成
4. 学校支持创业基金
5. 日后融资
6. 赞助费用</td>
</tr>
</table>

4.2 目标客户

4.2.1 校园创业者（主要人群）

对于校园创业者来说，他们往往有一个非常好的创业想法却缺少技术方面的人才，经常会出现不会自己搭建 App 或者是小程序的情况。外面的传统外包公司往往价格高、周期长，并且不支持运维等。所以，他们需要一个有保障且价格低廉的软件制作团队来为他们解决技术问题。

4.2.2 高校老师及相关部门

高校的相关部门会开发一些小程序或者 App 供高校的在校生使用，他们也需要价格相对低廉且稳定可靠的团队为他们进行服务。很多老师基于科研的需要，需要我们团队助力其实现科研成果的转化。

4.2.3 社会创业者及需要人群

社会创业者与校园创业者存在着相似的问题，资金不够，请不起大型的外包公司，用淘宝等渠道又觉得太过冒险，他们需要一个完整并且能提供全套服务的团队。

大愚科技的目标客户分类见图 5－7 所示。

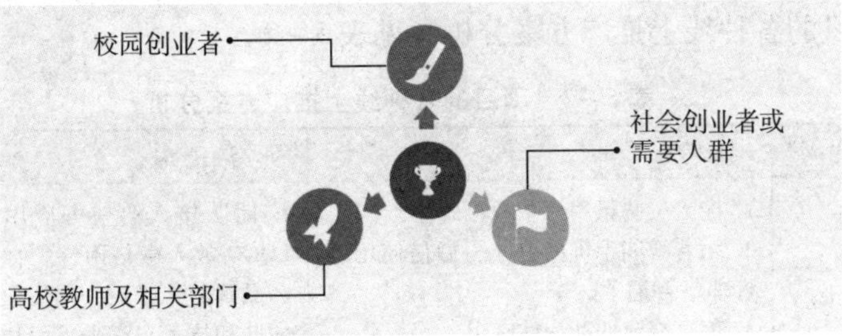

图 5－7 目标客户

4.3 营利模式

大愚科技的主要营利方式有以下三种（见图 5－8 所示）：

图5－8　营利方式

4.3.1　技术服务费

大愚科技创业团队的核心营利点主要通过提供相应技术、产品和服务向客户收取费用，实现营利。

4.3.2　会员会费

具有长期合作意向的客户可以充值为会员，会员可以享有服务费用优惠、活动预告先知等政策。

4.3.3　佣金提成

在公司初具规模之后，可以对一些兼职服务人员收取一定比例的佣金提成作为公司营利。

5　营销策略

5.1　线上营销

项目的各种线上推广方案分析参见表5－2。

表5－2　项目的各种线上推广方案分析

推广媒介	媒介特点	推广形式
微信	1. 庞大的腾讯用户基数； 2. 随着智能手机的普及，微信使用已经非常普遍了； 3. 信息交流的互动性突出； 4. 能够获取更加真实的客户群； 5. 微信推广信息的到达率高； 6. 微信推广其曝光率高； 7. 微信被用户的高接受率； 8. 微信营销针对客户高精准度； 9. 移动终端的便利性	1. 团队接入第三方应用，将应用的LOGO放入微信附件栏，使用设定自己品牌的二维码，用历史项目、技术团队和技术文章来吸引用户关注，开拓新的模式。用户可以通过扫描识别二维码身份来添加朋友、关注企业账号； 2. 通过微信官方平台可以看到我们曾经做过的项目介绍，增加用户对我们团队的信任程度，说服用户选择我们

续表

推广媒介	媒介特点	推广形式
Github	1. 国际化。Github 作为一个国际上最知名的技术人员的聚集地有很可观的用户群体； 2. 权威性。Github 中的用户大多是技术人员，一旦我们的某个开源项目被大部分人认可将会有绝对的权威性； 3. 广泛性。一些技术人员会去 Github 上学习、拷贝，我们就此机会发展我们、宣传我们为我们带来更多的生产力	1. 新建各种开源项目，为广大程序员下载； 2. 实时更新开源项目的进度，将我们可以公开的技术公开出去，分享给更多的技术人员

5.2 线下营销

项目的各种线下营销推广方案参见表 5－3。

表 5－3 项目的各种线下推广方案分析

推广媒介	媒介特点	推广形式
校园平台	①海报：在每个宿舍楼下或食堂门口张贴“大愚科技”的宣传海报，其中包括公司的发展目标、企业文化等，还可在宣传板上标注具体的地理位置、招聘信息及相关内容； ②横幅：可以在人流量最大的食堂、宿舍楼、图书馆等人群密集的地点前悬挂横幅进行宣传； ③传单：印制宣传单页，并指派相关工作人员分发传单到每个学生宿舍或者在公布栏、食堂等人流量大的地方进餐时间进行发放； ④奖品、纪念品宣传：通过发放印有“大愚科技”信息的奖品和纪念品来达到大范围的宣传，奖品和纪念品具有实质性，因而效果会更好，持续时间也更长	利用校园内传单、横幅、学校专有广播、展板及其他宣传方式进行宣传，让校园内每个人都对公司及其服务有个基本的印象或了解

续表

推广媒介	媒介特点	推广形式
校园活动	①独家冠名权：在活动中获得单独冠名的权利，通过冠名取得最好的宣传效果。例如：在活动的开始，主持人需宣读该次是由“大愚科技”独家冠名，而且在活动现场将“大愚科技”宣传横幅挂在最显眼的地方，使“大愚科技”获得最大力度的宣传； ②主持人宣传：通过主持人在活动开始前、结束后对“大愚科技”进行宣传； ③活动用品宣传：活动需要的相册、纪念册、相关设备等印有“大愚科技”（或注明由“大愚科技”赞助）； ④舞台背景宣传：通过装饰舞台背景效果，如协办单位为“大愚科技”； ⑤活动中宣传：由“大愚科技”代表针对本次活动进行评价的同时宣传公司。并且还可在晚会中间阶段或者结尾阶段进行抽奖环节，奖品由“大愚科技”提供。此项宣传可让公司品牌深入人心	校园活动是大学生在校生活的主要组成部分，影响力较大，受众广。因此，赞助活动主要面向北京联合大学团委下属的各类协会社团举办的如篮球赛、运动会、文艺晚会、轮滑协会、登山协会、辩论协会、棋牌协会等校内活动，此类规模较小，但校内影响力很大。当大愚科技创业团队大量、密集地出现在各类校级活动中，能够在相对短的时间内快速地让更多的潜在客户了解公司及公司所提供的优质服务，让他们对公司及所提供的服务建立初步的信任

6　财务分析

6.1　营业收入

本项目的营利模式相对简单，通过提供服务赚取服务费用，只要能在规定的时间内达到客户的要求，基本就能营利。根据三年规划服务的客户数量，得到收入表如表 5－4 所示：

表 5－4　主营业务收入表

	第一年	第二年	第三年
项目数（个）	10	20	30
主营业务收入（万元）	10	20	30

6.2 成本分析

6.2.1 人力成本

员工工资按照当前市场薪酬中等水平和公司营运状况确定。由于本项目的特殊性，第一年只有少部分全职员工，大量员工属于兼职员工，工资按160元/天计算。预计第一年累计完成10个项目，每个项目的人力成本控制在3000元左右，则第一年人力成本预计30000元。项目数每年增加10个，人力成本每年减少200人，得到预估三年人力成本。如表5－5所示：

表5－5 人力成本估计表

	第一年	第二年	第三年
项目数（个）	10	20	30
当年工资支出（万元）	3	5	6

6.2.2 服务器租赁成本

创业初期采用阿里云云服务器作为团队服务器，第一年选用入门配置，600元/年；第二年选用通用配置，2000元/年；第三年选用进阶配置，5000元/年。

7 总结与展望

经过一年的创业实践，整个团队由开始的5人扩充到了现在的24人，全职人员有9人。在这个过程中，我认识了很多学校的优秀创业者并和他们一起共同成长。在整个过程中，学院的领导、老师都给我们创新创业团队提出了很多宝贵意见，提供了很多帮助，帮助我们在这条道路上越走越远，越走越稳。在这里，再次感谢学校领导、学院领导对我们创新创业团队的重视。感谢指导老师、团委老师，对于我们创新创业团队的悉心指导和帮助。感谢学校的创业环境，感谢团队所有的小伙伴们，正是大家的努力才创造了今天的大愚科技！

第四篇

创业得失篇

案例六　同学你好

——没有结束的创业故事

心路历程

我生来平凡，没有显赫家世，没有倾城容貌。惊艳不了岁月，斑驳不了阳光，可我依然向往温暖时光，选择创业的道路，努力弥补我平淡的出生，为后期灿烂绽放奠定基础。以下是我在学校象牙塔中创业的一些心得与体会，希望能给想要创业的你，提供些许的帮助。

一、没有伞的孩子，必须努力奔跑

蒋方舟曾说：现在对很多年轻人来说，一眼望得到头的生活，是一种很有安全感、很奢侈的生活，你要么非常努力，要么非常聪明，你才能勉强过上一种平庸的生活。

生而为人，非常不易。我并不非常聪明，却不甘于平庸的生活，所以我要更努力、更更努力一些，努力去过不一样的生活。在我看来，创业就是摆脱平庸生活的捷径。创业从来都不会是脑袋一热马上就能干的事情，在创业者心里，其实很早以前就会种下这颗种子，在心里生根发芽，在合适的时机壮大发展。我就是这样子的。

我叫向玉婷，来自毛主席的故乡湖南。在优秀的湖湘文化影响下，我也成长为“霸得蛮、耐得烦、吃得苦”的湘妹子。创业的种子也是我在湖湘这块土地上野蛮生长时在心底埋下的，或许是在小时候玩过家家，我想要当老板的那一刻；或许是在高中，我带领着宣传部成员出校报，校报在学校卖出 1000 多份的时候埋下的……

中国那么大，创业者那么多；校园那么大，学生那么多，想要投入创业这一浪潮中的人不知会有多少，拥有这颗种子是至关重要的。从我的经验来看，两点因素对埋下这颗种子有较大的影响：一是家庭的环境，父母对自己的影响。主要有两种情况：第一种是家里本来就是开公司的，或者是有资本积累的成功家庭，能够给予创业者第一笔试错金。出身于这样的家庭，创业的起点就会比一般人高出许多，实现自己的创业计划也会较为容易。第二种是真正的白手起家，家里给不了经济支持，甚至连创业做生意的思想熏陶都没有。就我而言，我的家庭环境属于第二种，虽然家里没有资本积累，无法给予创业资金支持，但是我很幸运，父母从小就向我灌输一个思想：打工是实现不了财务自由的，只有真正属于自己的事业，才能有更好的生活。所以我选择创业，这是我人生长路中必走的一段路。家庭中一直有这种自己干事业的氛围，耳濡目染下也会对创业心生好奇并去尝试。二是自己的性格、自己的态度。我们都知道性格职业测试，其实很多人的性格是不适合创业的。如果梦想是追求安稳与舒适，那就不必去尝试创业路的荆棘与风雨。所以，当你萌发自己做一份事业的心愿时，需要扪心自问一下，自己的性格到底适不适合去干一件有风险的事情，如果得到的答案是否定的，那么这个创业路就会走得很痛苦。拿我自己来说，我性格开朗、活泼好动，并且比较独立，有自己的想法，而且是很要强的一个人，在任何方面都想拿第一，渴望展示自己，得到别人认可。所以，我就走上了创业这条道路。有和我类似性格和想法的同学，创业对你来说会是很不错的选择。

简而言之，什么样的你适合创业？首先，你的性格适合做一些冒险的事情；不喜欢“平淡无奇”。第二，你要有自己的态度，这里的态度是指对任何事情抱有好奇心、肯负责、有担当的态度，假如对一件事，有一点变态的执着，那就更好了。因为有这样的态度，才能坚持去干自己的事业，而不会遇到一点挫折就放弃。创业之路，道阻且长，需要有执着的信念去坚持。大多数的创业者都是没有伞的孩子，如果不想被无情的雨水拍打在地，那么只能努力奔跑，去搭乘梦想的诺亚方舟。

二、我的创业项目就是将热爱的事情做到极致

一旦创业的种子在心里发了芽，你就需要寻找合适的创业项目，为发了芽的种子搭上支架，让它茁壮成长。我的创业项目很简单，就是成立传媒工作室，打造“ 同学你好”视频 IP。说起做传媒短视频相关的项目，还要追溯到高中时期。我是在湖南省长沙市雅礼中学读的高中，这个学校“让学生自由、全面发展”的教育理念深深影响了我，扩大了我的眼界，让我有机会去提前接触类似大学的社团活动，比如学生会社团组织。在我进入大学后，我才知道很多高中是不会有这样完全由学生自我经营的学生团体，所以我很感谢高中时代提前给予了我精彩的人生体验。我们高中的团委、学生会、社团组织比较成熟，学生自己去拉赞助、办活动都非常得心应手、轻车熟路。更令人羡慕的是，我加入了学生会宣传部，还在高一刚入学就当上了宣传部的部长，这应该是学校有史以来的第一位高一部长了。这里我跟大家分享一个小经验：那就是性格活泼一些，主动在全新环境下给人留下特别印象。我当时给自己做了一个简单的名片，发给在场所有人，包括一同竞选的同学，这样的举动能够很快给人留下了深刻印象。所以性格活泼一点，会让自己更容易闪耀。进入学生会的宣传部，也算是开始了我与传媒事业的缘分。宣传部主要负责招募、培养校园记者、日常

维护学生会官方微信公众号，还负责校园官方校报、学生会招新宣传视频。在我任职期间，我与部员一起办了两期校报、拍了一支招新宣传片，在这个过程中，我慢慢发现我喜欢拍摄视频，喜欢干传媒公关方面的工作，我发现我的能力真的得到了质的飞跃，从策划、创意到沟通、销售等能力全方位得到了提升，这为我在大学时代进行创业奠定了坚实的基础。现在回想起来，如果我没有进入雅礼高中，没有接触到学生会这个组织，没有遇见那么多“厉害”的同学，可能就不会在大学的时候找到适合自己的创业项目吧。

高中时期的经历激发了我对传媒事业的兴趣，大学这几年时间才是让我真正施展才华，将自己的兴趣做到极致的时期。我 2016 年参加高考，高考的结果并未如自己预期，但是我很感恩能进入北京联合大学。上帝都是公平的，关上一扇门的时候，就会为你打开一扇窗。我的命运之窗，就是进入影视制片管理这个专业。我原来报考的是工商管理大类专业，后来才知道北京联合大学有影视制版管理这个专业，不甘平庸的我报名参加了影视制片管理专业的面试，最后很幸运地通过了面试，顺利地进入影视制片管理专业。我的人生轨迹也因此发生了很大的变化。通过专业课程的学习，我发现我真的越来越喜欢影视行业，喜欢通过电视剧、综艺节目和电影这样视频的表现形式来表达自己的创意与理念。影视班和其他班不一样的一点，就是这个班由行业的大咖老师进行授课，这让班级的同学很快了解行业的概貌，企业老师也会带着我们进入公司学习，带给我们行业资源，让我们快速踏入影视制片的世界。随着对校园的逐步了解，我积极参与了学校举办的大大小小的活动。大概是 2016 年 11 月，我参加了一个“创业火种节”的活动，打开了联大创业世界的大门。我当时只是想支持一下负责“ 创业火种节”活动外推的男同学，抱着凑人数的心态去参加，没想到遇到了一群有志向有抱负，在创业这个方面已经很有经验的同学们，坐在观众席下的我，看着眼里闪着光的创业同学们在台上激昂地分享自己的项目，感觉我们联大的人才真的很多，只是刚入校的我，还没有一双智慧的眼睛去发现他们。坐在台下的我，在心里默默下定决心，不能只做台下鼓掌的人，我也要成为站在舞台上的人。

通过参加“创业火种节”活动，我结识了很多优秀的创业者，其中就有我以后的创业合伙人——陈学姐。这位大四学姐的社会经验极其丰富，她接触了很多的企业，也在很多行业有过实习经历。学姐性格平易近人，整个人有一股莫名的吸引力。陈学姐的出现，点亮了我整个大一生活，她把我带进了同学你好这个团队。这里，我要解释一下，我其实不是同学你好项目最初的创始人，最开始的创始人是大四的江楠学姐和他男朋友龙哥两人，莹莹学妹当主持人，同学你好这个项目是由三个人制作街访视频开始，起步阶段非常艰难，我和陈学姐的加入，才让同学你好项目正式运作起来，团队也有了清晰的组织架构。2016 年 11 月中旬，同学你好 整个团队搭建完成，主要核心成员有五位——我、陈学姐、江楠学姐、龙哥，还有一位大一女孩小萱。我们重新整理了这个项目，发挥个人特长，明确职责分工。江楠学姐负责核心统筹规划与平台运营；陈学姐社会人脉丰富，校园的人脉也多，负责市场开发、公关合作；龙哥后期摄影技术不错，负责后期栏目制作；小萱文案功底深厚，负责文案编写；我负责团队的行政运营和人员安排招募等工作。另外，因为我是学影视制片专业的，所以我还负责统筹整个街访活动，从最开始的创业策划，到中期的拍摄剪辑，以及后期的宣传推广，我都参与其中。

经过不断地努力，又恰巧遇到了我们联大每四年才举行一次的校运会，我们团队抓住校运会的热点，策划了一期“校运会 100 米还是 1500 米，你会给朋友哪一个”的街访视频，在学校内部取得了不错的反响。我们顺势再进行宣传，利用学校的所有宣传屏幕滚动播放这个视频，同学们路过大屏幕时都会驻足观看，我们微信公众平台的粉丝也增长了许多，“同学你好”这个项目名称也渐渐被同学们所熟知。于是，越来越多的同学想加入我们团队，到了 12 月底的时候，团队人数已经达到了 30 人左右。12 月底，我们与学校的另外一个创业团队“聚游记”开展合作，他们主要从事轰趴馆运营、公司团建等活动，是一支运行了几年比较成熟的团队，也已经有了自己的市场。我们免费利用他们的场地，进行了同学你好 团队第一次团建，分布在不同校区的团队成员都聚集在一起，各种思想火花一起碰撞。一群兴趣相同的人，聊得甚是投机，我们最终确定了团队的名称和团队的口号：“无态度，不大学，做一群有态度的大学生。”在这次团建中，我发现团队成员们都是真心喜欢视频传媒行业，都有一颗想通过视频表达自己的心，都想在大学期间活出不同色彩的有理想、有抱负的人，与他们这一群有态度的大学生干事情，让我觉得未来可期。

我的创业项目似乎就这样顺其自然地出现的。因为对传媒感兴趣，我选择学习了相关专业，结识了相关朋友，和志趣相投的人组建了团队，大家一起围绕着一个项目而奋斗。所以当你有一颗想创业的心，但苦于没有自己的项目和想法的时候，不要焦虑，一定要静下心来，问问自己擅长什么，喜欢什么，用自己喜欢的事情来赚钱，看看可以干什么，你的项目就来了。比如你是一位喜欢唱歌并且擅长唱歌的人，那你就可以成为声乐老师，开设声乐课堂，运营培训学校，创业项目就这样产生了。所以明确自己喜欢什么，并将自己热爱的事情做到极致，你就可以有无穷的力量，为你所热爱的项目去奋斗。

三、只有不畏人言、不怕嘲讽，我们的梦想才会实现

2017 年，“失败”在我的人生中重新被定义了。上次团建后，我们团队正式进入了正轨，开始批量化生产自己创作的视频。由于我们学校有很多个校区，各个院系地理位置比较分散，我们项目运行初期，视频素材来

源主要在联大本部校园，随着项目的发展，联大本部的素材已经无法满足需要，于是我们积极主动地与其他校区学院的同学开展合作，首先与文理学院的电视台成员达成合作，接着远在昌平校区的应用科技学院的同学也积极响应，加入了我们的团队……因此，我们的团队成为联大学生组织中规模最大、跨校区最多的一个创业团队，同学你好这个项目将整个联大都联系在了一起。在别人看来，团队这么大，跨的校区又多，人多好办事，对于我们做街访栏目来说素材就会比较丰富，看起来是一件特别好的事情。殊不知，这却为后期的项目运营管理带来了很多麻烦和问题。对于简单的街访栏目来说，所需要的器械是比较少的，一般只要一台单反、一套小蜜蜂话筒就可以了。由于我们初期资金有限，整个团队只有一套小蜜蜂话筒，很是尴尬。一般情况下，我们的操作是：周一、周二在本部采集素材，然后将话筒寄到文理学院，周三、周四在文理学院采集完素材，然后再将话筒寄到应用科技学院，但是每个星期的快递费对于我们来说就是一笔不小的支出，更麻烦的问题是时间不能把控，采访用的器材不会像我们所安排的那样准时流转，素材的收集就会有时间差。另外，由于每个校区的团队成员保存不当，寄回来的时候，总会缺少点零部件，最后导致这套设备不得不淘汰。面对种种不利条件，我们仍然坚持做内容输出，保持着街访栏目的一周一更新一期的频率。我们并未满足现状，又开启了“大学问”脱口秀栏目，这样一周就会有两个视频进行播放，带来更多的流量。到 2017 年 5 月，团队成立快半年了，整个项目还没有任何营利，我们几个核心成员决定去融资，通过打比赛把自己的项目推广出去，走出联大。所以我们很频繁地参加融资类的活动和比赛，不停地将自己的创业计划书发给投资公司，令人欣喜的是还真收到了几家投资公司的回信，其中包括有名的真格基金，这让我们备受鼓舞，更加有信心去坚持。

于是，我们开开心心地准备 PPT，拿着自己的创业计划书去路演，准备大干一场。结果，我们第一场路演就被泼了一盆冷水，创业计划书被狠狠地批评了一顿。有一位评委老师直接指出我们的问题：短视频核心竞争力不明显，项目定位也有问题，到底是文化内容的创业，还是建立的大学生平台创业？参加完那场路演，我们回来思考那位老师的话，觉得老师指出的问题是很有道理的，那盆冷水泼得很准、很及时，把我们一下子浇醒了。必须承认，我们确实没有弄清楚自己的创业内容是什么，创业的核心竞争力是什么。路演之后，我们团队马上开会深入交流思考，作出明确规划：我们5位主要负责人分成两队，一队留在学校管理团队，保证原有的视频栏目继续运转，创造更多流量。另一队不断地去路演、参加创新创业活动，让更多的人知道我们的项目，认真聆听评委的意见，回来之后再与团队成员分享经验。那真的是一段刻骨铭心的日子，我一周至少会参加5场活动，基本上每次都会被投资者否定，直到现在我还清清楚楚地记得，我站在台上听到评委老师点评我们的项目只是昙花一现的网红文化时，那种情绪低落到极点的感觉。当然，我们的项目并不是一无是处，也有个别投资者觉得我们的项目很好，但是没有自己的垂直领域，希望我们能找到自己的垂直领域。这样的建议让我们豁然开朗，我们几位负责人开了很多次会议，探讨如何寻找我们项目的垂直领域。最后，我们得出结论：我们的视频内容垂直于大学生，这是符合我们大学生身份的创业项目。我们认为，找到了我们的垂直领域后，就会得到更多的肯定，但是很多投资者还是有很多质疑。质疑我们几个主要负责人的能力，质疑项目的商业模式，质疑大学生应不应该创业。还有人认为我们的创业项目是单纯的网红文化，甚至给我们戴上了低俗的帽子。其实我们想做的并不是那样的，我们的几档栏目都是向大学生传递正能量的。那时候，我们深深地体会到什么叫百口莫辩。正当我们因为外界的质疑而开始怀疑我们自己项目的时候，母校联大拯救了我们，使我们重拾自信心。管理学院负责创业的老师发现了我们的项目，鼓励我们申请入驻“蜂巢”创客空间。我们的项目通过了路演答辩，成功入驻了“蜂巢”空间，管理学院给我们团队提供了资金、办公场地，让在社会上碰壁的我们感受到莫大的温暖。我们的团队有了工位，我们的仪器设备有了放置的地方，“蜂巢”这个地方成为我们项目温暖的港湾。因为有了学校的资源，我们项目运行也顺畅起来。然而，项目进展还是有一些小波折。大学就是一个小社会，各种事情都会上演。有一次，我们与学校的网络安全处合作，做了一个预防网络诈骗的视频，视频在学校的大屏幕上滚动播放，有的同学觉得视频非常不错，也有一些同学对视频冷嘲热讽，更有甚者还用语言攻击我们视频主演。

尽管受到过很多质疑，我们也曾灰心过，但是真的学到了很多，这半年的创业点滴将会成为我心中最美好的回忆：在校园做街头采访时，被保安驱逐的场景；也有人认可我们的街头采访模式，请我们为他们的产品做宣传的场景……因此，创业者，一定要有坚强的心理素质，只有不畏人言、坚持不懈，我们的梦想才会实现。

四、经历风雨后，不一定是彩虹，有可能是更大的风雨

经过2017年半年的忙碌，跑了多家投资机构都无功而返后，我们不得已调整战略，决定先做好视频内容，拿着我们栏目的流量去见投资方，这样面对投资者的质疑，我们用数据说话会更有底气。2017年7月，我们团队又面临一个重大的变故——有三位核心成员要毕业了，他们不得不离开校园。我发现，经过这半年的“折腾”，没有明显的成果，三位即将毕业的核心成员热情没有刚开始那么高了，我们庞大团队中也有一些其他成员面临着毕业的问题，很快都要退出团队，更让我措手不及还在后头——在我没有任何思想准备的情况下，有一天江楠姐和龙哥在我们的工作群里发出消息，表示他们要退出。这之前他们一点也没有透露，弄得我和其他核心成员措手不及。虽然我们没有正式成立公司，但我们团队组建的时候也

签订了股权分配协议，他们突然单方面宣布退出，导致我们新计划陷入停滞，我们不得不停下来处理出现的新情况。江楠姐是主要负责人，她的退出影响比较大，团队里很多由她招募进来的同学也跟着退出，我们的团队由原来四五十人锐减到十几人。通过不断地协商，我们最后达成一致，暂时不发展核心成员，由我和小萱两个人负责整个团队运转，以后再慢慢发展核心成员。这件事情对我的影响挺大的。因为小萱不是很擅长管理团队，主要管理负责人员变成了我，我在一夜之间要对十多号团队成员负责。

这样的调整，对于我来说是一项不小的挑战，乐于接受挑战的我，整理好自己的思路，带领团队重新出发。突然的人事变动，加上刚好赶上了暑假学生放假，团队成员大多数人也都回家了，我索性就让项目暂时进入停滞状态，不再更新视频，利用暑假好好修整一番。经过与团队的所有人开会商量，我、小萱和几档栏目的负责人一起留在北京，为开学后重新开始做准备。整个暑假，我们几个人白天各自忙各的实习兼职，补贴自己的生活费，晚上聚在一起准备宣传物料，为开学迎接 2017 级新生、招募团队成员做准备。开学那天，我们项目的快闪舞蹈轰动全校，进班宣传的效果也很好，准备的卡套小礼物也吸引了很多新生。同学你好项目的知名度越来越高，加入的新成员也越来越多。我们在学校的知名度提升了，2017 年的下半年有越来越多的同学、老师准备和我们团队合作，学院开展活动需要拍摄宣传片时会找到我们，其他创业团队打比赛需要拍摄产品宣传片的时候也会找到我们，我们接的拍摄剪辑宣传视频订单越来越多，逐渐实现了营利。同时，在 2017 年下半年的时候，我的主攻方向完全改变了，更多的精力放在校外的项目，通过多赚些钱来补贴栏目拍摄。由于很少管栏目制作的事，也没有关注我们几个平台的流量，结果有几个短视频栏目发展进入了停滞阶段，好久没有任何更新。当时，我意识到了团队发展出现了问题，为了改变局面，我办了个一周年派对，还答应大家重新拍网剧，受热烈的派对氛围和拍摄网剧的倡议感召，又让团队成员重新燃起当初的激情。我们便着手在学校招募剧组，与多方面联系合作，准备好好做一个 IP 剧，提升我们的视频高度，打造出属于我们自己的 IP 形象。

回想起来，2017 年下半年是自己最忙的时期，周一到周五白天要上课，晚上要和后期人员一起剪辑宣传片，周六周日要陪着拍摄网剧的剧组，通宵加班成了再正常不过的事情，最辛苦的时候，每天平均只能睡 4 个小时。此外，周末通宵加班的时候还要躲着保安。学校规定夜里 12 点后禁止教室有人。真不知道自己是怎么坚持下来的，或许真的是梦想的力量让自己坚持着吧。那时候，我天真地以为这样努力地工作会让我们越来越好，但是当网剧真正开拍的时候，时间的协调是最大的一个问题，各方面人员协调到位是非常难办的事情，加上临近寒假，所以网剧最后只拍了一集就草草结束了。同学你好这个团队经历了两年多的洗礼，现在团队的微信群还在，群里的人也都在，但“心”好像不在了，没有了为梦想的坚持，剩下的就是团队间的一点点情谊。我们的原创内容没有新的产出，处于完全停滞的状态。作为主要负责人，我还是会经常接一些后期剪辑、宣传片制作的工作，然后再分配给其他成员，我与其他成员的联系也仅限于这样的合作，同学你好团队似乎就完全变成了后期剪辑的外包服务团队了。经历了两年的风风雨雨，团队从最开始的五位核心成员，到最后只剩下我一个人坚持，我感觉已经没有能力去改变这样的现状，或者是没有心力去改变了。我坚持不下去了，也不知道如何去坚持。同学你好 项目似乎就这样失败了。

五、不忘初心，勇往直前

创业两年，一路风风雨雨，有过开心快乐，也有伤心与难过。两年的创业经验教会我最重要的两个字“ 团队”。创业最开始时是看项目的好坏，但是能走多远、能走多久，就要看创业团队成员的能力了。在这两年创业期间，我犯了一个严重的错误，就是没有放权给团队成员。在大四的核心成员走后，我没有及时找到合适的成员来重新组建核心团队，招募新的成员加入后，没有及时地培养人才。虽然把几个栏目的资源和所有人员分配权力给了栏目负责人，但是我干涉所有的栏目，没有真正地信任栏目负责人，事事过问，干预太多，既弄得自己身心疲惫，也弄得别人缺乏自信，最后演变成团队好像是属于我一个人，导致其他的合伙人不是很在意这个项目了，从而把团队成员越推越远，结果是人心散，团队散。这样的经历让我认识到，管理是一门值得深究的学问，不能单凭一腔热血和自己的为人处事方式去管理创业团队成员，学习如何管理团队是创业者的必修课。在这两年的创业过程中，我还意识到创业者需要储备一点财务和法律的知识，没有这些相关的常识，在创业过程中很容易吃亏。我们团队就有过这样的经历。当时，我们帮一家企业制作一条宣传片，和该企业也签订了合同，但是我们做完宣传片交完片子想要结账时，这个企业就一直拖着不付尾款。面对甲方这种赖账行为，我们虽然有合同，但是一点办法都没有，只能每天求着甲方结账，如果懂得法律知识的话，我们就可以拿起法律武器来进行维权。

我们的同学你好项目没有最终取得成功，但是我们所有团队成员感觉收获了很多东西，这都是无法用语言来形容的，都是非常宝贵的财富，这样一段难忘的创业经历，在未来的某一天一定会帮助到自己。我们五位创始人约定，不断努力学习，不断充实自己，几年后再相聚，一起完成当年的梦想。不忘初心，勇往直前！

项目计划书

经过团队成员深思熟虑，这次展示的项目计划书主要为后期准备发展推广的视频制作的 App 计划书的部分，我们认为这部分更有借鉴意义。

1 项目概况

1.1 项目名称

“同学你好”大学生短视频内容平台

1.2 项目背景

现在的时代是视频时代，相对于文字读物、有声读物，人们更喜欢直接通过看视频来获取信息。视频尤其是小视频软件，越来越多，小视频 App 的活跃度、用户量都特别大基于视频需求量较大的背景，我们充分调查大学生短视频内容与功能需求，把握大学生对明星的崇拜和希望与明星互动特点，寻找市场空白点，制作能表达大学生当前喜欢并热度不减的内容视频，搭建属于大学生的专属短视频 App。

1.3 项目进展情况

“同学你好”项目从最开始的街访短视频开始，慢慢扩展其他业务领域，如宣传片制作、摄影摄像、后期剪辑、活动承接，再到视频剪辑 App。

1.3.1 项目实施进展

我们现在项目正处中期阶段，已经完成了团队的搭建，制作了五档短视频栏目，我们的 App 也完成了原始的界面设计和搭建，现在我们正着手准备成立公司，争取 2018 年 6 月拿到公司营业执照，积极寻找我们的天使轮投资。

从 2016 年到现在，我们已经做出了四档短视频栏目。如图 6 - 1 所示。后期，我们将不断地发觉大学生的关注点，制作出更好的栏目，传递更大的正能量。

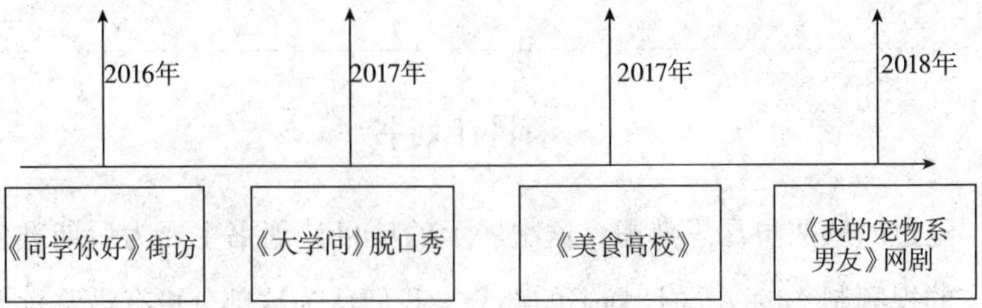

图 6－1　四档短视频栏目的时间轴

1.3.2　项目未来计划

近期，我们将再开发 5 个针对不同场景大学生的短视频，通过网络和自媒体营销，初步形成一定影响力，实现单个视频点击量超过 50 万以上，总点击量突破 5000 万以上；进一步扩大短视频开发的数量，不断提升制作品质，建立健全公司管理体制，组建招商团队，为项目提供软植入和冠名支撑，早日实现营利；视频数量达到 150 个以上，单个点击量超过 10 万，总点击量过千万；成立公司，开展天使轮融资计划，融资 100 万元，营业额达到 50 万元以上，点击量超过 3 亿，两年内回本，搭建完成平台。

1.4　项目创新点

除了短视频内容的创新，我们还会创造更多场景、更有趣味、更具互动性的视频 App。通过调查分析，市面上能将自己融入视频中，让自己成为某一视频的男女主角，快速地完成一个短视频的拍摄包装，且能与自己心仪的演员搭戏的 App 少之又少，我们找到有类似功能的 App 只有“小咖秀”。我们开发的 App 功能会更加优化和全面，具体如下：

1.4.1　挖掘更多的使用场景

情侣之间表达爱意情景。可以用更加卡通、更加好玩的方式表达，比如在道具中加入“丘比特之箭”“飞吻”等，当男朋友打开视频时，女朋友的嘴唇里会飞出来一连串的飞吻。或者，两个人谈恋爱了，想拍段视频公开恋情，视频里出现个小丘比特用爱的箭将两个人射中。

还有很多其他的场景可以挖掘，例如萌宠摄影，帮助妈妈用视频记录宝宝的成长，等等。

1.4.2 加入视频互动

在视频里，人物可与虚拟物品进行互动。拿虚拟小狗为例，用户可以通过界面手势操作，与虚拟小狗进行互动。比如，用手指戳它一下，虚拟小狗紧紧咬住我的手指不放，用户可以在现实中根据情境作出反应，假装疼死了的样子，制作一段视频，增强趣味性。

1.4.3 增加更多好玩的情绪道具

最初的社交软件只是以纯文字的方式进行表达，后来发现文字的表现力不够，就有了 QQ 表情来增强表现力。视频也是同样的。很多时候，我们真实的面部表情表达不了我们内心的崩溃、狂喜、无奈等情绪，现在 MiLo 中的道具基本还是以搞怪为主，没有多少信息含量的，不能满足用户丰富的情绪表达，我们需要开发出一套更加生动、丰富的情绪道具。

1.4.4 更多好玩的情景设置

根据特殊的人群分类，进行不同情景设置。比如，怀孕的妈妈。App 可以将孕肚拟人化，妈妈可以通过 App 和正在孕育的宝宝对话。当妈妈说："宝宝，妈妈好爱你哦。"App 界面反馈虚拟孕肚上的两只眼睛，一闪一闪，并配合语音回答说"我也好爱你"等互动性很强的体验。再比如，单身狗这一特殊人群。曾有一个视频火爆一时，创意内容是一个单身姑娘独自去很多地方旅游，拍成视频，自己后期制作了一个虚拟情人陪她一起旅游。这种方式完全可以为我借鉴所用。

1.4.5 自定义道具

为了避免用户产生审美疲劳，可以加入道具自定义的功能。比如，可以把男朋友的形象制作成虚拟人物，当他惹我不高兴了，我就拍个视频，在视频里百般虐待虚拟男友。

总的来说，可以挖掘和思考的方向还有很多。视频的最大价值，便是为含蓄的中国人提供另一种表达情感的方式。伴随着电子产品的发展，我们借以技术平台，采用虚拟的道具或者虚拟形象，让我们更加容易地表达喜怒哀乐，或许是一种不错的选择。

1.4.6　主题及活动更新

不同的季节，App 会有不同的主题。春节时，App 界面可以以团圆为主题更改界面背景，当搜索“春联”“饺子”等关键字时，会自动弹出 App 对用户的春节祝福。

此外，App 会有不定时的活动，用户可以参与发布视频，被点赞的都可以获得积分，积分榜每小时更新，排名前十的可以获得首页推荐的机会，总积分前三的可以获得现金、周边设备等实物奖励。

2　企业概况

2.1　公司组织结构

公司按照现代企业制度的要求进行组织和运行。见图 6－2。公司组织经营机构的设置按照“精简、统一、高效”的原则，业务开展、专业技术、经营规模及经营管理的水平必须服从公司管理、经营决策活动的需要。为保证各部门及全体员工之间的协调配合，以完成企业生产经营目标，按照《公司法》的规定并结合企业实际情况，对公司的机构进行设置。

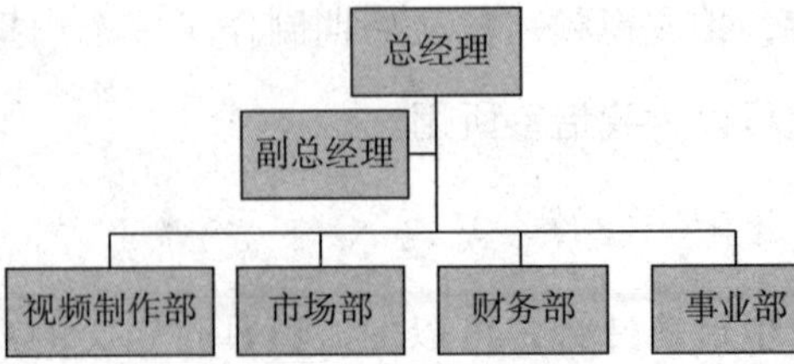

图 6－2　公司组织结构

2.2 团队介绍

以下均按创业时的情况做的介绍。

向玉婷是团队主要负责人，当时是北京联合大学财务管理专业的大四学生，学习过管理影视制片专业，对视频行业有一定的了解，在椰式咖啡店做过市场调研与市场运营，在长沙马斯特教育机构做过市场推广，对市场营销以及团队搭建有自己的方法。

郝蕾主要负责 App 原型设计这一块，具有较强的学习能力，能够运用 C、JAVA 等语言进行软件开发设计，较为熟练地掌握墨刀、Axure、Photoshop 等软件的使用。

钟瑞琪主要负责财务分析及市场调研方面，对于数据比较敏感，能够通过大量数据来分析结果，同时能熟练分析财务现状，编写财务报表。

贾安琪现是北京联合大学管理学院金融学专业的学生，任管理学院金融理财协会杂志部部长，对文案工作有较多的经验。主要负责日常的活动推广及宣传。

张乐媛就读于北京联合大学金融专业，平时喜欢看电影、新闻等。主要负责市场调查部分。对短视频行业有一定了解，喜欢做调查和数字分析，对短视频方面做全面分析，为团队开拓市场，寻找需求痛点。

齐小萱主要负责文案策划，有过九年网文撰写经验，具有专业文案策划和经济人素养。就读北京联合大学管理学院财务管理专业，在栏目剧组实习半年，且有两年微博运营经验。

除了以上主要负责人外，我们团队成员还有来自北京联合大学文理学院、应用科技学院、艺术学院的同学，以及外经贸大学、北方工业大学、中国地质大学、中国传媒大学等十多名同学，他们主要负责街访栏目，分别在不同校区的采集素材。这些来自不同大学的同学们配合默契，工作效率高共同打造我们的团队，努力使团队更优秀。我们会不断地去积累人脉，采取入伙或雇用等多种形式吸收人才，采取校园代理或者外联学生会等组织去推广项目，我们的朋友圈会越来越大，我们团队模式可以向全国高校扩展。

3 市场分析

3.1 市场可行性分析

我们在网络上收集了现阶段短视频行业的最新数据和行业白皮书，分析了现阶段市场上较火的短视频 App，找准市场空白点，搞清自己的优劣势，最大限度地开发 App 所需功能，更精准地满足用户内容需求。

3.1.1 短视频行业环境分析

中国互联网及移动互联网发展的逐步成熟，网民数量及移动互联网流量的不断增长，智能手机的普及，技术的不断革新进步，很大程度上改变了用户需求和社交方式，推动了短视频行业的发展。从 2016 年开始，短视频行业进入爆发期，投融资数量持续增长，互联网企业巨头纷纷砸钱入局。2017 年延续了 2016 年强劲的发展势头，2018 年初的“撒币大战”更是火爆全网，为移动直播和短视频平台注入了强劲动力。

截至 2018 年 3 月，短视频月活跃用户达 4.6 亿，同比增长 14.37%，大约平均每两个移动网民中就有一个短视频用户。月使用总时长达 67.3 亿小时，人均单日启动次数有 9.26 次，行业用户黏性可观，远高于其他行业平均值。

3.1.2 短视频行业用户分析

一是网络上现有的短视频行业用户规模达亿级，平台运营有待精细化。

如图 6-3 所示，2016 年第三季度，国内短视频用户已达 14 亿。短视频综合平台用户启动频繁但停留时间较短，并且呈现下滑趋势。较低的用户使用时长要求平台在内容呈现形式、内容分发模式等精细化运营层面进行调整优化，从而延长用户使用时间，促成用户的深度使用。

二是通过对网上短视频的数据分析，短视频用户男性多于女性，六成以上接受过大学教育。如图 6－3 克劳锐分析多个短视频平台的用户数据，发现六成以上用户是大专及以上学历，其中本科学历占比最大。需要指出的是，快手因定位于三四线城市及农村地区，用户学历相对较低。

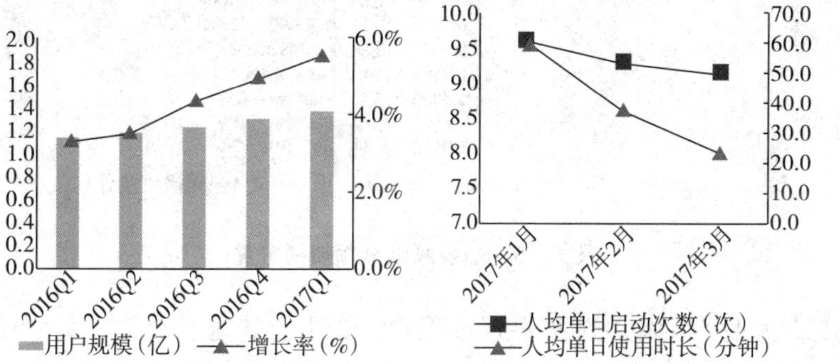

a.2016Q1–2017Q1中国短视频行业用户规模及增长率

b.2017Q1中国短视频综合平台人均使用情况

图 6－3　中国短视频行业用户规模及增长率

（3）“80 后”“90 后”是主角，“00 后”力量不容忽视，如图 6－4。

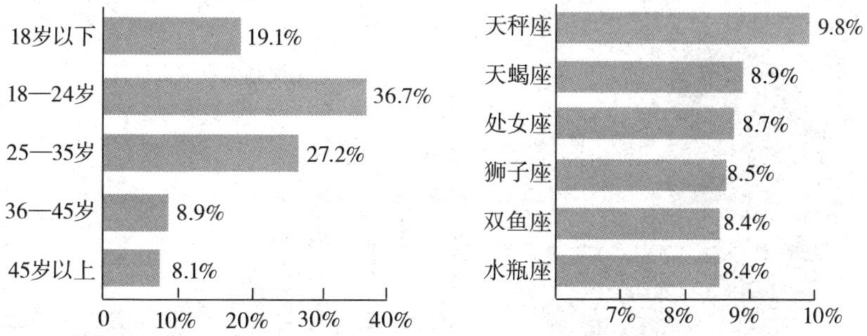

图 6－4　中国短视频用户行业分析

3.1.3 短视频行业内容分析

一是从现有市场上短视频内容分布看，垂直细分领域崛起，精耕细作增强用户黏性。如图 6－5。

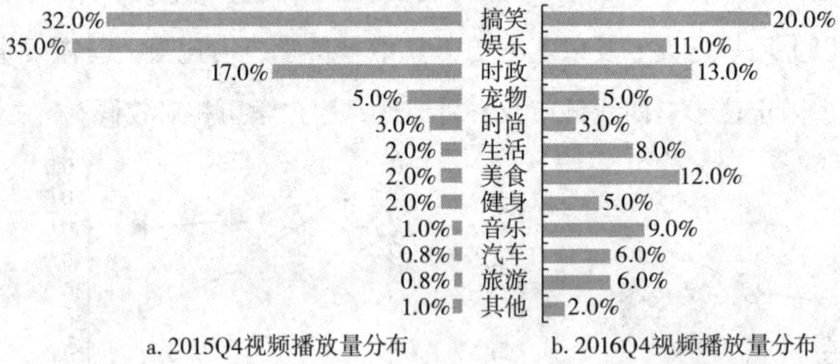

图 6－5　短视频细分领域播放量

二是从现有的短视频投融资过程看，资本青睐垂直品类，集中投资垂直内容领域。

如图 6－6，2016 年至 2017 年，短视频内容融资共发生 60 余起，投资机构有红杉资本、真格基金、经纬中国等知名创投基金。从 2017 年起，资本投资偏好更倾向于垂直内容领域，生活、综合、母婴类最受关注。

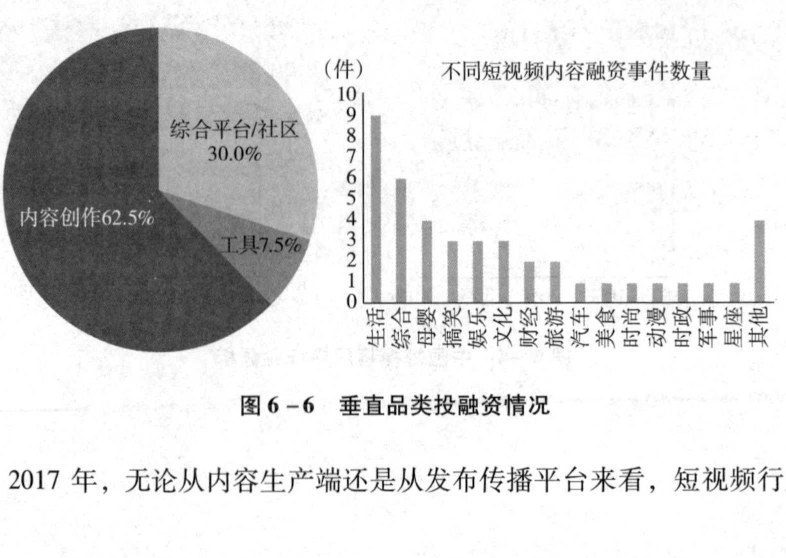

图 6－6　垂直品类投融资情况

2017 年，无论从内容生产端还是从发布传播平台来看，短视频行业都经历了超快速发展，诸多传统媒体人涉足短视频内容生产，短视频内容的首部创作团队已获得资本青睐。Papi 酱成为短视频创业代表人物，更于当年 3 月获得 1200 万元融资。

体量小而又能承载丰富信息的短视频应用，与目前移动互联网高速发展下的传播特性非常匹配，短视频媒体平台化发展是在工具化属性基础上对用户需求进一步拓展。在视频类 UGC 内容消费习惯、内容质量不断提升的当下，海量的原创内容生产者，尤其是许多 PGC 专业内容生产机构成为短视频媒体平台重要的内容提供者，自身平台与社交网络的融合形成移动互联网络中重要内容分发渠道，利用用户数据分析，有能力将大量的、类型丰富的内容向不同内容需求用户精准推送。街访因其小成本、操作性强的特点而有大量的人进入该市场。

3.2 技术可行性分析

我国已建成全球最大规模光纤和移动通信网络，通光纤和 4G 的行政村比例均超过 98%，固定互联网宽带用户接入超过 4 5 亿户。同时，围绕高技术产业、科研创新、智慧城市等相关的新型基础设施建设不断加快，进一步加速新技术的产业应用，催生新的产业形态，扩大了新供给，推动形成新的经济模式，将有力推动区域经济发展质量提升和产业结构优化升级。

3.3 政策可行性分析

政府也越来越重视短视频的传播力，相继出台各种条例支持短视频健康可持续发展。中国网络视听节目服务协会正式发布了《网络短视频内容审核标准细则》和《网络短视频平台管理规范》，为短视频及短视频 App 发展保驾护航。

3.4 竞争优势分析

我们根据自身 App 的特点，分析对手的优劣势。见表 6 - 1。

表6－1　与竞争对手优劣势的对比分析

竞争对手	抖音	爱剪辑	美拍
优势	·音乐创意短视频社交软件，是一个专注年轻人的15秒音乐短视频社区 ·用户可以选择歌曲，配以短视频，形成自己的作品 ·抖音平台都是年轻用户 ·Dubsmash的对嘴表演模式创造性地解决了这个问题，通过音频台词，剧本我都给你写好了，你只要表演，而且音频时长很短，不到15秒，降低了表达成本，增加了内容趣味，恰巧因为这个低成本内容也变得易扩散	·爱剪辑是最易用、强大的视频剪辑软件，也是国内首款全能的免费视频剪辑软件 ·酣畅淋漓的速度，过目不忘的画质 ·操作极其简单，多达上百种专业滤镜风格高兼容性使得视频随意剪辑	·美拍娱乐直播 ·三十几款惊艳的MV特效，丰富的电影剪辑手法，只要拍摄一段10秒视频 ·独家推出的表情文，让照片也能说话。只要在照片模式下上传任意一张照片，并自由添加表情、文字、语音，就能让你的照片"活起来" ·百万曲库任你选，还可以边拍摄视频边放音乐，玩转对嘴假唱
劣势	·视频时间太短，只有15秒，表达时间受限 ·视频内容目前还停留在日常、手之舞、生活常识、剪纸和手工。内容较为简单 ·故事性较弱，没有完整流程 ·视屏可兼容性较差	·特效太强，视频内容表达单一 ·视频播放没有内容，无法做到内容创意 ·功能化平台，其社交和内容较弱 ·无法满足用户对视频原创的要求	·照片特效丰富，但视屏还是很单一 ·10秒视屏表达受限 ·视频特效中的对嘴太过单一 ·直播娱乐与其他App相似度高 ·并未对用户的视频原创表达太多

基于对手的优劣势分析，我们依据市场需求，寻找自身App特点。

一是现有的短视频大部分停留于内容创作，制作方面所做较少。我们正是抓住这一市场空白点，利用我们影视专业方面的特长，作为我们App的主打。

二是小咖秀、抖音等视频软件所做的模板较少，视频制作还停留于贴纸、美颜、配乐、特效上。我们的视频模板拥有更多的样式，可以满足用户多样的需求。

三是现有平台化服务不能为大众服务。我们的 App 对接制作方及用户，能够更好地为用户提供服务。

四是现有的短视频吸引力较差，客户在尝试过后便很快失去兴趣。我们的 App 致力于创意，会不断地进行更新，相信能够让用户一直抱有新鲜感。

总结：虽然市场上有对短视频进行加特效、剪辑、直播、加文字、配乐等功能的 App，但它们只是在单项功能上做得很突出，综合多种功能的还很少，没有突出大学生用户的特色功能和内容，对用户的自我表现和自我实现功能还较为简单。

基于对竞争对手的分析和自己的优劣势分析，我们要打造自己的大学生专属短视频 App，更好服务大学生用户对短视频的需求。由此，我们可以搭建专属于大学生自己的 App，尝试从满足大学生对于追星梦、明星梦的需求切入，开发集拍摄、剪辑、特效、音乐于一体的短视频功能 App，不断丰富短视屏的内容，增强其故事性，使用户可以与心爱的偶像和偶像的作品，进行视频互动，降低学生艺术梦想的成本。不断推出积极、向上、乐观的内容视频，逐步涵盖娱乐、政治、经济、生活、校园等方面，不断提高用户黏性。

4 商业模式

4.1 市场定位

我们通过拍摄健康、积极、向上的短视频，积极传递正能量。我们的 V – CUT App 不用花太高的成本就可以与明星互动，实现“只要敢想，明星就在身边。视频从拍摄到剪辑，满足用户对视频绝对原创的要求，可以丰富大学生的课外生活。”

4.2 目标客户

本项目主要目标用户为爱好广泛、个性张扬的大学生群体。

4.2.1 大学生爱好广泛

大学生普通喜欢篮球、足球、排球、羽毛球、游戏、阅读、登山、音乐、跳舞、弹琴、美术、下棋、旅行、兼职等，兴趣爱好非常广泛。

根据调查显示，71.6%的大学生选择学习类（日语、韩语、法语、书法），68.9%的选择健身类，选择其他类别的都在50%左右。女生选择美术类较多，比男生多6.1%，男生选择学习类比女生多了8.7%，女生偏重瑜伽。

4.2.2 大学生个性张扬

- 追求个性
- 目中无人，高傲
- 有主见
- 固执
- 以自我为中心
- 爱自由
- 爱折腾
- 轻率不踏实

一是在网络使用上：大学生普遍每天上网时长为1~2小时，占总人数的38%，说明大学生普遍上网时间相对较短，短视频能够受到大学生欢迎。

二是在观看渠道上：占总数61%的大学生首选的终端是笔记本电脑，总人数超过了调查对象的一半；在了解自制视频信息的最主要渠道上68%的人选择了人人网和优酷等视频网站，说明网络的发展使得大学生选择了方便、快捷的了解方式，通过丰富网站的视频信息来吸引大学生的点击率是一个很重要的途径。

三是在观看动机上：从大学生最喜欢的网络视频类型来看，占总数78%的人选择了“综艺节目类”，其次是“微电影类”“音乐类”，可见大学生普遍喜欢娱乐性、趣味性强的节目，为视频行业的制作与发展提供了方向。在观看视频前，被调查者认为视频内容是决定观看一个视频节目的首要因素，占总人数76%的大学生选择了此项；在观看视频时，88%的学生选择最关注内容，这说明制作视频时首要考虑的应该是健康积极的视频内容，以便对大学生进行正确的引导。

四是在受众喜好上：接近50%的大学生喜爱的是与自身学习、生活更加贴近的视频节目。这就为网络视频自制节目和引导大学生策略提供了必要的客观依据，以及更好地引导大学生培养正确的价值观和人生观。

4.3 营利模式

“同学你好”的营利渠道主要分为以下几个部分：短视频广告营利、各大视频平台支持的流量费、微信平台的赞赏与广告营利、线下承接及组织开展活动营利、宣传片制作营利，以及“同学你好”App中文案模板、视频后期模板与VIP收费。

4.3.1 广告营利

广告部分主要指网络广告，广告应该是所有营利短视频的标配，也是互联网营利之初最重要的营利模式。从网络巨头新浪的收入结构来看，广告收入占到1/3，而有些小一点的短视频则几乎纯粹靠短视频营利。对新手草根短视频来说，并不是人人都可以拿到广告资源，赚广告费更难。因此，此部分营利要建立在良好的网络推广的基础之上。在短视频推广初期，此部分营利较小，需经过较长时间投入。

4.3.2 流量营利

我们发布在各大网站的短视频都有一定流量，视频平台会奖励我们原创主的视频制作，按视频流量给一定费用，这部分我们已经开始营利。如图6－7。

4.3.3 微信平台赞赏与广告营利

我们的视频也会通过“同学你好”这个微信平台进行发布视频推文，用户都会给一定赞赏。如图6－8 。

日期	总计	头条广告	广告展示量	视频收益	视频播放量	赞赏金额
2017-09-05	0	0	0	0	0	0
2017-09-04	2154.57	0	0	2154.57	1353.855	0
2017-09-03	2581.13	0	0	2581.13	2193.032	0
2017-09-02	2071.92	0	0	2071.92	1205.362	0
2017-09-01	1068.43	0	0	1068.43	508.455	0
2017-08-31	418.63	0	0	418.63	187.220	0
2017-08-30	0	0	0	0	0	0

图 6－7　今日头条 2017 年 9 月份流量营利图（截屏）

5月11日
发送完毕

同学你好　错过了腾讯520 这一次别错过vivo趣炫泡泡跑
图文消息　原创

阅读数	点赞	留言	转载
1567	18	3	0

4月29日
发送完毕

同学你好　腾讯搞事情 4公里夜跑 你约还是不约
图文消息　原创

阅读数	点赞	留言	转载
4386	19	70	0

4月28日
发送完毕

小鑫同学　坐标系建出新高度 你还记得高三那年是怎么建坐标系的吗
图文消息　原创

阅读数	点赞	留言	赞赏	转载
917	45	17	149.00	1

图 6－8　微信推文所得赞赏（截屏）

4.3.4　项目承接营利

“同学你好”团队承接一些活动的组织开展工作。有很多活动的发起者需要寻找一些活动现场的工作人员，甚至有的发起企业希望能有学校的团队为他们组织活动。在短视频不更新的情况下，线上广告营利和增值业务营利较少时，线下项目营利将成我们的主要营利方式。

4.3.5 宣传片制作营利

在校园中，有很多的比赛与活动，都希望以视频的形式进行宣传推广，而自身又缺少专业的技能，所以我们可以帮助制作宣传片，收取一定的费用。

4.3.6 App 定制与 VIP 收费

“同学你好”App 提供了视频文案后期模板，可以对使用者收取一定的收费，在 App 我要当演员模块中，我们为 VIP 进行特制的视频模板会收取一定费用。

5 营销策略

5.1 线上营销

5.1.1 微信推广

在“同学你好”微信公众号上进行推广宣传，分为几个层次详细介绍 App 的方便之处，同时在公众号菜单栏中加入 App 板块，强调在 App 中也能观看“同学你好”的短视频，将微信公众号的基础粉丝吸引到 App 上，增强用户流量。

5.1.2 网站广告投放推广

为扩大影响力，增加宣传力度，在腾讯、新浪、搜狐、凤凰、网易等影响力较大的主流门户网站上投放 App 广告，尽量选择用户停留时间较长的页面投放，让短视频自制进入更多人的脑海。在 Google ADsense、360 媒体网、新世纪广告联盟等上面进行广告交易，通过网站之间的同盟交换交易合作来扩大广告宣传力。

5.1.3 SEO 推广

在百度、Google 上投入关键字广告，同时将 App 提交到 DMOZ、yahoo、ODP目录，并加入百度雅虎收藏、Google、QQ书签等社会化书签，增加App的点击流量，提高影响力。百科类推广：在百度百科、360百科建立品牌词条。问答类推广：在百度知道、搜搜问答、新浪爱问、知乎等网站建立问答。与搜索引擎展开合作，以增加曝光率为主要目的，对项目品牌、主营产品与服务、所涉领域等关键字进行有偿标注，提高消费者信息获取的优先度，使消费者对品牌具有初步印象，为短视频传播打下基础。

5.1.4 微营销推广

建立专门的新浪微博大V号，与微博大V建立联系，大量投放广告。相较于其他方式，微博上的用户更容易对我们的App产生兴趣，同时又有粉丝效应，更有利于提高我们的知名度。

5.1.5 网络视频推广

制作App网络宣传短片，投放到优酷、土豆、腾讯、爱奇艺等视频网络平台上。

5.1.6 互动式效果广告推广

“推啊”是一个全新的互动式效果广告平台，致力于打造广告主、媒体、用户多赢的全新广告模式，通过独创的活动运营场景和大数据运算能力，用户通过友好的体验获取权益的同时，为广告主提供精准的营销推广服务，同时为媒体带来“更高变现效率+更优用户体验”的商业化解决方案。该平台已服务唯品会、百度外卖、沪江网、华尔街英语、齐家网、平安保险等500+广告主；同时推啊还与近万家媒体建立了合作，如QQ浏览器、墨迹天气、网易邮箱大师、中华万年历、喜马拉雅等。我们可以通过向这个平台寻求广告服务，将广告营销这部分内容交给专业团队来打造，可以极大地调动资源。。

5.1.7 社区论坛传播推广

项目准确锁定中国大学生社区，借助人人网、各大学校论坛，采用软文、贴片等方式进行宣传推广，通过打造专业、优质形象的方式吸引消费者眼球。

5.1.8 体验式营销推广

通过各大网站宣传我们App，提供免费体验资格。

5.1.9 个性推广

以大学生为代表的年轻人，对新事物有浓厚兴趣，喜欢关注时尚内容，我们App的设计可以为他们提供时尚达人的视频模板，为他们打造更加时尚的形象，便于他们在各类电商平台展示自我，表达个性。针对45岁以上的兴趣广泛的中年人为代表的用户群体，我们开发了多种类型的视频模板，例如对一些对于场地设备有较大需求的文化艺术活动，可以配合我们的视频模板合成达到更加富有表现力的视觉效果，例如戏曲中的服装、扮相及角色互搭等细节表现。

5.1.10 特色营销推广

方式一：将我们App上发布的创意视频投放到其他网站平台，用户点开我们的视频后，在视频播放到一半的时候会自动停止，只有在下载了我们的App后才能够观看完整的视频，以此来增加我们的知名度。方式二：在播放视频的时候，弹出有奖竞猜的问题，用户答对问题后，可以获得我们的App的积分，可以兑换限定模板以及VIP会员体验。已经使用了我们App的用户，在浏览我们的创意视频时，把它分享到其他的网站平台就可以获得经验加成，就可以提高用户的星级，当星级提升了之后，用户就可以获得很多的权限，使用更多的模板，做更加有创意的视频。

5.2 线下营销

5.2.1 传媒推广

与电视台、报纸、杂志、户外广告商等合作，制作针对性强的 V - cut App 专题专栏、宣传广告，进行全方位宣传报道。通过这一方式充分调动市场资源，为我们的 App 创造一定的知名度。

5.2.2 高校推广

我们的 App 受众大多是年轻好玩的大学生。利用宣传经费印制纸质宣传单和各种海报做宣传。介绍海报：在校园内人流量多且可免费宣传的地方张贴海报宣传；宣传单：与合作商家商议，将宣传单发布于商家跟用户接触多的地方；地推卡传单，制作精美传单，在办公区域相对集中的地方、商场、学校发放。这样的推广目的性更强，受众更加明确，效果更好。

5.2.3 线下活动展览

如果能够有更多的人发现我们的 App 有趣所在，那么他们就更有可能成为我们的用户，只有让他们体会到我们的软件所带来的乐趣，他们才会更愿意去接受。所以，我们需要沟通联系各大公共场所，为路人展示我们 App 的强大功能和有趣之处。场所主要选择为各种年轻人流量比较大的地点，比如各大高校，比如商场。在活动过程中，我们可以邀请路过的人来试用我们的 App，若当场下载我们的 App 还可获得精美礼品，并发放宣传单，提高我们的宣传力度。

5.2.4 街头采访

街头采访视频一直是短视频中用户观看量占比较大的一个板块。大部分街头采访问题或者紧跟时事热点，或者制造有爆点的、能引发矛盾的话题来吸引流量。我们可以编写相关采访问题并进行筛选，选择其中能引发浏览同时能留住用户的相关问题，在各种年轻人流量比较大的场所进行采访，同时宣传我们的 App，提供我们的项目二维码让大家关注，经过采访者同意后筛选有意思的回答制作成短视频并上传到平台上。

5.2.5 体验式营销

我们会在各大商场举办体验活动，邀请路人免费体验我们的 App，并举办短视频创意评比，获奖者可获得我们的 VIP 体验。

6 财务分析

6.1 预测营业收入（表6－2）

表6－2 预测营业收入 单位：万元

项目	2017 年	2018 年	2019 年	2020 年	合计
一、节目冠名费	0.00	400.00	1200.00	2000.00	
每个季度冠名费	0.00	100.00	300.00	500.00	
季度总数	4.00	4.00	4.00	4.00	
二、产品植入收入	0.00	48.00	144.00	240.00	
产品植入费	0.00	4.00	12.00	20.00	
月数	12.00	12.00	12.00	12.00	
三、软广植入收入	20.00	100.00	375.00	800.00	
软广植入费	1.00	2.00	5.00	8.00	
软广植入条数	20.00	50.00	75.00	100.00	
合计	20.00	548.00	1719.00	3040.00	5327.00

备注：

①项目收入由节目冠名费、产品植入收入和软广植入收入组成。

②节目冠名费中，从 2018—2020 年每个季度冠名费为 100 万元、300 万元和 500 万元，2017 年考虑用户黏性和市场，暂未收费。

③产品植入收入中，从 2018—2020 年每个月产品植入收入为 4 万元、12 万元和 20 万元，2017 年考虑用户黏性和市场，暂未收费。

④软广植入收入中，从 2017—2020 年每个月产品植入收入为 1 万元、2 万元、5 万元和 8 万元，软广植入条数根据同行业市场和公司计划保守预测。

6.2 成本分析

财务成本分为三个部分：App 设计与开发成本、App 运营成本、App 执行成本。

6.2.1 App 设计与开发成本

App 的搭建成本主要分为：App 界面设计成本，美工成本，App 开发成本。

“同学你好” App 界面设计由本团队自己负责完成，因此在 App 界面设计方面不需要投入成本。App 的首页、小菜单、操作页面等部分均由团队成员自行设计，但由于团队技术人员人手少及经验不足，部分美工制作需由外力协助完成。我们的团队中虽有 App 程序设计的主要技术人员，但是技术人员的能力精力有限，需要另请专业的技术人员来完成 App 的开发制作，这一部分计入 App 开发成本。参见表 6 - 3。

表 6 - 3 App 建设成本表

成本项目	具体	费用（万元）
美工设计	登录页面设计	0.2
	菜单界面设计	0.1
	操作页面设计	0.2
	首页设计	0.1
	版块设计	0.2
	广告开屏设计	0.2
	logo 设计	0.1
App 开发		3.0
总计		4.1

6.2 App 运营成本

App 的运营成本主要包括：App 故障维护、App 系统升级、App 后台统计和人员工资。

网站投入运营后，网站的基础运营由本团队成员完成，人员工资等成本便可节省。运营成本基本上只包括 App 的运营维护、维修和系统升级了，其中包括 App 的内容更新、故障维护、后台流量数据统计。内容的更新升级以及 App 的整体升级需要有专业的团队来维护，后台的数据流量过大，我们的团队人员不够，需要有专门的人员来负责。在人员成本方面，团队成员需要投入对 App 相关操作的进一步培训及团队运营费用。参见表 6－4。

表 6－4 App 运营成本表 单位：万元

	第一年	第二年	第三年	第四年	第五年
内容更新	0.7	0.7	0.7	0.7	0.7
故障维修	0.5	0.5	0.5	0.5	0.5
后台监控	0.4	0.4	0.4	0.4	0.4
日常维护	0.5	0.5	0.5	0.5	0.5
人员成本	2	2	2.4	3	3
合计	4.1	4.1	4.5	5.1	5.1

6.3 App 执行成本

除上述成本之外，“同学你好”App 的宣传推广成本也成了总成本的一个重要组成部分。App 投入运营后，将会从线上线下分别开展 App 的推广宣传。参见表 6－5、表 6－6、表 6－7。

表 6－5 线上推广成本表 单位：万元

推广方式	成本		
	第一年	第二年	第三年
搜索推广	2.4	2.6	3.0
论坛推广	0.7	0.6	1.0
贴吧推广	1.1	1.5	2.0
软文推广	1.3	1.1	1.5
电子邮件推广	0.7	0.9	1.1
微博推广	1.5	1.9	2.0
微信推广	1.5	1.8	2.0
合计	9.2	10. 4	12.6

表 6－6　线下推广成本表　　单位：万元

项目	成本		
	第一年	第二年	第三年
宣传单	0.5	0.5	0.4
赠送礼品	0.7	0.7	0.4
短视频大赛	2.0	1.0	1.0
奖品	1.5	1.5	1.0
宣传海报	0.6	0.6	0.5
合计	5.3	4.3	3.3

表 6－7　费用执行表　　单位：万元

项目	成本		
	第一年	第二年	第三年
电话费	0.7	1.1	1.5
办公费	0.8	0.7	0.9
咨询服务费	0.5	0.7	0.7
差旅费	0.5	1.0	1.3
合计	2.5	3.5	4.4

7　项目总结与展望

项目近期目标将再开发 5 个针对大学生不同场景的短视频，通过网络和自媒体营销，初步建立影响力，单个视频点击超过 50 万以上，总点击量突破 5000 万以上；进一步扩大和完善短视频开发的数量和品质，建立健全公司管理体制，为公司腾飞提供保障，组建招商团队，为项目提供软植入和冠名提供支撑，实现营利；视频数量达到 150 个以上，单个点击量超过 10 万，总点击量过千万；成立公司，开展天使轮融资计划，融资 100 万元，营业额达到 50 万元以上，点击量超过 3 亿，做到两年内回本；搭建完成 App 平台，并且完善功能。

案例七　有书童享

——屡败屡战的创业团队

心路历程

每个人可能都有过创业的念想，有些人付诸了行动，而有些人仅仅是想想而已。我是校园创业大军中的一员，这篇文章是结合我的创业之路所作，主要是我个人创业的经历、收获及对创业的一些感悟看法。

一、路在脚下

我的创业梦想大约是从大一上半年萌发的。其实，一开始只是想借着参加启明星大赛，在锻炼自己的同时顺便完成课程要求的创新学分。随着在比赛过程中各种经验积累的增加，我对创新创业产生了浓厚的兴趣，有了更清楚的认识，我的思想在不断完善，我的追求也慢慢地提高到了创业层面。那时候我就在想，我或许适合这条路，应该尝试一下。

（一）万事开头难

俗话说，万事开头难。第一次参加大赛，头脑空空，一片茫茫，真有点像老虎吃刺猬——无从下口。要想取得好的成绩，最关键的是要有一个相互配合默契且积极向上的团队。我想，我第一步做的事情就是寻找合适的队友，经过一番周折，我加入了班里一个不错的团队，同时，我们邀请班主任李立威老师作为我们团队的指导老师。接下来的问题，就是项目的选题和项目计划书的撰写。面对最初不知道写什么、也不知道怎么写的窘境，我到中国知网、百度文库等查阅资料，又主动向有经验的学长请教学习，李老师还手把手地从最基础教我们，督促我们做好进程管控，帮助我们进行质量把关，才得以顺利完成参赛准备任务。

（二）坚持就是胜利

这个过程并没有我想象中的那般顺利，我遇到了很多困难，同时也学到了很多本领。我的初稿基本上被老师全盘否定了，一种强烈的挫败感油然而生，自己突然失去了动力，一下子变得很消极，感觉自己反正也写不好，索性就算了。李老师好像看出来我的心思，单独找我谈心，耐心地进行了辅导讲解，让我重拾信心，继续重新撰写。经过反复地修改，我们的创业计划书最后成型了。这个过程让我得到了历练，我也为自己学会如何写项目计划书而高兴！

之后，我们不再局限于参加启明星这一场比赛，还报名参加了大学生“创新、创意及创业”挑战赛（三创赛）、“全国大学生服务外包创新创业”大赛（服务外包大赛）和“互联网＋”大赛，这些比赛的过程成了我最难忘的回忆。

1. 西安与三创赛

三创赛是我经历过的第一场创业比赛，比赛的重中之重就是答辩环节。校赛的答辩是团队第一次答辩，为了更好地呈现效果，我们一遍又一遍地排练，悉心聆听老师的指导，不断优化我们的答辩 PPT。在当时参加答辩的众多团队中，我们是唯一一支全部由大一新生组成的队伍，这无形中给我们增加了很大的压力，即使面对的都是我们学校的评委老师，但当时还是非常紧张，当我从答辩场下来的时候，感到自己的手脚冰凉。最终，皇天不负有心人，我们一路凯歌高奏，从校赛中脱颖而出，顺利进入市赛环节，最终站在了国赛的答辩场上。和校赛不同，市赛和国赛的评委和参赛团队不再局限于学校的老师和同学，这就意味着我们面临着更强劲的挑战。

三创赛的国赛举办地在西安。2017 年 7 月底的西安燥热无比，令人心情烦躁。与我们同行的还有一支由学长学姐们组成的团队，他们已经参加过很多次比赛了，经验丰富，临危不乱。看到他们的从容，我的内心渐渐平静了下来。相比之前经历的市赛，在国赛的赛场上，我们反倒表现得更加自然了。国赛的评委非常严格，一位企业评委对我们连续提问，场上队员当时便招架不住了，因为重感冒无缘上场答辩的我，心急如焚，显得比台上参赛选手还着急，李老师似乎也看出了我们的吃力，便出面解围，帮助我们回答企业评委的问题，最终，我们拿到了国家级二等奖，虽然我们都为与一等奖失之交臂而非常遗憾，但是经过这次答辩，我们看到了自身的不足之处以及努力的方向。

2. 无锡服务外包大赛

我们和服务外包大赛算是一场美丽的相遇。不同于三创赛，服务外包大赛在国赛之前都只是参评计划书而已。除了提交了几次信息和计划书，我们没有参加任何的线下比赛。得益于李老师抓紧训练，要求严格，我们的计划书质量很不错，顺利进入了国赛阶段。

我们吸取了三创赛国赛的经验与教训，很早就开始准备，并且改变了答辩的方式和策略，把评委们最在意的、最想知道的商业模式、营利模式和财务分析等部分作重点讲述，把大赛要求的不可或缺的部门进行大体阐述，并且提前准备好评委们可能关注的问题，以便应对各种突发情况。

2017 年 9 月，服务外包大赛国赛如期在无锡举办。参加服务外包大赛国赛的，有几千支来自全国各地的优秀团队，还有一些来自其他国家的优秀团队，我对此感到非常惊奇，很期待领略他们的风采。由于我们准备充分，这次国赛的答辩极其顺利，评委老师们非常喜欢我们的创意，也比较认同我们现有的商业模式，还特别真心地给我们提出了很多非常好的建议，使我们在项目进行过程中的一些困难得到了阶段性的解决。在这次答辩中，我在团队中起到了积极的作用。最后一天上午，终于等到了公布成绩的环节，当我们听到团队的名字在一等奖的序列中的时候，我们按捺不住自己激动的心情，一下子欢呼了起来，这是我们拿到的第一个最高奖项，我们会一直记住这一天。在回京的路上，我们回想这两次比赛的经历，觉得我们真的成长了很多，相信我们未来的路会更加精彩。

遗憾的是，因为一些不可抗拒的因素我们无缘于台湾的亚洲交流赛。但这反倒让我暗下一个决定——明年，我要更加努力，争取弥补上这段缺失的经历。

（三）重拾自我，再出发

刚刚结束服务外包大赛，稍做休息之后，我们就开始了新一轮比赛征程。不知道是由于之前的比赛给我带来的挫败感太大，还是因为队友们的陆续离开打击了我的积极性，对于新一轮的比赛，我有点儿动力不足，甚至曾一度想放弃。当我看到队员们的陆续离队使得指导老师非常伤心又无可奈何时，我一下子就从消极的情绪中挣脱出来了，决定调整好自己的状态，重新再出发！

这一次，我接替队长的职务，继续运营我们上一年的项目。同时，我又重新组建了自己的团队，迎接新的项目、新的比赛。因为负责两个项目，受比赛规则的限制，新团队的队长由其他队员承担，我担任副队长。在挑选新队员时，我吸取上次的教训，变得格外认真仔细，我希望亲手组建一支积极向上、实力与智力齐飞的团队。事遂我愿，现在队伍里的每一位成员，个个都是精英并且协作能力都很强，我相信我们的梦想会实现。

当我整理出我们所有要参加的比赛时，我有些担心，在一年内同时参加两个项目的多场比赛，我怕我们应付不来，但我们决定还是要试一试。一年下来，除了参加年度例行的各个创新创业大赛外，我们的新项目还参加了所有的年度比赛，去年继续运行的项目参加了“创青春挑战赛”和“互联网＋”大赛。比赛成绩并不理想。我也从中吸取教训，在任何事情上，都应该量力而行。

1. 创无畏，创青春

“创青春挑战赛”算得上是我参加的所有比赛中，等级最高、难度最大的比赛。在校赛后期，一般只给一天半的培训和修改时间，最后利用半天进行答辩，时间非常紧张。本来我们还在不紧不慢地进行着，没想到培训的时候，老师宣布第二天下午就要进行校赛答辩，最终的成绩将是本次比赛的校赛成绩，这给我们来了个措手不及。为了尽快将成品更好地展示给老师，我们连夜制作最终版的计划书和PPT，全体队员一起熟悉项目，共同为第二天的答辩做准备。

虽然我们觉得准备得挺充分的，但是听了老师的指导意见之后，我们一下子慌了，我们的成品离老师的要求还有不小的差距，由于时间紧、任务重，我们只能在原有的基础上，尽可能地按照老师的要求，尽最大努力进行修改完善。虽然过程很艰辛，但是结果还是比较令人满意的，我们拿到了校赛金奖，成功进入了市赛环节。

市赛的竞争更加激烈，很多985、211高校的优秀团队也参加其中，我们的项目并不逊色，怎奈高手太多，我们最终只拿了市级铜奖，无缘于国赛的竞争。

2. 屡战屡败，屡败屡战

“互联网＋”大赛是我们想摘取却永远都得不到的那颗星。与其他比赛不同，“互联网＋”大赛注重的是技术的创新能力与实际运用能力，参赛的团队大多数都是技术控，他们或多或少都有自己的产品，有的是机械手臂，有的是无人机……即使是考验创新力，单纯凭计划书的赛场，他们也都有成型的产品，甚至其中很多项目都已经投入市场一段时间了，他们有实际的用户数据来支撑他们的创新点。

反观我们的两个项目，都还停留在产品原型阶段，这样就使得我们连续两年都未能在“互联网+”大赛的赛场上出彩。我们并不气馁，虽然屡战屡败，但我们屡败屡战，我们就是推不倒的不倒翁、打不死的小强，如果还有机会，我们一定还会再次参加。

二、我与创业

我与创业是一段没头没尾的无名之缘。为什么这样说呢？因为我最初并没有想要创业之心，并且直到现在，我也没有真正想加入创业者的行列。但我想，只要是我的这一阶段，我就一定尽力。

我刚开始并没有想要创业，只是想参加个比赛罢了，在参加比赛的过程中，我逐渐萌生了想要创业的念头，稍稍付诸了一点行动。我积极参加学校的各种有关创业的讲座，看有关创业的书，结交了很多即将创业、已经开始创业或者已经创业成功的朋友，向他们学习创业的必备技能。

我学着学着、走着走着，发现之前想的都太过于简单、太过于天真了。经过太多现实的因素打击，我放慢了前进的步伐，开始停下来去思考：创业真的适合我吗？我真的想要创业吗？经过了很长时间的自我思想斗争，我得出了结论：我不适合创业，至少现在不适合。但是，这不等同于我永远放弃了“创业”，可能在我工作了几年之后，如果有机会，我还会选择创业。

（一）我与创业的那点事

创业与我，亦师亦友。在这个过程中，我和“他”之间，也发生了很多值得纪念、值得回忆的有意义的事情。

在学校的帮助下，我参加了很多创业的讲座、培训，也曾跟随学校多次外出学习。在我看来，收获最大的还是参加各种比赛，这些都成为我创业路上十分宝贵的财富。我跟随团队去过西安、无锡等地方参加比赛，不仅锻炼了我写文案的能力，还学到了完成一场好的路演，收获的不只是成绩与奖励，还增长了我的见识、开阔了我的视野，在遇到困难与挫折，要勇于面对，这是我在课堂上学不到的，这些也成为大学生活中美好的回忆。

我和团队一起入驻了学校的创业孵化基地，得到了学校的资金、人脉等各方面资源的资助。在入驻创业孵化基地一年的时间里，学校每隔一段时间都会请校外企业老师来到创业基地，听取我们创业成果汇报，企业老师提出建议和帮助，确保我们朝着正确的方向发展，使我们少走了很多弯路。

我还参加了学校组织的赴德国短期学习的项目，实地学习了解德国的教育体系、创业理念与创业发展，与当地学生进行了浅层次的交流，了解他们眼中的创业和他们的创业意向。

在为期 12 天的短期学习过程中，几位权威的大学教授为我们讲解德国的教育体系，让我知道了德国与中国制度的不同，德国更尊重孩子的意愿，孩子在还未成年的时候就要自主决定他们未来的路要怎么走。他们更注重技术应用的教育，认为掌握一项技术或者精通一方面的知识更为重要。

我们还参观了柏林应用科技大学、生命科技园，我感到德国的教育会使孩子更容易地进入社会，更好地融入社会，这让我的内心产生非常大的震动。目前，中国的教育也致力于让孩子得到多方面的发展，不过还是知识性的传授多些，对于激发孩子自主选择设计人生还不够。或许不久的将来，中国的教育状况会得到很大改善，这将从很大程度上解决大学生就业难的问题。

德国还有一个地方令我感到惊讶，就是他们的校园都是开放的，没有围墙，校园内有明显的区域划分，一个学校并不集中于一个地点，而是分散在城市的各个地方。他们的课间很长，我想应该是因为学生换地方上课需要时间吧。这并不适合于中国，如果将教学楼分散开，可能学生一天就只能上一节课了吧，其余的时间都在路上度过了。

这次的德国之旅时间紧、任务重，我学到了很多知识，就像打开了新世界的大门，让我在学习了德国创业的知识之外，也对外面的世界有了更大的期盼。读万卷书不如行万里路！真实接触到的、看到的，远远比书本上的知识更为鲜活，也更加容易被牢记。

（二）校园创业

学校鼓励学生创业，大力支持学生创业。对于想要创业的学生，学校几乎提供了一切创业起步阶段所需要的必备条件。

在寸土寸金的北京，学校为创业的同学提供场地。场地内设施健全，办公桌椅、会议室、投影仪、打印复印设备等全部一应俱全，这不仅为很多团队提供了的便利，而且节省下很大的一笔开销。对于创业初期的团队来说，这无异于“雪中送炭”，可以把钱花到“刀刃”上。

学校为创业的同学提供资源，包括资金资源和人脉资源。对于创业起步阶段的同学，学校会不定期下发一定的资金补助。虽然钱并不多，但是在危急关头，这点钱或许可以拯救一支团队，改变一个团队的未来。无异于是及时雨。学校还会提供人脉资源，学校会不定期邀请创业的专家、讲师或者是一些公司的 CEO 到学校进行授课，讲解创业的必备技能和条件。除此之外，创业的团队也可以通过打比赛的方式获得奖金和人脉。在创业的路上，团队的人脉越多，发展成功的可能性就越大。除此之外，学校的老师还会给创业的学生提供一些力所能及的帮助，这无形中确实也给创业者提供了很大的支持。

校园创业是把双刃剑，利用得好，可以创下一段佳话；利用不好，就可能会打击创业者的自信心，让你再也不想走上创业之路。在学校里进行创业，你自身能力要足够强大，因为不管学校有没有给你提供帮助，创业都是自己的事，学校的帮助只是推动你前进的加速器罢了。如果自身能力不足，学校给你提供再多的帮助也是白搭，反而会打击你的自信，还不如在社会上锻炼几年，积累好人脉与资金，再选择创业。所以，是否决定创业，取决于创业者的自身情况。

（三）鱼与熊掌可以兼得

孟子曰："鱼，我所欲也，熊掌亦我所欲也；二者不可得兼，舍鱼而取熊掌者也。"然而对我来说，鱼与熊掌是可以兼得的。

虽然我的首次创业以失败而告终，正是这次失败的经历，教会了我很多新的知识，我也结识了很多志同道合的人，我觉得这些才是最宝贵的。

（四）积小流，成江海

荀子曰："不积跬步，无以至千里；不积小流，无以成江海。"知识的积累就像是水的积累，都是从一点一滴开始的。经过不停地积累，我的知识储备就会越来越多、越来越扎实，就如同水滴一样，一滴水很小，但是如果经过长时间的积累，最终也将成为知识的汪洋大海。

创业路上，我如饥似渴地吸收着来自各方面的知识，主要来自老师教授、培训会、讲座、比赛、创业伙伴等几个方面。我的老师很多，既有团队指导老师、专业老师，还有学院以及学校的负责老师等等，老师教授的知识范围也很广，从基础的写策划、写新闻稿的能力，到软件制作，再到创业中的一些技能，甚至是为人处世的方法，这些都是我非常宝贵的财富。尤其是李立威老师，她不仅是我们团队的指导老师，也是我的专业课老师，更是我的导师，她对我的帮助是非常之大。这两年的比赛，都是李立威老师指导我们的。我的写策划、写新闻稿、写论文的能力都利益于李老师的无私教授和严格把关。此外，因为我刚刚进入大学，还没有踏入社会，一些为人处世的能力是非常欠缺的，李老师很敏锐地发现了这一点，用心教我该如何去做，可以说，我的成长离不开李老师的悉心教导。

我参加了很多校内、校外的培训会，印象最深刻的是在成都东软学院参加的为期 4 天的培训。这个培训是“未来 CEO”大学生创业训练营的培训环节的最后一部分，我们进行了创新力的训练，也模拟了实际的公司运营，从中我学习到了很多，体会到了创业的不容易，让我对创业有了更深刻的思考。

我参加了很多大大小小的讲座，其中“未来 CEO”大学生创业训练营的讲座是最成体系、最完整的，它贯穿一整个学期，从商业模式到创新力的开发都有所涉及。“未来 CEO”大学生创业训练营是由陈芊锦老师主要负责的，老师非常负责任，严格督促我们的考勤情况。通过参加这个系列讲座，我对创业有了系统的理解和认识。

对我来说，比赛是认识自我的方式。通过比赛，我明确地知道自己的不足与优势。尤其是评委老师的意见，更是一针见血，非常有建设性和启发性。

创业伙伴是我在这条创业路上必不可少的助力。通过各种培训和比赛，我结识了很多志同道合的伙伴，我们会一起讨论各自的情况和现在创业的一些趋势，他们会给我提出一些好的建议，也会教给我一些技能，大家互通有无，随时交流切磋。

（五）浓浓鱼水情

鱼和水是两个独立的个体，也是一个整体，鱼离开了水，将无法存活下去，而水离开了鱼，将失去活力，所以鱼和水是两个密不可分的整体。对我来说，我和我在创业这条路上结识的各种朋友，都像是鱼水之情。

其中最具代表性的，就是李立威老师。对我来说，她更像是我在学校里的亲人。刚到大学的我很慌张，偌大一个学校，我没有一个认识的人，这对原本内向的我来说，是最大的困难与阻碍，有了心事只能跟自己说，受了委屈只能默默承受，遇到困难了也没有人可以求助，处在这个困境中的我曾经有过不想再去上学的念头。李老师非常关心我的生活、学习和心理上的状态，帮我解决烦恼，替我出谋划策。慢慢地，李老师就成了我在校园里的精神支柱，也是我能够坚持创业之路的动力。

四、结语

创业很难，需要来自多方面的各种帮助；创业是我们自己的事，成败与否都在于我们自己；创业不是一蹴而就的，需要长时间的积累各方面的经验和资源；创业还需要一颗强大的心，只有内心足够强大，就能够承受住创业路上的各种打击与考验。虽然我这次创业失败了，但是我的创业之路还在继续。我相信，总有一天，我会重新开始创业，实现我未完成的梦想。

项目计划书

1 项目概要

儿童阅读得到越来越多的家庭重视，但是儿童阅读市场目前存在如下问题：①童书价格比较贵，一般的绘本和童书至少在20元以上，家庭给孩子购书的成本越来越高，一般的工薪家庭难以大量购买。②虽然童书价格贵，但是童书属于高频、刚需产品，需求量和消费量都非常巨大，即使家里有大量藏书，仍然无法满足孩子的阅读需求。③童书消费时效性强、使用周期短，导致家庭童书闲置数量巨大，占据大量居住空间，扔掉浪费、卖掉可惜、送给别人不舍得，如果能分享和流动起来，不仅能够帮助家长们降低费用，同时也能够实现书籍真正的价值，丰富孩子阅读数量并节约社会资源。④童书种类越来越丰富，家长不知道如何给孩子选书。⑤家庭和社区是儿童阅读的主要场所，但是目前社区里公共图书馆的数量非常少，社区缺少儿童阅读的公共场所和环境。

为了解决以上社会问题，“有书童享”这一项目应运而生。“有书童享”通过共享经济模式，基于 LBS 和社区，高效配置童书和社区闲置资源，使童书拥有者和童书需求者的供需关系得到精准匹配从而实现共享。项目前期进行了大量的市场调研，通过调研问卷调查了 323 个家庭，通过访谈的方法对 0 ~ 3 岁、4 ~ 6 岁、7 ~ 12 岁不同年龄段的父母进行了深入访谈，共访谈了 42 个家庭。调查结果显示，几乎每个家庭都有大量闲置的童书，90% 以上的家庭愿意与附近的人分享闲置的童书，这说明本项目具有较强的市场可行性。

用户可以将家庭拥有童书分享给附近的人，供附近的人借阅，也可以借阅附近人的书，与社区邻居共享阅读资源，让闲置的童书流动起来，让每一个家庭变成一个儿童图书馆，营造社区阅读氛围。

用户可以根据地理位置，搜索并浏览社区附近家庭的书架，向周围的邻居借书来看，减少童书重复购买和买书花费，还能促进社区邻里和孩子间的交流，结交周边书友。

用户可以通过扫描书后的条形码，轻松地将家中童书上传至平台，建立孩子的虚拟专属书架，方便管理儿童藏书，记录儿童每日阅读情况，培养儿童的阅读习惯。

用户可以查看每本书的真实阅读评价，以及同龄孩子正在看的书，根据孩子的年龄和喜好，找到最适合自己孩子阅读的书单。

通过与社区和公益机构的合作，童书拥有家庭还可通过平台将闲置童书捐赠出去，建立社区或乡村的公益公共童书馆，提供儿童阅读公共场所。

项目的公益性：①鼓励亲子阅读，促进儿童阅读习惯的养成；②解决闲置童书资源浪费问题，促进童书流动，节约社会资源；③以书会友，促进社区邻里父母之间、孩子之间的交流互动；④通过共享模式，让每一个童书拥有家庭变成一个开放的儿童图书馆，改善社区阅读氛围和环境。

项目的创业性：搭建一个基于位置和社区的童书共享平台，通过出售阅读卡、承接广告以及提供个性化阅读书单及购买等增值服务获得收入，实现自我造血功能，保证项目的可持续性发展。

项目已经获得了学校创业孵化机构的支持，2018 年 4 月正式入驻学校的创业孵化空间，得到了学校提供的办公场地、资金、投资机构等各方面的资源支持。

项目的实践性："有书童享"已经设计开发了 App 原型及测试版，App 的功能主要有上传和书房管理、借阅附近的书、读后点评、阅读记录和打卡、附近书友等。

2016 年底，项目开通了微信公众号，截至 2018 年 4 月 25 日已有原创文章 121 篇，阅读人数达到 24682 人，阅读总量已有 57241 次，有力地宣传儿童阅读的重要性，改变成千上万个家庭对儿童阅读的认知。通过微信平台，多次组织童书漂流活动，吸引了来自北京、山东、浙江、安徽、广东、江苏等全国十余个省份多个家庭的关注，促进了童书的流动。

在喜马拉雅 FM 个人电台开通了小果果妈妈讲故事电台，得到官方的主播认证，通过社区阅读达人给没有时间读书的家庭提供免费的经典童书阅读音频，截至 2018 年 4 月 20 日，已有超过 100 部原创阅读音频，内容涵盖经典绘本、诗歌、中国传统故事等，累计播放量已超过 4 万次。

在线下，我们与北京市朝阳区剑桥幼儿园、朝阳区金贝蕾幼儿园、朝阳区建外街道、朝阳区麦子店社区等开展合作，在社区和幼儿园举办了多场阅读和亲子活动，组织了多次童书捐赠活动，通过附近家庭捐赠闲置童书，建立社区公益公共童书馆。在 2018 年 4 月 23 日世界读书日这天，通过与青年志愿者协会等非营利机构和公益组织合作，关注进城务工人员孩子的读书问题，组织开展向西店支教中心的“和谐星火小学”孩子进行童书捐赠活动，推动并建立童书馆，目前已经募集到童书 500 多本，均已捐给有需要的孩子了。

1.1 项目名称

“有书童享”——分享经济模式下基于位置和社交的童书分享平台

1.2 项目背景

共享经济的时代已经来临，“有书童享”这一项目顺应用户需求应运而生。

共享经济的市场规模给力。中国拥有全球最庞大的用户群，分享经济在中国非常有群众基础。截至 2016 年 12 月，我国手机网民规模达 6.95 亿，是单一经济体移动网民拥有数量最大的。更为重要的是，据尼尔森 2013 年在全球开展的对参与分享的意愿调查，94% 的中国受访者都喜好与他人分享，比例高居榜首，可见分享经济在中国的人气之旺。

共享经济的风险投资给力，分享经济初创企业非常受欢迎。截至 2015 年底，估值超过 10 亿美元的独角兽企业已经超过 16 家，覆盖 8 大行业。当然，我们也注意到，全球性的投资高潮，正在伴随着投资行业的发展周期开始收缩。尽管创业融资在部分领域变得有点困难，但总体来看，国内外风险投资机构手里的资金，还可以支持分享经济创业发展 2 ~ 3 年。

共享经济的公共环境给力。中共十八届五中全会报告、2016 年的两会政府报告都提到分享经济，反映出中央对分享经济的重视和坚定的立场和态度。

从产业发展角度来看，由于市场巨大、资本追捧、政策给力，分享经济在中国已经步入了黄金期。有的细分领域开始萌芽，有的细分领域高速成长，有的细分领域面临爆发期……这些现象意味着分享经济有巨大的发展空间。

上述关于共享经济的阐述，充分说明了以共享经济为基础使闲置童书与电商相结合的商业前景是十分光明的，“有书童享”可以解决当代社会闲置童书资源利用效率低下的问题，使童书的流转更加合理。

中国新闻出版研究院数据显示，2014 年我国成年人人均阅读纸质图书 4.56 本，与 2013 年的 4.77 本相比，略有减少，远低于其他国家，例如韩国 11 本、法国 20 本、日本 40 本、以色列 64 本。最近的一次关于中国阅读现状的权威报告显示，我国人均每天读书时长 18.76 分钟，成年国民阅读率 58%，数字化阅读方式的接触率为 58.1%，日均手机阅读时长超过半小时。按照这种趋势，短期内应该不会出现太大波动。

在这个经济高速发展的时代，一切围绕利益转。但是，阅读是一个国家的根本，只有全民重视阅读，我们的国家才能更加富强，国民素质才能向更高的层面迈进。“有书童享”就是为全民阅读打基础，重新唤起家长们对于儿童阅读的重视，从儿童开始培养良好的阅读习惯。

随着二胎政策的放开，家长们对于孩子的早期教育问题越来越重视，购买的童书越来越多，但是当童书使用过后，家长对于如何处理闲置的童书，也是十分迷茫的。“有书童享”这个平台的宗旨就是在分享经济的大框架下，更好地处理闲置的童书资源，使资源的利用效率达到最大。

由于童书的投资花销很大，家长对于童书的购买，有可能达不到孩子对童书阅读量的需求，“有书童享”这一平台不仅可以减少家长们对于童书的开销，而且可以拓宽孩子们的阅读视野。

1.3 项目创新点

1.3.1 基于邻近位置进行童书的置换和分享，更具有可行性。我们会登记出借人所在的小区、楼号等关于位置的基本信息，基于位置和居住社区，方便本小区或附近小区的家长借书、还书、换书、买书，可以省去因距离所产生的问题，加快资源利用效率，防止闲置童书资源的浪费。

1.3.2　以童书分享为载体，促进本小区或本小区与附近小区家长们在亲子教育、儿童阅读等方面的互动交流。借书的时候是一份情，还书的时候又是另一份情，在这个过程中实现人情的循环往复，深化邻里社区间交流沟通，更好地践行社会主义核心价值观。

1.3.3　通过鼓励社区内的住户开放自己家的童书架，与社区内的人分享家中的闲置童书。家长也可以通过浏览他人的童书架，可以更好地为自家的孩子挑选童书，使家长们不再盲目地选择童书。

2　企业概况

2.1　团队介绍

“有书童享”是基于“互联网+”创立的童书分享平台，运营于社区中，推动大家将家中浏览过的旧童书寄存在平台，社区会员通过分享卡来完成借阅。“有书童享”平台作为一个公益平台，仅仅需要一点费用或者分享童书的方式，就可帮助宝爸宝妈在自己附近的社区享受到丰富的童书借阅体验，让自己的宝贝受到童书的熏陶，进行更好的早教教育。

团队成员来自各个专业，包括电子商务专业、金融会计专业和工商管理专业，团队成员各有所长，具有互补性。

2.2　团队优势

我们团队有着类型丰富且充足的资源，下面是我们团队的一些资源介绍。

2.2.1　用户资源

通过微信公众号平台、微博、线下线上的宣传和喜马拉雅 FM 等方式，我们积累了一定数量的用户资源。我们的微信公众号“有书童享”的原创文章正在积极定期更新中。同时，我们借助喜马拉雅 FM 创建了个人电台“小果果妈妈讲故事”，累计用户量已经超过了 15000 人。

2.2.2 社区资源

通过一些线下的项目宣传和实施，我们积累了一定的社区资源。我们学院已经和朝阳区麦子店社区、朝阳区建外街道办达成了合作，“有书童享”是其中最重要的实践项目之一。我们会以麦子店社区和建外街道为试点，进行项目实施。同时，我们与北京朝阳区剑桥双语幼儿园达成初步合作意向。在我们的倡导下，幼儿园提供场地、周围社区居民提供闲置童书，建立公益绘本馆。现在，剑桥幼儿园已经建立了“苹果与蝴蝶公益绘本馆”，绘本馆的童书主要来源于社区家长的捐赠。未来，我们会在更多的幼儿园和社区推广这一模式。

2.2.3 学校资源

通过路演答辩，“有书童享”项目深得学校和学院的重视，赢得了入驻学校创业孵化器的机会，拥有了工位和孵化器的资源，而且已经拿到了学校的资金支持。

2.2.4 公益机构和非营利组织资源

通过一系列的公益活动宣传了自身，“有书童享”也获得了公益组织的支持。目前，我们已与青年志愿者协会和活力社区西店支教中心达成合作意向，由“有书童享”为支教中心募集图书，建立图书角和图书馆，为社区的孩子们提供书籍，项目已经募集到上千本书籍。

3 市场分析

3.1 市场可行性分析

3.1.1 童书阅读和消费情况

过去10年是我国童书市场高速发展的10年。上海新闻出版局发布的《2015少儿出版阅读现状与未来趋势》显示：近10年间，少儿图书市场的年均增幅达到了10%，儿童读物占比不断扩大，占比超过40%。另据统计，现在中国每年出版童书6亿册，销售总额数十亿元。如图7－1、7－2所示。

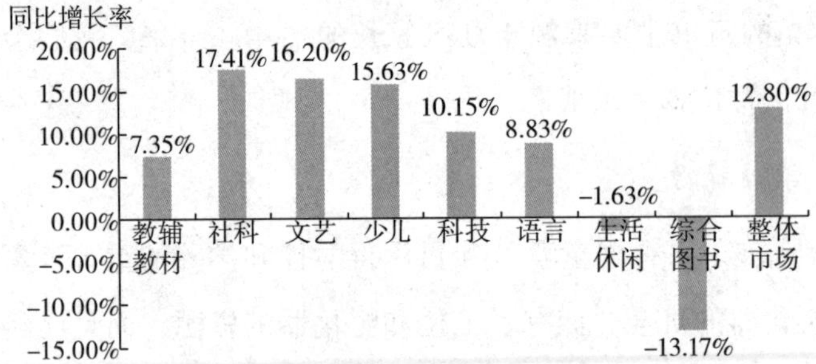

图7－1　2015少儿出版阅读现状与未来趋势

京东图书发布的2016年图书音像市场年度报告数据显示：2016年购买图书音像的用户以26～35岁用户为主，占比超过50%；最喜爱读书的三大地区分别是广东、北京、江苏；2016年购买图书音像商品人均花费金额TOP5的地区分别是北京、上海、西藏、浙江、江苏。童书成为2016年销售最好的图书品类。

图书自营电商同比增速持续6年创下新高。2016年最受读者欢迎的图书品类是童书，其次是文教书、文学书、生活艺术类图书、社科书、经管励志类图书、科技类图书、原版书。从用户数量上看，2015年童书的用户数量排名第四，落后于文教书、文学书、生活艺术类图书用户数量。但

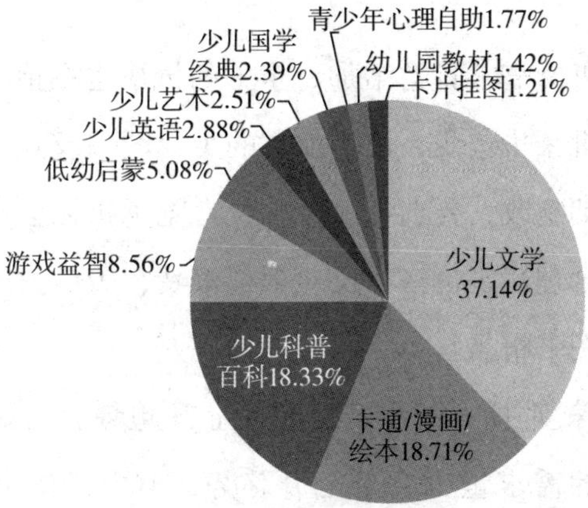

图7－2 2016年图书音像市场年度报告

2016年童书用户同比增长最多，高达70%，仅落后于文教书用户。

当当数据显示：2015年当当童书销售27.6亿元，1.5亿册童书通过当当送到孩子手上，超9家出版社销售额过亿，销售码洋过千万的供应商已达45家。目前，当当成了全国最大的童书推荐与销售平台。一直以来，北上广深一线城市人群是当当最核心的购买群体。根据当当2015年统计：北京人均购买童书超过26册，人均消费超过了216元。

据京东图书发布的“2016年图书音像市场年度报告”显示：2016年童书用户同比增长最多，按销售量计算，2016年最受读者欢迎的图书品类也是童书。当当发布的图书数据也显示：2016年当当图书销售近140亿，童书销售37亿，占比26.5%，同比稳步增长35%。此外，报告大厅《2016—2021年中国书籍行业市场需求与投资咨询报告》数据也显示：2016年童书出版比上一年增长了28.6%，童书板块首次超过了社科，成为中国图书的第一大板块。

儿童图书出版连续几年以两位数的比例增长。在全国586家出版社中，有500多家涉及少儿出版，年出版童书近5万种。一些非专业少儿出版社和优质民营出版公司丰富了童书出版的品类，让童书市场更加专业化、多元化。

但随着家庭对童书的需求日益增加，童书的价格也在抬高。近期，新闻出版广电总局对一批豪华包装、价格虚高的少儿图书及其出版单位提出了通报批评，责令限期整改，要求各出版单位自觉承担社会责任和文化责任，规范市场行为，合理制定价格，反对奢侈浪费，为广大读者提供更多喜闻乐见的平价少儿图书精品。

综上所述，近年来童书一直处于发展的上升趋势。北京作为政治中心、一线城市，童书的需求量也会呈上升趋势，但由于图书价格居高不下，这会给家长带来不小的经济压力。因此，基于地理位置进行图书分享的“有书童享”，通过开放自己家的书架，既能够方便用户与周围人分享书籍，还能够充分利用家中闲置资源，可行性高、成本较低，具有很庞大的潜在客户源，发展前景良好。

3.1.2　分享经济快速发展

李克强总理在2016年的《政府工作报告》中强调，要大力推动包括共享经济等在内的“新经济”领域的快速发展。据国家信息中心分享经济研究中心、中国互联网协会分享经济工作委员会近日联合发布的《中国分享经济发展报告2017》显示，2016年我国分享经济市场交易额达到3.45万亿元，同比增长103%；分享经济参与者总人数达到6亿人，比上年增加1亿人左右；提供服务者人数约为6000万人，比上年增加1000万人。此外，平台就业人数约585万人，比上年增加了85万人。张连起委员强调：“随着互联网的普及，共享经济已被越来越多的用户接受，并成为日常生活的重要组成部分。如何通过创新，不断迭代优化，让成本更低、效率更高、体验更好、产品更优质，实现人人参与和闲置资源优化利用，将成为未来互联网经济发展面临的问题。”

近年来，政府促进供给端改革的一系列政策催生了很多共享经济模式的企业。在“互联网+”和“大众创业、万众创新”的口号下，各式各样的创业公司如雨后春笋般成长起来，闲鱼等共享平台就是其中的佼佼者。可以预见，在中央政策的支持下，共享经济将迎来一个新的发展机遇期。

随着分享经济的快速发展，具有共享经济模式的企业也完全融入普通人生活中，人们的生活习惯、观念都发生了巨变，他们开始接受分享经济，越来越多的人开始注重物品的使用权，而不是像以前那样仅重视物品的所有权，分享经济逐渐成为人们生活当中不可或缺的一部分。由此可以推断：基于地理位置进行图书的分享，利用开放书架方便用户与周围人分享书籍，可以充分利用家中闲置资源。二次利用闲置童书不仅响应了国家政策的号召，还在一定程度上促进了分享经济的发展。在政府的支持下，分享经济的市场将有很大的潜力，很适合“有书童享”项目的推广。

3.2 技术可行性分析

当前，中国经济发展进入“新常态”，互联网经济也已经从由人口红利驱动的高速增长时代进入消费升级、体验升级时代。如何在新常态下把握新机遇、寻找移动互联下的下一个掘金点，成为互联网企业日益关注的问题。

1月22日下午，中国互联网络信息中心（CNNIC）在京发布第39次《中国互联网络发展状况统计报告》（以下简称《报告》）。截至2016年12月，中国网民规模达7.31亿，互联网普及率达到53.2%。其中，手机上网人数6.95亿人，增加7550万人，互联网普及率达到53.2%，其中农村地区互联网普及率达到33.1%。

可见，移动互联网已进入普惠阶段，互联网向三到六线城市农村下沉的趋势，也给服务于中低收入大众人群的“互联网+”企业注入了长远的发展动力。

移动互联网深入大众群体、用户规模大大增加，对人群的覆盖和影响都达到了一个前所未有的高度。同时，用户在移动互联网的使用时长日趋增长，生活习惯、观念都发生了巨变，导致用户的需求也产生裂变、增长明显。

中国，已经成为世界最大的互联网市场，同时，中国的移动互联网产品又在世界市场上获得了高度的认可。互联网女皇在2015年对中国的评价：技术领袖。2016全球App发展报告：中国成为世界App发行大国。

随着移动互联网快速发展、App的广泛使用，具有“互联网+”企业模式的企业也完全融入普通人生活中，使人们的生活习惯、观念都发生了巨变，人们的生活离不开互联网，互联网经济已经逐渐成为人们生活当中不可或缺的一部分。由此可见，互联网的市场将有很大的潜力，“有书童享”就是通过互联网，基于地理位置进行图书的分享，把家中的闲置资源利用起来，方便用户与周围人分享书籍。这种模式类似一个开放书架的理念，可行性高、成本较低，将有很大的发展空间。

3.3 政策可行性分析

3.3.1 二孩、三孩政策开放

党的十八届五中全会通过实行普遍二孩政策：坚持计划生育的基本国策，完善人口发展战略，全面实施一对夫妇可生育两个孩子政策，积极开展应对人口老龄化行动。

实施全面二孩政策，孩子的数量急剧增加，童书的需求量也急剧增加，这为童书分享的发展提供了充足的客源量，有利于促进分享经济持续健康发展，实现全面建成小康社会的目标；有利于更好地落实计划生育基本国策，促进家庭幸福与社会和谐。

我国有3.7亿名儿童，特别是随着二孩、三孩政策的放开，孩子的数量大幅增加，大多数人家里的童书利用效率不高，大部分看过的童书都被搁置在书架上。“有书童享”是基于地理位置进行图书的分享，能够充分

利用家中闲置资源。

3.3.2 国家鼓励共享经济发展

2015 年 10 月 29 日，中国共产党第十八届中央委员会第五次全体会议《中共中央关于制定国民经济和社会发展第十三个五年规划的建议》提出，拓展网络经济空间，实施“互联网+”行动计划，发展共享经济，支持基于互联网的各类创新。党的十八届五中全会公报明确指出“发展共享经济”，这是第一次将共享经济写入党的全会决议中，标志着共享经济正式列入党和国家的战略规划。

伴随着国家鼓励分享经济发展和移动互联网的使用时长日趋增长，人们的生活习惯、观念都发生了巨变，越来越多的人开始注重物品的使用权，而不是像以前那样仅重视物品的所有权。对于被搁置在书架上的童书，很多家长都愿意拿出来与周围人分享。“有书童享”是基于地理位置进行图书的分享，开放自己家的书架，既能够方便用户与周围人分享书籍，还能够充分利用家中闲置资源。二次利用闲置童书不仅响应了国家政策的号召，还一定程度上促进了分享经济的发展。

3.3.3 国家政策支持全民阅读

为了鼓励全民阅读，2017 年 4 月 1 日国务院法制办出台了《全民阅读促进条例》，公开征求大众意见。2016 年 12 月国家新闻出版广电总局正式发布了《全民阅读“十三五”时期发展规划》，为鼓励全民阅读又提供了政策支持。

《全民阅读促进条例》就青少年阅读提出了如下条款：

第十一条 幼儿园应当积极开展与学龄前儿童身心发展状况相适应、有利于培养阅读兴趣和阅读习惯的活动。

中小学校应当利用语文等课程组织学生阅读学习，开展校园阅读活动，提高学生阅读能力，并加强对教师的阅读指导培训，提高教师的阅读指导能力。

高等院校和科研院所应当鼓励和指导学生开展多种形式的阅读活动，提高学生综合素质。

第十二条 未成年人的父母或者其他监护人应当开展家庭阅读、亲子阅读，发挥言传身教的作用，培育良好家风，促进未成年人阅读习惯养成。

《全民阅读十三五时期发展规划》就青少年阅读写入如下内容：

坚持少儿优先，保障重点。少儿阅读是全民阅读的基础。必须将保障和促进少年儿童阅读作为全民阅读工作的重点，从小培育阅读兴趣、阅读习惯、阅读能力。要着力保障农村留守儿童、城市流动儿童和贫困家庭儿童的基本阅读需求。充分利用农家书屋、社区书屋、职工书屋等各类阅读设施，开展各种形式的基层读书活动。

大力倡导家庭阅读、亲子阅读，发挥父母和未成年人监护人言传身教的重要作用，推动全社会共同创造、维护少年儿童良好阅读环境。鼓励幼儿园开展与学龄前儿童的年龄和心理状况相适应的阅读活动，着力培养阅读兴趣、阅读习惯。

加强中小学书香校园文化建设，完善中小学图书馆等校园阅读设施，开展多种形式的校园阅读活动。充分利用少年儿童图书馆、农家书屋、职工书屋、社区书屋、基层综合性文化服务中心以及青少年活动中心、少年宫等青少年活动场所，支持和帮助中小学生参加校外阅读活动，开展少儿阅读推广活动。

政府出台的各项政策，无论是全民阅读进家庭、全民阅读进学校，还是全民阅读进社区，对“有书童享”都有政策扶持，“有书童享”也积极响应了国家政策的号召。

3.4 竞争优势分析

3.4.1 社会需求量大

随着二孩、三孩政策的开放，孩子的数量大幅增加，对童书的需求随之增加。随着时代的进步，越来越多的“80后”父母期望通过书籍在孩子幼儿时期即对其进行智商及情商的全面培养，对童书的需求标准也随之增加。但随着童书的需求日益增加，童书的价格也在抬高，家长们的经济压力也在增大。“有书童享”App是一个专门针对童书借阅的网站，可以很好地解决这个问题。

3.4.2 具有针对性

相比其他网站，“有书童享”App是一个专门针对童书借阅的网站，我们更加的专一，更加的具有针对性。

3.4.3 基于位置的App网站

“有书童享”是基于地理位置进行图书的分享，用户可以根据自己家的地理位置与远近程度，选择借阅其他用户的书，或是向别人开放自己家的书架，既能够方便用户与周围人分享书籍，还能够充分利用家中闲置资源。

3.4.4 政策支持

二次利用闲置童书不仅响应了国家政策的号召，还一定程度上促进了分享经济的发展。

4 商业模式

4.1 商业画布

商业画布不仅能够提供更多灵活多变的计划，而且更容易满足用户的需求。更重要的是，它可以将商业模式中的元素标准化，强调元素间的相互作用。商业画布图按照一定的顺序被分成九个方格，方格的内容如下：

客户细分：你的目标用户群，一个或多个集合。价值主张：客户需要的产品或服务，商业上的痛点。渠道通路：你和客户如何产生联系，不管是你找到他们还是他们找到你，比如实体店、网店、中介。客户关系：客户接触到你的产品后，你们之间应建立怎样的关系，一锤子买卖抑或长期合作。收入来源：你将怎样从你提供的价值中取得收益。核心资源：为了提供并销售这些价值，你必须拥有的资源，如资金、技术、人才。关键业务：商业运作中必须从事的具体业务。重要伙伴：哪些人或机构可以给予战略支持。成本结构：你需要在哪些项目付出成本。

“有书童享”项目的商业模式见表 7－1。该项目商业画布中各内容如下：

价值主张：“有书童享”致力于解决闲置童书资源的浪费问题，不仅使童书资源的利用率极大地提高，还会间接促进家长们对于亲子阅读的重视，重视儿童的早期教育问题，从小培养儿童的阅读习惯。依靠以书会友这一模式，更好地促进社区邻里之间的情感交流。

客户细分：主要面向城市家庭，家中孩子在 12 岁以下，家长重视早期教育和儿童阅读。

渠道通路：“有书童享”作为网络服务提供商，提供服务与接触客户都基于互联网，通过一系列手段（如在线沟通）为借书方与出借方提供问题的解决通道。主要通过线上平台、线下社区、微信公众号获取用户资源。

客户关系：对于购书者与借书者等个人用户，“有书童享”主要提供在线用户服务以及在线社区，让用户交流育儿知识和经验，帮助解决关于儿童阅读的问题。大量的个人用户为“有书童享”创造了巨大的市场价值；对于电商企业用户，“有书童享”与之保持良好的合作关系，共同创造价值。

收入来源：“有书童享”的主要收入来源是销售阅读币、广告收入、童书团购、交易提成和其他金融增值性服务。

核心资源：线上数据资源主要是通过大数据分析出用户的阅读喜好、

收入水平、服务体验，以便我们更好地进行平台服务的优化与升级。线下用户资源通过积累种子用户，带动更多用户的加入。

表7－1 项目商业模式

<table>
<tr><th>重要伙伴</th><th>关键业务</th><th>价值主张</th><th>用户关系</th><th>目标客户</th></tr>
<tr><td rowspan="3">1. 童书出版商
2. 幼儿园
3. 京东、亚马逊
4. 亲子阅读达人</td><td>借阅附近邻居的童书
与附近的邻居共享自家的童书
购买附近闲置的童书
儿童阅读成长记录</td><td rowspan="3">解决闲置童书资源的浪费问题，使童书资源的利用率极大地提高
促进家长重视亲子阅读
培养儿童的阅读习惯
以书会友促进社区父母育儿经验交流</td><td>基于位置提供童书分享服务，以此带动育儿经验交流
通过儿童阅读成长记录的线上社区，增强用户黏性</td><td rowspan="3">一线城市
孩子12岁以下的城市家庭
重视早教与儿童阅读</td></tr>
<tr><td>核心资源</td><td>渠道通路</td></tr>
<tr><td>线下用户资源
线上数据资源</td><td>线下社区
线上平台
微信公众号</td></tr>
<tr><td colspan="3">成本结构</td><td colspan="2">收入来源</td></tr>
<tr><td colspan="3">1. 平台建设、维护费用
2. 线上、线下的推广费用</td><td colspan="2">1. 销售阅读币
2. 广告收入
3. 童书团购
4. 交易提成
5. 其他金融增值性服务</td></tr>
</table>

关键业务：借阅附近邻居的童书，与附近邻居共享自家的童书，购买附近闲置童书，儿童阅读成长记录更好地方便家长了解孩子阅读喜好的变化，以便给孩子提供更加适合的童书。

重要伙伴："有书童享"旨在与童书出版商、幼儿园、京东、亚马逊等电商商务服务提供商建立深入的战略合作关系，成为企业在电子商务领域最为信任的合作伙伴。

成本结构：成本主要来自平台维护费用、销售推广费用以及场地租借费用。平台的维护费用主要指软硬件设备的购置和升级、员工薪资等；销售推广费用包括有书童享的广告投入（电视门户搜索引擎）和销售返点；

场地租借费用主要是指办公室的租金、社区宣传的场地租借费。

4.2 目标客户

“有书童享”的目标用户分为供方和需方两个方面。

从供方角度看，孩子已经养成了阅读习惯的家庭，每年都需要买很多图书，孩子读过一遍的书大部分不会再读，导致家里有许多的图书绘本无处存放，但是扔掉又太可惜，这些家庭就会想要处理这些图书。“有书童享”给他们提供了一个可以“存放”这些童书的平台，这些人会成为我们的供方用户，虽然单个家庭拥有的图书数量并不多，但是每个人都可以成为我们的用户，这些数量众多的供方用户保证了我们图书的来源和交换的基础。

从需方角度看，图书绘本制作精美，价格昂贵，对于爱读书的家庭来说，一年购买上百本图书的开支也不是一个小数目，对于这些刚性需要图书的家庭来说，“有书童享”给他们提供了一个新的平台，他们可以在平台上借阅别人家的图书以更大化地满足孩子的阅读需求，这些家庭会成为我们的需方用户；还有一些家庭经济条件不够好，认为买图书不够实惠，在“有书童享”平台上，他们可以不用花钱就让孩子阅读好书，这些家庭也会成为我们的需方用户。

数量众多的供方和需方为我们平台提供了用户资源和市场基础，保证了我们平台上线后的活跃量，奠定了平台发展的基础。

最后，“有书童享”项目对于整个社会的帮助也不可小觑。“有书童享”的公益性使得更多书籍流向那些因条件不好而看不起书或者看书甚少的孩子的家庭，提高整个社会的人均阅读量，提高孩子的知识水平，推动中国教育发展和社会建设。

4.3 营利模式

借阅收入。当有了借书途径时，一些并不打算收藏书的人们便会通过借阅的方式去看自己想看的书。我们预计每个人每年花费100元钱去借书，那么阅读币的收益 = 100 × 目标客户的人数。由于我们的App刚刚进入市场，所以只有少数的用户会选择成为我们的会员，我们预计每年总人数的20%会购买借阅卡，那么借阅卡的收益 = 目标客户的人数 × 20% ×50。

交易提成。主要来自用户与用户交易额的10%和用户和各大网站交易的4%，由于初期用户和各大网站对我们不了解，交易额会相对较少，随着时间的增加，会有越来越多的人相信我们，交易额便会稳步提高。

广告费。这是我们收益的次要来源。我们与各大网站的商家达成合作关系，预计为几十个商家建立跳转链接，为10个左右的商家提供开启页面的广告和悬浮框广告，一本书对应一个链接，甚至是一本书对应多个链接，一个悬浮框一个广告，一个开启页面一个广告，每次弹出的悬浮框和每次的开启页面不一样，我们虽然广告位有限，但是链接可以增加，所以后期广告费趋于一个变动不大的值。

由于初期用户少，我们能举行活动的区域就少，活动收益就少。随着客户增多，但是由于分布广泛，举办活动的次数增加的不多，收益增幅不会太大。

5 营销策略

现在是一个信息大爆炸的时代。互联网的高速发展、迅速普及，让信息无处不在、无孔不入。我们要适应时代的发展，既要做好线下宣传推广，让第一批种子用户更加直观体验到“有书童享”平台带来的便捷；同时又要做好线上推广，充分利用互联网这个巨大的平台，通过种子用户的宣传来影响更多的人，达到发展潜在用户的目的。所以，在线上推广方面，我们通过微博、微信群、微信公众号、QQ群、论坛BBS、贴吧和微视频等当下热门的互联网交流方式来进行推广。在线下推广方面，我们通过走进社区、与童书出版商合作、与幼儿园合作和举办线下活动等方式来达到宣传推广、扩大影响的目的。

5.1 线上营销

5.1.1 微博

作为一种新兴传播方法，微博越来越得到广泛关注和认同。本项目计划建立腾讯、新浪等微博平台，通过微博平台及时传播最新信息，吸引粉丝扩大影响力，进行公关传播以及受众管理。通过活动推广、与同行合作、主动关注等方式增强微博平台的影响力，进而使得同属共享平台的快速传播。同时，与儿童阅读和家庭教育领域的微博大 V 账号合作，通过他们的影响力，向更多的人宣传童书分享的理念，推广“有书童享”平台。

5.1.2 微信公众号推广

近年来，微信公众号十分火爆，各个传媒主体分别推出微信公众号以取得更多关注。童书分享平台也将推出自己的官方微信公众号，提高自己的知名度，加强自身信息的传播，扩大自身影响力。

我们的“有书童享”这一公众号，每天不定时地为父母们提供高质量的内容推送。到目前为止，我们的每一篇推送都有非常可观的阅读量与关注度。

截至 2018 年 4 月 25 日，我们的微信公众号“有书童享”已有原创文章 121 篇，阅读人数达到了 24682 人，阅读总量已有 57241 次，并且我们原创文章正在积极定期更新中。

5.1.3 微信群和 QQ 群推广

建立社区微信群、育儿交流群、本项目用户微信群等，通过社群营销的方式获取种子用户，从而达到推广“有书童享”的效果。

5.1.4 论坛 BBS 推广

通过北京各个社区和小区的论坛（比如天通苑、常营等社区 BBS），上传一些童书分享的优势与前景的文章和如何用童书来育儿教子的文章，从而达到推广“有书童享”平台的目的。

通过母婴社区和论坛（例如宝宝树阅读时光），向童书大咖和育儿教子专家进行宣讲童书分享的前景与优势，从而与他们实现合作，达到宣传“有书童享”平台的目的。

5.1.5 贴吧及部分交流群推广

需要在【百度知道】里多回答问题，多提问题；在【百度百科】里编辑“童书分享平台”的词条；在【百度贴吧】里建立“童书分享”贴吧。

5.1.6 微视频宣传

在公共场合，如地铁、公交站台，投放一定的广告牌，将我们的分享平台的特点嵌入运营团队二维码做成一部短视频，循环播放。我们也会不定时的进行主题微视频制作，如3～6岁宝宝们的阅读成长记录等。目前，我们已经录制了10个孩子的微视频，包括3岁以内的孩子1个、4～6岁的孩子3个、7～12岁的孩子6个，后期准备在各大视频网站上发布。

5.1.7 开放平台

利用开放平台就是可以用平台账号登录使用网站，例如，可以使用QQ账号登录、人人网账号登录、新浪微博账号登录、腾讯微博账号登录等，与其他网站用户联手，实现内容打通，优势资源互换；还可以将产品或内容分享到各大平台，比如，分享到QQ空间、人人网、新浪微博和腾讯微博等。

5.2 线下营销

5.2.1 社区推广

把我们的项目介绍以及平台二维码印在传单上面，在居民区或幼儿园等人口密集的地区发放。我们会不定时地到用户多的社区去举办活动，例如，线下图书分享阅读活动、社区闲置童书交易活动，以此推动平台在社区的使用。

5.2.2 出版商合作

我们可以与出版商合作开展团购活动，以刺激用户们对于童书的消费，既使用户受益，也使我们与出版商获得可观的利润。在出版商打算推出新书时，我们可以与出版商合作，通过 App 进行广告招商，达成与出版商的双赢。

5.2.3 幼儿园合作

我们可以将公益童书馆设置在与我们达成合作意向的幼儿园，我们会定期将一些童书捐到公益童书馆内，使孩子们有机会接触到更加丰富的童书类型。

其次，我们可以在幼儿园内设置交换图书点，使小朋友们可以相互交换自己想要的童书，这样既方便又快捷，还可以激发孩子们对图书的渴望。

5.2.4 喜马拉雅 FM 个人电台

我们“有书童享”借助喜马拉雅 FM 创建了个人电台“小果果妈妈讲故事”，向大家讲述经典故事和读书感受，间接地达到宣传“有书童享”平台的效果。到目前为止（2018 年 4 月 25 日），我们的“小果果妈妈讲故事”电台已有 107 部原创声音，累计播放量超过 40000 次。

5.2.5 募集童书

在 4 · 23 世界读书日这天，我们发起了闲置童书征集捐赠活动，越来越多的家庭关注并参与我们，已经募集到闲置童书数量 200 本以上。

5.2.6 图书漂流活动

图书漂流，顾名思义，就是让闲置的童书像小船一样在“有书童享”

的平台的介质里漂流到各个爱好儿童阅读的家庭中。我们的图书主要来自各个会员的捐赠，同样他们也可以从平台借到其他会员捐赠的图书。

5.2.7 举办线下活动

平台不定期邀请童书阅读达人、儿童阅读推广人、育儿专家在社区举办线下活动，宣讲童书分享前景与优势、分享育儿小经验。开展“宝宝讲故事面对面”活动，让宝宝自己拿出童书与小朋友讲解与分享，既可以让小朋友收获友谊，又可以分享童书。

6 财务分析

6.1 共享机制

一是阅读币；二是阅读卡；三是贡献戳；四是资金来源与运用。

“有书童享”项目创意已经基本成型，正处于项目孵化期，这个阶段的重点是项目融资的落实。为了使项目落地，我们制订了项目初期的融资计划。我们预计资金来源于几种方式：团队自筹资金、学校、政府、非营利机构、爱心人士、社区街道等的各项支持。

- 自筹

项目组团队共 8 人，经内部预算，我们预计初期能自筹资金 40 万元。

- 非营利机构

项目本身的性质为公益类，涉及范围比较广，因此获得非营利机构的投资可能性较大，我们预计会与北京市青年志愿者协会、联合国儿童基金会等公益组织建立合作关系。

- 政府扶持

本项目为公益项目，涉及范围较广，具有链接政府和社区的功能，预计可获得政府和社区机构的各项支持，如活动场地、政策优待、人员组织、各项设备的借用等。

• 学校支持

各学校都鼓励大学生进行创业，我们的项目预计能够争取到学校资金支持10万元。此外，我们还得到了来自学校的场地支持：我们入驻了学校的创业孵化机构，参加了学校的创业培训，还将通过学校的引荐接触认识一些投资人等。

• 社区街道物业等捐赠

我们的项目造福社区，为社区提供交流学习的平台，我们会动员社区街道物业对我们的项目提供场地等方面的支持。我们与剑桥双语幼儿园开展了合作，通过附近家庭捐赠闲置童书，建立了公益绘本馆；我们学院与麦子店街道、朝阳建外街道正式建立了战略合作关系，建立了社区治理研究基地，"有书童享"是其中重要的实践项目之一。

6.2 成本分析

平台建设：初期的平台建设是最重要的问题。平台建设的好坏，从某种程度上决定了实际客户的多少。所以，初期对平台建设的投资会相对大一些，后期只需要不断完善即可。第一年，由于学校为我们提供创业的基本空间，我们只需要准备一些办公设备即可。一个性能好、功能全面、性价比高的App开发大概需要10万元，租用服务器一年为6000元，一台电脑主机和显示器需4000元，六人的办公桌需3000元，办公椅一张为150元，一台复印打印一体机为1200元，路由器为235元，一年网费为1200元，其他笔墨纸等办公用具一年大约花费3000元。第三年加1个六人办公桌、6张办公椅、5台电脑和显示器。第四年加2张六人办公桌、12张办公椅、10台电脑和显示器。

人力物力投入：初期对平台投入的人力物力较多，但随着平台稳定下来，投入的人力物力会逐渐减少。第一年，我们有员工5个人，每个月工资大概为8000元。第二年，我们在学校周围租一个80平方米大小的房子大约一个月为3万元，工作室一个月的开销大概为0.8万元，有员工5个人，每个月工资大概为8000元。第三年，房租、工资与开销不变，员工增加为10个人。第四年，员工增加为20人，工资不变，房子换为一个月5万元，开销为1万元。

宣传支出：起步阶段，我们需要在宣传活动上投入大量的财力，只有这样才能够把我们的平台成功宣传出去。为了留住客户，我们会给予用户大量的福利与反馈，只有用户觉得好了，才会继续使用我们的平台，等到平台的用户等趋于稳定的时候，这方面的投入可以相对减少一小部分。我们第一年在10个社区各举办1场活动，第二年在30个社区各举办2场活动，第三年在50个社区各举办2场活动，第四年在80个社区各举办2场活动，平均每次活动花费在7500元。

在线下宣传方面，除了策划活动外，我们选择在小区、学校、儿童娱乐场所附近打广告（每一块广告板大概为1000元/月），第一年，我们打算做65块广告板，基本上遍布北四环。第二年，我们打算做55块广告板，基本上遍布整个朝阳区，第三年。我们打算做50块广告板，基本上遍布整个朝阳区和周边城区。第四年我们打算做50块广告板，继续扩大覆盖范围。

在线上宣传方面，我们打算在微博、微信、贴吧等平台上宣传我们的平台。大概分为自己宣传和借助名人宣传两种方式。借助名人宣传时，我们需要花费一些金钱，每一次宣传花费3000元。第一年，我们借助10个名人，每个月宣传一次。第二年借助15个名人，每个月宣传一次。第三年借助20个人，每个月宣传一次。第四年借助20个人，三个月宣传一次。

7 项目总结与展望

受多种主客观因素的限制，我们的项目止步于落地的前夜。虽然我们暂时没有完成这个梦想，没能走完自己的创业之路，既有遗憾和不舍，也有满足和憧憬，但是我们也从未放弃。我相信，或许在将来的某一天，你在街道上就能看见“有书童享”的借书柜，社区里也会有“有书童享”的阅读室……

第五篇

创业笔记篇

案例八　冲冲家族

—— 经历风雨才能见彩虹

心路历程

“把握生命里的每一分钟，全力以赴我们心中的梦。不经历风雨怎么见彩虹，没有人能随随便便成功。”周华健的这首《真心英雄》我们都是耳熟能详，我尤其喜欢这几句歌词。回想自己的两次创业之路，正是因为经历了“风雨”，才最终拔开重重迷雾，见到“彩虹”。

一、初涉创业・坎坷

高二英语课上，面对英语老师关于个人理想的提问，我脱口而出：“I want to be a boss。”当时，脑海中仿佛看到了多年以后自己坐在偌大的办公室里的场景，一切都是那么的美好。可是，我听到的却是全班同学的惊叹声，或许，大家觉得我要么是在开玩笑，要么就是过于“雄心勃勃”……

“叮零零，叮零零”，突如其来的响声将我的思绪拉回现实，转头望向窗外，渐渐陷入愁思。

自己也知道创业的路上将会很艰辛，也听说过许多失败的案例，还有家长亲戚的告诫……但是我是一个喜欢冒险的人，喜欢尝试不同的东西，相信只要自己努力，一直坚持下去，一定可以收获属于自己的一片天地。

高考结束了，我终于有时间做自己一直想做的事情了——办补习班。

这是我创业的第一步，也是刚步入社会的第一次尝试。虽然未曾感知现实社会的冷暖，也不知道结果如何，但凭着一腔热血，我决心一往直前！这个时候，感觉高考成绩并不是那么重要，我的内心更多地被自己的创业激情占据。为了做好前期准备，我用一张大大的纸，把这次创业进程的每一步都写得清清楚楚，具体到确切数目，生怕哪里出一点岔子。比如，找合作伙伴、找房子、建立 QQ 群、发宣传页以及下一步的招生计划，等等。

我找了几个给力的伙伴，创建了团队，名字叫作“弘毅阁”，大家一起商讨方案，针对问题寻找最好的解决措施。

招生是我们的第一步，也是最重要的一步。在校生正式放假，我们立即开始组织招生。线下，我们在母校门口以及其他高中学校附近发放宣传页。线上，我们通过 QQ 群发布广告招生，大家都尽心尽力，不怕苦、不怕累。

前期招收的学生并不多，仅仅 18 个，后期报名的学生越来越多，一切看起来都是那么的顺利，“弘毅阁”的名声也一点一点地大了起来。

无论在日常管理还是师资教学上，我们都进行了非常严格地把控，确保学生能接受到良好的教育，拥有良好的学习体验。

我们还开设了自习室，为那些想在夜间或者在没课的时候想学习的同学提供学习空间。自习室的开设不限制年龄和范围，大家想学习的都可以过来，只要做到能够保证纪律，认真学习即可。我们安排学长进行监督管理，维护自习室的纪律，开设自习室答疑服务，有问题的可以随时咨询学长，实现“题不过夜”“今日事今日毕”，使大家学有所得，惑有所解。

辅导班的开办并非完全顺风顺水，也遇到过一些挫折和阻碍。比如，在自习室的管理上就出现了一些问题，有些家长借着写作业的名义让他们的小孩来这里学习，出发点是好的，我们也乐于接受各个年龄段的学生来我们这里，可是一年级的学生自律性差，不能保持安静，甚至还有几个小朋友与其他的大哥哥、大姐姐打闹，扰乱他人的正常学习，引起其他家长的不满。对这个问题，我们耐心与小朋友及家长进行交谈，动之以情，晓之以理，终于很好地解决了这些问题。

一波未平，一波又起。解决了日常管理中的问题之后，又产生了令人头大的利润分配问题。

俗话说，仗好打功难评。在利润分配上，大家出现了很多的分歧和矛盾。作为团队领导者，我需要站出来解决问题。从自身找原因，都怪自己前期没有认真考虑利润分配问题，没有明确清楚地说明利润分配方法，导致大家对利润分配过于理想化，进而增大了分歧。虽然过程中有一些坎坷，但我们通过认真寻找解决方案，确保团队成员都可以拿到他们该得到的利润，最终利润分配的问题得以圆满解决。

对于我和我们团队，在这个过程中都得到了很大的提升和锻炼。我们的知识得到丰富，也给学员们以启迪，使他们的学业以及思想观念得到一定的提升。我还认识到金钱的重要性，人们已经不像上学时那般单纯，对于利益的向往和劳动成果收获的渴望是如此的强烈。创业者，一定要关注人性，认真研究利益和股份、分工等等问题。这也是我从中总结的另一个经验教训。

二、总结经验·反思

初涉创业，肯定会遇到很多挫折，但只要不气馁用心体会，不断总结能从中学到很多东西。

我的第一次创业经历，也是第一次接触现实社会，虽有小波折，但我感觉收获很大。在处理辅导班日常管理问题、协调解决团队利润分配过程中，我见识了形形色色的人，真切感受到了人们对金钱的渴望以及金钱对人的重要性，利益的分配这件事，也是创业中基础而重要的一环，对我是一次很好的锻炼，为我今后的创业道路打下了基础。

来北京联合大学读书后，我依然坚持自己的梦想，希望可以将自己的梦想在帝都实现。于是，我抓紧一切时间、利用一切机会，按照北京联合大学“学以致用”的校训要求，学习各种创业知识、技能，不断深化创新创业总结反思。

北京联合大学有着深厚的创新创业教育传统，非常鼓励支持大学生创新创业。我不放过任何与创业有关的课程，包括一些创新实践的课程等，认真地去听讲，积极与老师探讨和交流，学到了很多创新创业知识。我了解到创业者的特质以及创业所需要的能力，逐渐明确了自己的目标，坚定了创业的决心。

马云说：“我跟所有人一样，最初的榜样是比尔·盖茨、李嘉诚，后来发现他们不适合作为我的榜样，因为他们太大太强了。真正的榜样一定在你附近，你做小饭馆，榜样就是斜对面的小饭馆。”于是我从身边的学长学起，学长们的创业经验也为我的成长提供引领作用。

在老师的建议下，我观摩了一些创新创业的比赛，翻阅了创业团队的策划书等，了解了当今大学生创业的现状。我还上网查询资料，做好创业需要的创新能力、分析决策能力、用人能力、沟通能力等知识储备，这使我更加深刻认识到创业的不易。

同时，我意识到，一个具有前沿性，并且有创造性的点子是至关重要的，这是创新创业的第一步。

2008 年 8 月，国家劳动和社会保障部发文要求，各地劳动与社会保障部门要为到基层创业的高校毕业生提供创业培训、开业指导、咨询服务等“一条龙”服务，并配合有关部门对从事个体经营的高校毕业生实施免征登记类、管理类和证照类等行政事业性收费的政策，同时积极促成小额贷款、担保或贴息补贴政策的落实。大学生创业还有“中国大学生西部创业基金”的支持，凡是有志到西部创业的大学本科以上的应届毕业生，凭创业计划书或到西部边远地区从事科、教、文、卫工作，都可向中国大学生西部创业基金会申请资助。团中央国际联络部、国际劳工组织还设有大学生创业教育试点项目（KAB），该项目专为培养大学生创业意识和创业能力开发，以在校大学生为主要对象、以选修课形式在大学开展，学生可获得相应学分。

好风凭借力，送我上青云。有了国家政策的支持，我对创业更加充满了信心。

三、明确方向·前进

一次，我与高中同学聊天，对方无意间转了一篇“拉屎压水花”的推文，文中提到的现象给人们生活造成很大困扰，也是一个痛点。大家通常用大量的纸铺在水面上，虽能解决问题，但却有很多不足也。一是浪费纸资源，二是容易堵塞马桶。

看完这篇文章，联想到自己很多尴尬的场景，脑子里突然闪现出一个念头：假如发明一种传感装置，可以在固体排泄物掉落的时候就可以感应到它，并且做到及时排水，就可以很好地解决这个痛点。

有了这个点子之后，我立即开始行动，我在网上进行搜索调查，发现这种现象的确一直困扰着大家，目前并没有解决此类问题的项目，当前也没有能够很好地解决这类问题的产品。

于是，我下定决心要把这个社会痛点给解决掉，使人们的生活更加舒适。确定了主题以及方案之后，我找班主任刘老师进行了讨论，她也很看好这个项目，支持我继续做下去，并指导我下一步如何来做。

首先，我进行抽人组队。在队员的选择上，综合考虑男女比例和队员能力，我们最终确定3名队友作为起始团队。经过征求大家的意见和建议，我们一致讨论决定将项目命名为“锐感”。

为了节省课余时间和提高效率，我们决定在寒假期间进行社会调研。

在寒假回家之前，我们调查了北京当地居民使用坐便器的情况，实地走访了一些小区，采访了社区居民，详细了解、记录大家的需求和建议。

在出发返乡之前，我们打印了近300份问卷，我们拿着问卷分别在各自的家乡进行了专门调查。同时，我们也开展了线上调查，主要通过问卷星制作调查问卷来进行，最终收获有效问卷3000余份，通过统计分析问卷结果，形成调研报告。

通过分析问卷统计数据，我们发现两种现象：目前，我国在大力推进新农村建设，家长想给孩子一个更舒适的生活环境；同时，也希望亲戚朋友在家中使用卫生间的时候，也可以感到更加便利舒适，许多家庭已经购入马桶，迫切需要解决“拉屎压水花”的问题。再有，人们对各大商场和基础设施中的公共马桶的卫生和舒适的要求更高，是“拉屎压水花”的痛点，直接关系人们的满意度。问卷结果显示，70%的家中使用抽水马桶，并且有80%的愿意为了祛除味道宁愿多用一些水，有95%的家中没有带有感应装置的马桶，大家愿意尝试新款并且愿意接受价格稍高一些的产品。

一次偶然的机会，我们了解到管理学院蜂巢创意空间给创业团队提供了创业空间、技术支持和资金支持等一些便利的资源。这对我们来说是一个很好的机会，我们在团队会议上统一决定，争取蜂巢创意空间的工位。在指导老师的悉心帮助下，我们团队抱定必胜的信心，从撰写项目计划书、制作答辩PPT到正式现场答辩，我们一路闯关，成功入驻蜂巢创意空间。

目前，项目已进入研发改造阶段。因为现阶段已存在电容感应器，我们正将此感应器使用于实际生活之中，旨在测量感应器够不够稳定，能不能达到预想效果，同时避免以下几个方面对使用效果的影响：①减小环境温度、湿度变化（可能引起某些介质的介电常数或极板的几何尺寸、相对位置发生变化）；②减小边缘效应；③减少寄生电容；④使用屏蔽电极并接地（对敏感电极的电场起保护作用，与外电场隔离）；⑤注意漏电阻、激励频率和极板支架材料的绝缘性。

随着项目的逐渐成熟，我们将进一步充实项目内容，使“锐感”为更多的人所知，一步步走出校园，成为一项便民利民的工程。

四、前路艰险·涅槃

马云说：“今天很残酷，明天更残酷，后天很美好，很多人死在了明天晚上，见不到后天的太阳。”人总是从平坦中获得的教益少，从磨难中获得的教益多；从平坦中获得的教益浅，从磨难中获得的教益深。一个人在年轻时经历磨难，但如果能够正确对待，一旦冲出黑暗，那就是一个值得别人敬慕的人。

大家都说创业难，创业是一条荆棘丛生的路。然而，一鸣惊人，没有什么困难不可以被克服，没有什么难题不能被解决。

成功的道路虽然崎岖，但依然可以被征服。在我们参加比赛、进行实验、寻求技术人员、申请专利等过程中，我们遇到了很多困难，有点像闯关游戏，需要使用出浑身解数，才能通关成功。

我们团队遇到的第一关就是入驻蜂巢创意空间。在提交策划书以及答辩的过程中，由于我们是第一次写策划、第一次答辩，在一些细节和内容上并没有搞得十分清楚。由于我们团队成员的人数和专业知识的限制，我们对传感器以及马桶排水装置的了解也并不多，可以说是大家从头开始学习，这无疑是一件非常富有挑战的工作，需要我们在学习之余耗费很多的时间和精力来进行思考和探索。比如，在传感器的选择上，我们就进行了大量工作，团队一起从网上查询资料，把能够找到红外线传感、生物传感器等各相关资料尽量都找到，再联系商家了解传感器的市场行情。

通过我们数日加班加点地研究，我们成功提交高质量材料，最终获得老师的认可，成功成为入驻蜂巢创意空间的队伍之一。在准备入驻蜂巢的项目策划书和答辩的过程中，不断磨合和精雕细琢中寻求最好的解决方案，我们也拓展了眼界，拓展了知识面，这同样是我们的一个收获。

2018 年 10 月，我们正式搬进蜂巢创客空间。对于冲冲家族的第一间自己的办公室，我们格外珍惜，立志要做出一番成绩来。每周六下午，我们团队召开周例会，进行项目研究，有的时候甚至开到晚上 11 点，才依依不舍地离开我们的“战场”。周例会对我们团队以及我们的项目具有重要意义。对团队而言，第一，可以起到团结的作用。每个团队成员保证参加每次例会，可以使我们的关系更进一步，使我们彼此之间的了解更加深入。有的时候大家相互之间开开玩笑，这也是一种很好的增进友谊的方式。第二，可以起到相互监督的作用。大家讲清楚每周自己的工作进度，做到公开透明，避免出现部分成员不专心于项目，导致大家愤愤不平，军心不稳，我们要努力做到公平、公正、公开。对项目而言，第一，可以使项目进度按照预期规划正常进行。同时，根据大家每周的反馈进行适度调整，以应对意外情况。第二，这样有利于项目进程的总结和汇报。由于我们报名参加启明星项目，在立项过程中需要确定很多细节，需要有详细的进程安排和工作落实。召开周例会时，我们会派专门的人员做好记录，做好整理，利于后期的汇报和总结。

在这个过程中也发生了很多小插曲，其中有一个厂商的技术人员来与我们交流，态度非常好，可是在交流过程中总是变着法子进行推销，避而不谈其他，让我们哭笑不得。当然，在与商家交流的过程中我们也学到了很多，懂得了一些营销技巧，了解到大量的专业知识。

我们克服的第二关就是技术难题。由于进入的是一个陌生领域，我们要完全理解颇有难度，导致项目进展缓慢，我们商讨聘请专家和技术人员来帮助我们攻关技术难题。

在专家的选择上，我们充分整合校内外的资源。在校内，聘请对传感器有研究的老师或者教授作为我们的指导老师。在校外，多方面收集这方面的实时消息，通过网络或者他人推荐的形式获取资源，与校外专家取得联系，借助讲座等形式请专家对我们的项目进行指导。

在技术人员选择上，本着互利共赢的精神，我们主要在专业成绩较好的学生中进行选择。一方面，有些同学对传感器颇有研究，我们支付相应的酬劳，他们则鼎力相助；另一方面，参加这个项目，可以拓展他们在传感器应用方面的适用范围，增加他们在实物制作和使用方面的实践经验。如果此方案行不通，我们只好请校外工厂的研究人员进行研究，这将是一笔巨大的费用，我们也会慎重考虑。

我们的第三关是向启明星大赛进军。明确了团队的目标以及团队规则我们便按照预期规划进行我们的项目研究，准备参加启明星大赛。我们利用周例会研究确定了参赛的大方向，明确任务分工，利用各种资源，快速网上查找资料，加强与工厂和加工厂对接，科学地解决了经费论证难题，在规定时限内提交了项目策划书，大家心里一直悬着的一块大石头终于落了地。首先要准备启明星申报，这需要填写项目计划书，并完成材料的提交。在这个过程中，我们利用周例会确定了此次参赛的大方向，以及需要填写的内容分工。在这个过程中，由于启明星立项需要审批经费，项目支撑材料就有些困扰到我们，因为需要提供一些工厂的报价单。

我们突破的第四关也是最后一关，就是样品试验研制。一开始，我们靠自身的力量解决问题。我们在网上购买了马桶模型以及传感器、排水装置等作为参考，上网收集资料，联系了我们学校同专业的学长帮助我们构建图纸，购买了生物传感器、红外线传感器和电容传感器等不同类型的传感器来进行生物实验。

在实验的过程中，我们选用类生物材料充分提取固体排泄物的成分，将它们合成模拟环境进行试验，在确定感应的物质的时候我们出现很多的问题。一开始，我们感到排泄物中植物纤维等含量较多，但是由于其识别度不高，实验不是很成功。于是，我们转向感应微生物。通过查阅资料，我们了解到固体排泄物的微生物中70%都是大肠杆菌。所以，我们实验对象锁定为大肠杆菌。在传感器选择上，我们同样遇到了麻烦。电容传感器可以感应到任何一种物质，但不能达到识别的效果，只能感应固体排泄物。所以，我们使用生物传感器来感应固体排泄物中更敏感的成分。我们便着手在传感器的构造方面进行改变，通过请教学长来帮助我们对传感器的细微结构进行加工改造，在学长的帮助下，大家也不懈努力，终于实现了传感器的改善。

万事俱备，全面开工。由于我们专业性不够，对该领域的知识了解不深入，导致实验陷入困境。我们经过商讨之后，决定请求教专家来帮助解决我们的问题。

我们联系了讲授《传感原理与应用》的老师，请他来帮助我们解答疑惑。专家人到，困难全无。老师手把手地讲解指导，还提出了很多我们之前没有想到的一些矛盾点，这些都是影响整个项目进程的大问题，都是项目前进路上的绊脚石。在老师的帮助下，我们的项目有了很大突破，老师还鼓励我们，要勇于踢走这些绊脚石，把它们踩在脚下，这样就能真正成功。大约用了三个月时间，我们就成功研制出初期的模型。

下一步，我们将再接再厉，早日制作出成品。

截至2018年12月31日，“锐感”项目组冲冲家族团队成立一年两个月，虽然时间不长，但未来发展充满希望。愿我们如凤凰涅槃，浴火重生。

项目计划书

1 项目概要

1.1 项目名称

“锐感”新型感应坐便器项目

此项目致力于打造一款新型感应坐便器，解决日常生活中“便便压水花”的痛点。该产品将嵌入式感应装置安装在马桶四壁，利用电容感应器自动识别固体排泄物，达到固体排泄物掉落时可以自动感应并自动控制将存水排干，避免溅起水花。此项目研发出的智能马桶造价低，性能好，质量优于市场上的其他同类产品。

1.2 项目背景

2018 年 2 月 7 日，《钱江晚报》一篇题为“多数女性嫌弃公共马桶，酒店商场可否使用蹲厕”的报道引发网友热议。大家纷纷针对这一问题发表了自己的看法，有的吐槽公共马桶存在的问题，更多的是对于“拉屎压水花”现象的无奈，解决的办法以采取铺纸的方法居多，但是对于我国这个能源稀缺的泱泱大国，这种方法不仅效率低，而且浪费严重。

目前我国市场上对马桶的需求在不断增加，出现了“马桶热”现象，2016 年我国居民马桶消费量为 3100 万个，酒店及其他领域马桶需求量为 1380 万个。为了满足顾客的过热需求，各大马桶厂商也在不断创新，提供更高品质的产品。

目前，各级政府正在大力推进新农村建设，积极落实习主席关于“全力推动厕所革命”的重要指示。通过改善厕所环境，不断提高居民的生活质量，进一步保障和改进民生，增强百姓的获得感和幸福感，展现新时代农村的文明风采，于细微之处彰显国家形象。同时，这也在一定程度上也减少资源消耗，保护我们伟大的地球母亲。

1.3　**项目进展情况**

我们对全国不同地区（如北京、山东、云南）、不同年龄段的人群进行了社会调研，发现了以下两种现象：①为了解决家庭内部的卫生问题，家长都想给孩子创造一个更好、更干净舒适的生活环境；同时，也希望亲戚朋友在家中使用卫生间的时候，也可以感到更加的便利舒适。目前，我国在大力推进新农村建设，许多家庭已经购入马桶，这个问题的解决已经迫在眉睫。②公共马桶的卫生和舒适是各大商场和基础设施建设亟待解决的一大痛点，因为人们的需要和满意度是第一位的。

我们通过线上线下问卷调查的方式，共收回问卷3782份，其中有效问卷3160份。问卷结果显示，70%的家中在使用抽水马桶，并且有80%家中的原意为了祛除异味愿意在马桶上多用一些水，有95%的家中没有带有感应装置的马桶，大家愿意尝试新款并且愿意接受价格稍高一些的产品，也有受访者表示会选择性价比高的马桶。

通过线上线下的调研与问卷调查，我们找到了项目的努力方向，即造价低、性价比高的马桶。通过与和成卫浴、欧路莎、九牧厨卫、恒洁卫浴等品牌生产的各类智能马桶进行对比分析，我们有信心做得更好，令使用者有舒服的如厕体验。

目前项目已进入研发改造阶段，我们正处于将市场上现有的电容感应器使用于实际之中，测量感应器够不够稳定，能不能完美达到预想效果，并避免以下几个方面对使用的影响①减小环境温度、湿度变化（可能引起某些介质的介电常数或极板的几何尺寸、相对位置发生变化）；②减小边缘效应；③减少寄生电容；④使用屏蔽电极并接地（对敏感电极的电场起保护作用，与外电场隔离）；⑤注意漏电阻、激励频率和极板支架材料的绝缘性。为此我们请教过专家，在完善更好之后会进行下一步镶嵌实验。

1.4 项目创新点

1.4.1 新型感应装置

此项目致力于研发出一款新型感应坐便器，它是将新型电容感应器镶嵌于马桶内，通过与排水装置相连接的方式达到预想压水花的效果。这种马桶可以敏锐感应固体排泄物掉落，经过电容感应器把它转化为电容量，以通过它所连接的马桶排水装置控制排水，从而控制固体排泄物掉落不至于溅起水花。该电容感应器具有可以非接触测量且灵敏度高的特点，可以比较高效地达到我们要求。感应器比较小，能够以镶嵌的方式附在马桶中，不会改变马桶自身的大小和外观。

1.4.2 自动温度感应装置

此项目研发出的马桶座圈带有自动温度感应装置，可以自主调节座圈温度，使之控制在一个舒适的范围，有效解决冬天座圈冰凉的问题。

1.4.3 自动除臭系统

在坐便器内壁设置除臭系统，使用马桶时，系统自动打开，可以保持室内空气清新。

2.1 公司组织结构

我们采用 U 型组织结构，将企业内部按职能（如生产、销售、开发等）划分成财务、人事、技术、市场四个部门，各部门独立性较小，均由 CEO 直接进行管理，即实行集中控制和统一指挥。资料显示，此种方法适用于较小型公司，待公司进一步扩大之后，我们也将逐步完善公司组织结构。

2.2 团队介绍

2.2.1 老师简介

刘来玉，女，硕士，实验师，毕业于大连理工大学，研究方向为实验教学管理和双创教育。近年来，参与了电子商务专升本教育“1+1”人才培养模式的研究与实践、基于物联网的实验教学中心智能运行管理研究、大学生创新创业教育共建共享信息平台等校级教科研项目，在《实验技术与管理》等期刊上发表了《虚拟仿真实验教学助推双创教育的探索与实践》《基于双创教育的ERP沙盘模拟教学初探》等论文。

2.2.2 成员介绍

贺燕蕊，女，队长，负责项目的整体落实与策略制定，任北京联合大学管理学院管理金融1702B班班长。2017年9月入校以来，曾参加过高校模拟谈判大赛，获得团体一等奖；“2017年第二届全国大学生预防艾滋病知识竞赛”中获得优秀奖；参加2018年华北五省及港澳台大学生计算机应用大赛，获得本科组一等奖；北京联合大学第七届程序设计大赛获VB程序设计组一等奖；北京联合大学第七届计算机应用大赛一等奖。

陈柳，女，负责财务部，任管理金融1702B班科技委员。2017年9月入学以来，参加过高校模拟谈判大赛，参加了未来教师技能大赛，荣获院级一等奖；后又因在地铁维稳志愿活动中的表现被授予“优秀志愿者”称号。

李佳灿，女，负责市场部，就读于北京联合大学管理学院管理金融1702B班。自2017年9月入校以来，加入北京联合大学管理学院社团部和管理学院公益志愿部。在社团部担任微信公众平台的建设，在公益志愿部作为宣传部的一员而努力着。

王凰谕，男，负责技术部，就读于北京联合大学管理学院管理金融1702B班，加入了北京联合大学管理学院公益志愿部，是外联部的一员，目前为其中一项志愿活动的负责人，曾代表管理学院去彩虹村庄养老院领过奖，自身也曾获得过最美志愿者奖，还作为主讲人开展了一次青春公益学堂活动，多次作为志愿活动志愿者小队领队参与志愿活动。

肖迪，女，负责人力资源管理，就读于北京联合大学管理学院管理会计1703B，自2017年9月入校以来，加入北京联合大学管理学院大类学生会和校社联，现任大类团总支副书记。

2.3 团队优势

2.3.1 团队协作能力

团队成员之间相互了解，相互配合，认真负责，形成了一个统一的整体团体，集体荣誉感强，工作能力强，效率高。

2.3.2 技术人才

团队中有专门负责研究技术的人才，队长曾经上过传感器原理课程，对于新型感应装置比较了解，后续也将广纳贤才成立专门的技术攻关团队。

2.3.3 人脉广

团队成员来自五湖四海，人脉广，与不同的地区都有联系，在其他地区工作的开发以及与不同地区的人沟通上具有较大的优势。

3 市场分析

3.1 市场可行性分析

3.1.1 市场需求

目前，虽有一些公司做出了类似的产品，但功能和整个体系并不完善，市场仍具有广泛的需求，可以说基本上处于空白状态。

3.1.2 规模经济

通过线上向多类群体发放调查问卷结果显示，该产品具有市场需求；通过线下实地走访调研，证明该产品在市场上位于空白状态。以此得出结论，我们的产品拥有市场，预计能够产生规模经济，具有商业价值具有成本优势。我们的产品预估成本在1000元以内。

3.1.3 消费水平

随着国家各项处好政策的发布，我国经济正处于稳步上升的状态，居民的消费水平正在不断提升，居民购买力会进一步增强。

3.1.4 地理位置良好

团队人员来自北京联合大学，地处首都，机会多、资源丰富。

3.2 技术可行性分析

3.2.1 技术力量

我们拥有基于数据支撑的技术来完成我们的项目。首先，2017年度上海的智能马桶普及率已达到8%～10%，北京已达到5%～6%，广州、天津、杭州、深圳、青岛等其他较发达城市，普及率也达到了3%～5%，且智能马桶行业尚未形成垄断格局，TOP5占比仅35.8%，智能马桶新品牌具有广阔发展空间，这表示我们具有飞速增长的市场需求。

3.2.2 专业团队

3.3 政策可行性分析

3.3.1 国家鼓励支持大学生创新创业

2015年3月，国务院出台《国务院办公厅关于发展众创空间推进大众创新创业的指导意见》。

2015年6月11日，国务院出台《关于大力推进大众创业万众创新若干政策措施的意见》。

2015年8月5日，湖北省政府发布《关于做好新形势下就业创业工作的实施意见》直接助推大众创业、万众创新。

3.3.2 打赢脱贫攻坚战，是全面建设小康社会的必然要求

党的十九大把打赢脱贫攻坚战作为三大攻坚战之一，向全党发出了动员令，吹响了全面建成小康社会的嘹亮号角，是必须完成的政治任务。本项目响应国家号召，致力于农村地区脱贫工作，主要服务群体是农村地区的居民。

3.3.3 响应“全力推动厕所革命”号召

在十九届中央全面深化改革领导小组第一次会议上，将“厕所革命”上升至国家层面，通过了《农村人居环境整治三年行动方案》。厕所是文明的尺度，也是国家发展的注脚。回望新中国70年壮阔征程，厕所映射着国人卫生习惯的改变，影响着亿万群众的出行，关系着美丽乡村建设的全局。“厕所革命”所承载的意义，要比人们想象中的更宽广。

3.4 3.4 竞争优势分析

3.4.1 解决痛点

能够有效解决“拉屎压水花”这一问题，解决如厕时水溅到身上的痛点，便利人们的生活，落实推进“厕所革命”。

3.4.2 功能齐全

锐感新型感应坐便器具有多种功能，外观小巧漂亮；具有新型感应装置，当固体排泄物掉落时自动排水；具有马桶圈恒温功能，保持时刻温暖；具有除臭功能，自动除臭。

3.4.3 物美价廉

在价格方面，我们会制定成本合理的友好价格，让大多数农村家庭贫困地区的人都能支付得起，并且在性能方面达到最理想化，使人们能够买到物超所值的坐便器。

4 商业模式

4.1 商业画布（详见表8－1）

表8－1 项目商业画布

<table>
<tr><td rowspan="2">**重要伙伴** KP
冲冲家族团队：指导老师刘来玉老师，授课老师刘佳老师
商业合作企业
国家政策支持</td><td>**关键业务** KA
线上线下进行宣传和销售睿感新型感应坐便器，与各大厂商合作</td><td rowspan="2">**价值主张** VP
响应国家号召，致力于扶贫，便利人民生活，解决人们生活中的痛点，改善人民生活质量</td><td>**客户关系** CR
交易关系</td><td rowspan="2">**客户细分** CS
根据人口特征和购买历史，农村及贫困地区高性能低价格的产品，更能吸引他们的眼球；
普通家庭致力于改善功能，提供多功能便捷智能的商品；
公共区域致力于打造卫生条件优良的产品</td></tr>
<tr><td>**核心资源** KR
新型感应装置、马桶圈恒温系统、新型感应除臭系统</td><td>**渠道通路** CH
直接渠道：销售人员营销，线上平台营销，线下店铺直销
间接渠道：第三方代销，加盟活动</td></tr>
<tr><td colspan="3">**成本结构** CS
固定成本 80%
人工费用 11%
租金 5%
折旧 1%
能耗 1%
消耗品 2%</td><td colspan="2">**收入来源** RS
线上营销收入
线下直营收入
线下店铺代销收入
国家补贴</td></tr>
</table>

4.2 目标客户

4.2.1 贫困地区家庭

2016年11月23日，国务院印发《“十三五”脱贫攻坚规划》（以下简称《规划》），《规划》按照精准扶贫精准脱贫基本方略要求，因地制宜，分类施策，从8个方面细化了相关路径和措施，在电商扶贫、科技扶贫、健康扶贫等方面提出明确要求，加快推进基本公共卫生服务均等化。本项目响应国家扶贫政策，将农村贫困地区的居民作为主要用户，旨在设计出价格低廉、功能良好的坐便器服务群众。

4.2.2 公共区域

据资料显示，大多数公共区域的马桶存在卫生状况差的现象，一方面的原因是人们的使用习惯不好；另一方面是马桶的功能不完善。我们的第二类目标用户就是公共区域的坐便器，改善社会环境，为游客及居民等提供优良服务。

4.2.3 普通家庭

根据问卷调查结果，我国大部分家庭没有使用坐便器，部分家庭使用的是普通坐便器，普通家庭坐便器的市场仍旧很广。针对这一现象，我们将普通家庭列为目标用户。以外，酒店等行业也将是我们的目标客户群体。

4.3 营利模式

产品营利的模式，利用“收入 - 成本 = 利润”进行营利。借鉴苹果公司的商业模式（苹果以其独到的 iPod + iTunes 商业模式创新，将硬件制造和软件开发进行结合，以软件使用增加用户对硬件使用的黏性，并以独到的 iOS 系统在手机端承载这些软件，此时消费者在硬件升级时不得不考虑软件使用习惯的因素）。采取“硬件”即马桶的构造和质量 + “软件”即感应装置与自动取暖装置相结合的模式，面向于家庭和企业以及公共领域，解决大众痛点，并对成品进行及时检修维护，保障质量，进行营销。

5 营销策略

5.1 线上营销

5.1.1 电商平台

与电商平台合作，例如，某宝、某东与目标用户生活息息相关的此类电商平台，部分电商平台提供农村上门安装服务，这一点十分契合我们的需求，通过在此类电商平台上开设官方店铺，实行厂家直营。一方面，使农村等地区可以采购到物美价廉的商品；另一方面，提高品牌知名度，开设试用活动，有利于人民大众，为锐感品牌积累口碑。

5.1.2 官方平台直营

在产品研制成功后，开设品牌官方网站和官方 App，在官方平台上进行标价售卖，设置售前售后客服以及物流查询等功能，方便用户的购买、使用和售后服务。

5.1.3 热门网络平台宣传营销

主要渠道：①微信营销；②朋友圈推广；③微博营销；④QQ 空间。

5.2 线下营销

5.2.1 直营店铺

设立线下直营店铺，配合线上渠道提高品牌知名度、增加客户流量，官方店铺将坚持标准、严格要求，努力在卫生、价格、质量、服务等各方面做到最优。初步目标是在北京设立 10 个分店，未来将有望拓展到全中国乃至全世界

5.2.2 门店代销

门店代销主要针对我们的第一类目标用户，即农村用户，他们大多数会选择去乡镇的店铺购买卫生用品，我们将产品投放到城镇的门店中，一方面，可以使我们的产品直接投放到农村用户的身边；另一方面，达到提高营利率、扩大品牌知名度的目的。

6 财务分析

6.1 营业收入

营业收入主要有两个来源：①线上店铺销售收入；②线下门店销售收入。

6.2 成本分析

主要成本是固定成本，即坐便器的制造成本，包括新型感应装置的制造和恒温系统、除臭系统等装置的制造，以及实现二者完美的结合，需要大量的材料、研发成本以及人力资源成本。

7 项目总结与展望

目前，我们以企业和家庭为目标对象，以便利和卫生为主要出发点，通过多途径推出我们的项目，抓住市场空白期，尽快申请专利，努力在市场占有一席之地。在当今社会，中国正在飞速发展，人们的购买力正在上升，对美好生活的向往和追求也在提高。作为新时代大学生，我们相信我们的创意能够切实解决这个社会的痛点，能够为社会发展和进步做出一定程度的贡献，这正是科技创新研究最有价值之处，也是我们最值得期待的地方。

案例九　家时光

——越战越勇的创业者

心路历程

起初，自己也不知道什么是创业，怎么创业，怎样才能创业成功，甚至不记得什么时候开始想要创业的。现在回想起来，创业的种子在高中毕业后便开始萌芽。在和朋友交流时，时不时会将重点转移到创业话题，对经济、创业、经营等方面的资讯关注度越来越高，不断激发产生新思维、不断促使自己有新思考。慢慢地，创业意识变成了一种习惯、一个指引，创业梦深入内心。对于像我一样的创业者，创业梦关乎着我的未来，比如大学目标、专业选择、城市选择、大学规划，还关乎我的日常生活。对于脑海里时不时会闪现小点子，我希望付诸实施，而不是想得太多、做得太少，不敢开始。

我是甘奉露，一名“90 后”创业者。最初的创业想法是通过赚钱让自己的家人幸福，后来认识到创业是创造价值，为他人提供服务，创业过程带来的财富只是它的副产品。在创业路上经历了林林总总的事，深深体会到创业路是一条“蜀道”，崎岖却壮美。

一、认真感受，让参与更有价值

高三毕业的暑假，我约了几个要好的高中同学去大城市开开眼界，我们去了深圳。游玩一圈，我们把身上的钱都花光了，但是我们没有就此回家。我们一边通过给别人临时帮忙赚钱，一边在深圳继续游走。记得印象最深一次，我们在宿舍休息，突然接到通知要赶过去帮忙，我们紧急赶过去一直忙到凌晨五点，回到宿舍吃过早餐，聊到当天的出游计划，大家不约而同地说太累了以后再去，回去睡觉。只有自己不甘心，兴致来了也不觉得累，踩着共享单车自己一个人出发了。或许从这次开始，我开始改变了，我开始敢于尝试了，我开始相信自己能够做好了。这次深圳之旅是走出校门、接触社会的第一个小序曲，增加了一个看社会的角度，收获还是挺多的。我想，这对我后面的创业路都有很大的影响和帮助。

步入大学，我积极参加学校与校外企业联合举办的各类创业培训，逐渐对创业有了更全面的了解、更深刻的认识。我发现，大部分创业团队的市场观念较为淡薄，不少大学生往往乐于向投资人大谈自己的技术如何领先与独特，却很少涉及这些技术或产品究竟会有多大的市场空间。就算谈到市场的话题，他们也多半只局限于花钱做做广告而已，而对于诸如目标市场定位与营销手段组合这些重要方面，则全然没有概念。其实，真正能引起投资人兴趣的并不一定是那些先进的东西。相反，那些技术含量一般，却能切中市场需求的产品或服务常常会得到投资人的青睐。同时，创业者应该有非常明确的市场营销计划，能够科学地论证营利的可能性。在创业征途上，从马云、俞敏洪等一批取得巨大成就的佼佼者身上，我可以学到很多有益的经验；从那些功败垂成或失败的创业者身上，我们可以总结出许多宝贵的教训。我觉得，大学生自主创业无可厚非，但一定要建立在理性思考的基础之上，不能盲目地跟随潮流。在创业的过程中，我们一定要注重学习，要像老鹰练习飞翔那样，只有把翅膀练硬了才能飞得更高。市场经济不同情弱者，也不会给任何人免费实习的机会。大学生创业不能单靠一腔热血。创业意味着冒险和付出，也意味着失败和挫折。大学生创业成功者，一定是经受住了种种挫折和市场经济大潮的考验。在体会了最初的创业冲动和付出之后的甘苦，越来越多的大学生会变得成熟和冷静，对创业和成功有更深的理解。所以，大学生在投身创业热潮的时候，一定要认真地思考清楚自己的人生方向和自我定位。在学习和创业中不断充实自己，提高自己。

无论做什么事情，都是一个自我提升的过程。只要自己从中获得了宝贵的经验，无论最后成功或是失败，都是人生的财富。

二、尝试多和别人交流自己的想法

习近平总书记在2014年全球创业周上曾发表讲话“青年是国家和民族的希望，创新是社会进步的灵魂，创业是推动经济社会发展、改善民生的重要途径。”一句“大众创业，万众创新”诠释了创业对于推动当前中国经济发展过程中不可替代的意义和价值。中国新创企业如雨后春笋般涌起，正如美国时代周刊《中国世纪》对中国创业现象进行的评述一样，没有人能用单一的方法和途径来确保创业者100%取得成功，只有那些善于识别风险，利用机会，并洞悉游戏规则的人才能够在更大程度上取得成功。当前，中国的经济发展正处于经济转型的关键时期，如何有效推动经济发展，改善就业环境、推动岗位需求成为重要关注点之一。目前，创新创业是很多学校的重点工作，很多学校都有很多初创团队，但这些初创团队缺乏创业知识、创业经验、创业资讯，于是我们想到通过组建团队，运用社会资源为这些初创团队提供帮助。我们第一个创业项目的想法由此诞生。

自信是成功的第一步，相信会越来越好才是转变的可能所在。到了大学，一直想找个机会去实现自己的想法、去参加创业实践，自己便经常向班主任请教创业问题、交流创业想法。老师知道了我的内心想法，向我抛出了橄榄枝，邀请我参加她的创业团队，我和我的团队开始了第一个创业项目。一群心怀创业梦想的小伙伴聚到了一起，经过一次次头脑风暴，各种思想火花不断碰撞，我们设计了一个个创业方案，又一次次被自己否决，最终形成了第一个创业设想。

我们团队挖掘调研数据，适应大众使用社交网络习惯，以“创业分享说”为主题，开展有关创业知识的收集及分享活动，搭建以微信公众平台订阅号为载体的知识共享平台，旨在更好地服务创业者及关注创业资讯的需求者，建立用户与用户之间零距离的交流盛宴，使在创业方面有专长的人能够发挥他们知识的效用与价值，让在创业方面遇到困难的人能够得到帮助，满足了创业者及创业咨询的不同需要，向创业者提供知识服务，间接提高其创业绩效。

面对每天忙忙碌碌，却不能得到自己想要的结果，我们也会抱怨，也曾想到要放弃，但最终还是咬紧牙关坚持了下来，我们发现无论做什么，不管有没有直接收获，都不会白忙，这期间最起码每一个人都成长了，每一个人都收获了更多，改变了很多做事习惯，变得更加有效率，更加能体会到艰难会赋予生命更多的价值。初创不利并没有让我们对创业失去信心，而是萌生另外的想法“卷土重来”，我们重新定位团队，重新选择创业方向。

山重水复疑无路，柳暗花明又一村。融洽家庭关系的想法催生了新的项目，新的项目给我们带来了全新的体验。在推进家时光这个新项目的一年多时间里，我们投入了很多时间和精力，拿到了很好的创意奖项，之所以能坚持下来，就在于我们觉得这个项目能够给别人以帮助，帮助他们把家庭关系维护得更好，让他们的家庭更加和睦，每一个小家都幸福和睦，整个民族变得更加美好安康。虽然我们团队还没有实力让项目完全落地实行，但最起码我们有了能落地的方案，我们可以把我们的方案卖给别人或者奉献给国家，这就是支撑我们不放弃，不断聚焦努力的动力。今天，我们的项目有了自己的平台和小程序，也有了一批又一批的体验用户，不断推动我们向前，让我们相信只要努力付出，就会有所收获。我们的项目参加了很多商业路演、创业比赛等，得到了很多市级的、国家级的奖项。同时，我们的项目也得到了很多老师的点评和指导，我们的创业项目所在领域在全国范围内还有很有潜在需求，既使这个领域目前还并没有被很多企业关注。

三、创业从身边做起，脚踏实地

在带领团队不断摸索的过程中，我感觉自己的知识体系、团队运营能力、资源运用能力都有所提升。大一暑假，我通过盘点自身资源，在老家开办了一个暑期高一培训班。我们首先分析了形势，中考完的漫长假期，家长知道高中知识会更难，得提前做好准备，会“逼”着学生去参加辅导班预习高中内容，孩子也想为迎接高中生活提前做准备，同时，孩子在假期中也想玩耍，如果不能做到合理分配，就可能导致既不能玩好也不能学好，这是我们针对客户需求做的分析结论，得出的方案是因材施教，学习与玩耍两不误。其次，我们与作为竞争对手的其他辅导班进行了对比，分析了团队的优劣势。我们的劣势是没有好品牌，没有好的信誉，师资力量较差，教学设备有限。我们的优势是共情性，既能在学生角度考虑学生感受，又能以一个走过高中的学长给予经验支持。我们能够更加细心地关注到每一位学生的情况和状态，而同类的补习班由于人多很难做到面面俱到。在此基础上，自己写方案、自己做营销、自己做公关，明确团队宗旨是准确了解学生的情况，并请最厉害的老师来授课，做最有效的补习。自己把能利用的人脉、资源全部调动起来，组建了一支教书团队，每一位教书“先生”都是学习成绩优秀、善于表达沟通、善于总结归纳的高中同学，我们站在学生的角度和老师的高度，综合考虑学生性格、兴趣，精准为参加补习的同学设置课程。我们不仅关注高一知识点内容的掌握，还教授很多学习方法技巧，我们深知授人以鱼不如授人以渔。我们还会告诉学弟学妹们如何宏观看高中三年，如何规划三年的学习。我们还大胆承诺，培训无效不收钱，给出优惠于其他补习班的价格，最终我们学生爆满，学生不仅学习成绩提高了，还增强了学习能力、沟通能力、规划能力，能够把高中三年规划得很好。最终，我们不仅教了一群学弟学妹，还把学费给挣了，我们的这次创业获得了成功。我们创业团队学到了很多东西，创业要一步一步分析，不断比较、调整，瞄准目标客户、判断自身优劣势、分析用户需求。在这次的独立创业中，我真正体会到，想创业赚钱是可以实现的，但赚钱只是创业的副产品，创业的真正意义在于为别人服务，为社会创造价值。

创业初期，支撑你不断前进的动力很可能是你的兴趣、梦想。假如我们对所选创业项目感兴趣，投入的热情和韧劲也会更大，这样也会提高创业成功率。在这些经历与学习中，我认为创业失败率高的原因是我们的创业定位太高，一说起创业就是大投资，而忽略了从小型创业做起，忘记了量力而行。一位清华教授在创业课程中说过，创业并不一定需要辞去工作，大量投入资金，因为这样做产生的收益可能很大，风险也太大，并不适合每一个创业者。作为大学生的我们，开始可以关注身边的社会需求，从小的创业开始，逐渐积累经验，等到成熟了再扩大规模，这样看似起点低，但往往事半功倍。创业要量力而行，做最有把握的事。

四、创业不是大量资金投入，而是整合资源

要把创业和投资区分开来。很多人拒绝创业，强调自己没有钱，不可能创业。其实，创业可以没有很大的资金投入，甚至可以是白手起家，从零开始、从无到有。有多少资源就先做多大的事，以后能力增强，业务会越来越大。刚开始，要弄明白自己有多少可以利用的人力、物力，想办法

将资源合理整合，努力实现自己的想法。创业有了起色后，不要盲目扩张，这样做可能适得其反。有些东西刚开始很好，并不一定做大了就好。一种新鲜事物发展之初的好现象可能只是表象，要及时和用户取得沟通，将反馈意见收集起来，转化为产品的迭代升级数据，分析制定修改方案，让用户获得参与感，保持和顾客密切的交流，做到卖产品的同时交朋友。

创业是整合资源做自己想做的事。马云先生在开始创业的时候也不只是投资了一个阿里巴巴，他还将自己和梦想销售给了他的18位合作伙伴，将这些人才资源整合在一起共同为一件事情努力。整合资源最考验的是你的观察能力和沟通能力，用敏锐的眼睛找到你需要的、可以利用的资源，用你的“伶牙俐齿”说服能与你合作的人。因此，平时要多和别人交流，大胆说出自己的想法，和别人产生共鸣，多观察身边的情况，多学会聆听。在团队的迭代过程中，我对于寻找合作伙伴有所感悟：不找最好的人，只找合适的人。我们通常的思维是“拉人”，当找到了一个合适的人时，我们一般会主动去邀请加入团队，但这种方式不适用于小团队和小公司。因为你认为他合适你的团队，但你的团队不一定满足他。我们应当学会抛橄榄枝，向合适的人抛出的橄榄枝。

五、年轻人一定要敢于冒险，勇于接触新鲜事物

年轻人，有梦就努力去追，勇于去尝试新鲜事物，不墨守陈规，更不能浑浑噩噩地过日子。年轻就一定要敢于冒险，不要害怕失败，失败也没什么大不了的，就当作学习了。

尝试新鲜事物本身就是一个学习过程，无所谓成功失败。很多时候，我们就是因为害怕不能获得所谓的成功而止步于开始。其实仔细一想，是自己没有搞明白什么是成功。成功可以是按照既定思路努力，获得其直接成果；成功也可以是没有获得直接结果，但找到了做这件事的新思路；成功也可以是在努力过程中养成优良品质、良好习惯……总之，只要付出努

力去做好一件事，都会有收获。正如马云先生所说：梦想还是要有的，万一实现了呢。

起初，我们也是抱着这样的心态开始了第一个创业项目。我们都不知道路在哪里，我们会走到什么程度，会不会成功。我们每天像打了鸡血一样，每天努力到筋疲力尽，回宿舍倒头大睡。虽然我们没有得到理想的结果，但我们获得了一些创业奖项和满满的学习成果。实践出真知。我想，每一个人的第一次尝试会是收获最大的一次！我们正如一张洁白的纸，不管往哪儿走都会留下印记，这次印记好，下次就还这么画，这次印记不好，下次就试图改变。学习无止境，前进莫彷徨。

多和别人交流，多聆听别人的想法，大胆说出自己的想法，这样可以不断发现自己的不足和优势。一有机会就和小伙伴一起头脑风暴，这样特别锻炼思维、提高能力。在一个人的时候多思考，多问自己几个为什么。必不可少的是阅读，阅读能让你思路更加清晰，站在巨人的肩膀上看世界。多交流、多思考、多阅读，这一切使你充满信心，更加努力尝试做吧！

我觉得，规划和总结是一个人在尝试新鲜事物的过程中最重要的事情。不断总结自己的过去，规划自己的未来，你就会慢慢清楚自己要做什么，该做什么和怎么做了。所以，我每隔一段时间就会反思自己，写下总结和感悟，不断调整自己。

六、选择和努力一样重要

选择关乎成败。人的选择正确与否，关键在于一个人的见识高与低。没有见识，就没有办法做好真正的选择。见识是我们做好选择的前提，一个人的见识反映的是一个人的底蕴与积淀。学习、阅读是增长见识的最好途径。创业是一项充满挑战的事业，创业实践是大学生通过发现和识别商业机会，通过组织各种资源，提供产品和服务，以创造价值的过程。创业实践活动的主体是大学生，客体是商业机会和各种为达到目的而需要和可以得到的资源。大学生创业实践就是主体作用于客体，不断了解经营常识、把握经营方向、提高商业能力的过程。这里，就凸显了选择的重要性。

很多时候，我们开始做一件事情的时候总会精神百倍，但是随着时间的推移，慢慢变得无精打采，觉得索然无味，最后前功尽弃。所谓三分钟热度的情况，可以说是比比皆是。创业最可怕的莫过于半途而废，假装努力。我们在开始做某一件事情的时候，一定要做好最坏的打算，多想想过程的枯燥、艰辛、漫长，多问问自己是否能够坚持。如果不能说服自己，就先不要着急开始，你坚持下去了还好，坚持不下去真的得不偿失，半途缴枪缴械比最后失败更惨。一旦选择了创业，就请你全力以赴，不要假装在努力，要知道，一件事情的结果是戏剧性的。

一个人的潜力是无限的，虽然一个人的时间和精力是有限的。一个人可以想要很多，但在选择时也要考虑自己是否有这样的精力和毅力。一天能做到，一个星期能做到，一个月呢，一年呢？我们身边有很多同学，大学一开始会选择很多社团，可没多久就退得一个都不剩。面对创业项目也一样，看见别人画个饼就兴奋得不得了，一口答应下来，却不考虑自己能否坚持到最后。坚持不了，不仅痛苦，不仅成长不了，还会打击的积极性，把无限的潜力用在有限的精力上。选择多个项目，不如做好一个，这有点像谈恋爱，喜欢多个不如爱好一个，与其半途而废不如不开始。选择就要坚持下去，坚持不下去就不要轻易选择。

七、工作选择应该考虑兴趣

兴趣是最好的老师。如果我们能够静下心来好好审视一下自己就会发现，我们所谓的没时间、没精力只是逃避一件事的借口。想要做一件事，除了考虑不做这件事的坏处和刺痛外，还要考虑做这件事能带给我们的好处和满足感。所以，找出好处和寻求意义是促使我们行动的重要动机。在我们看来，跑步是多么枯燥痛苦的事情啊，干一件枯燥痛苦的事情，想想就没意思，我才不要去跑步。但是，如果能够把跑步给我们带来哪些好处想清楚了，或许能够帮助你更好地做好一件事，更好地坚持下去。当然，在考虑选择时，还要明辨兴趣和诱惑。假如是诱惑，就要考虑自己能否坚持为诱惑付出。

行动是成功的法宝。“有兴趣”才是促使我们行动的最佳诱因。“没意思”往往是我们不去做一件事最“正当”的理由。很多事情往往不是因为有了兴趣才去行动，而是因为行动了才培养出对这件事的兴趣。小孩之所以能够对很多事情培养出兴趣，就在于他们总是对周边的事物充满好奇，他们会通过行动不断地去探索去发现事物的乐趣，获得做这件事的能力和快乐，渐渐培养起对这些事情的兴趣。兴趣是对一件事情最高肯定的态度，只有对一件事有兴趣，成功才会更加容易。所以，兴趣大多是在好奇心的驱动下，通过行动慢慢培养起来的。

八、创业一定要不断提升自己

创业止步不前就是退步，不学习就要落后。

曾子曰：“吾日三省吾身：为人谋而不忠乎？与朋友交而不信乎？传不习乎？”做人要这样，我们做事、做项目也得这样。自己是一面镜子，别人也是一面镜子，既要自照也要他照。要多向别人学习，别人做得好，我们要虚心学习；别人做得不好，我们要审视反省自己。坚持不断审视自己的行为，有错必改，有优必学。读书是最经济也是最实用的学习。通过读书，增加知识的广度和厚度，使我们变得更加雄厚，同时也能够看到自己的浅薄，使自己变得更加谦逊。随着读书范围的扩大，我们会拥有广博的心胸并树立远大的理想和信念，我们变得宽容和坚毅。我是一个项目的负责人，从书籍中，我学到了如何激励队员，学会把组织团队高效工作的方法应用到实际项目中去。一个创业者、一个创业项目的活力，在一定程度上反映了其创造能力和成功可能性。学习能力是考量一个人、一个团队的最好指标，有学习的能力的个人和团队就有无限的潜力。磨刀不误砍柴工，当你不知道该怎么走下去的时候，不知道怎么完善项目就先完善自己，你可以试着去提高自己的学习能力。作为项目负责人，我会通过定期阅读充实自己。我曾经看过《商业的本质》多遍，特别喜欢韦尔奇说的一句话："在你成为领导者之前，成功的全部就是自我成长；当你成了领导者，成功的全部就变成帮助他人成长。"不管是哪个行业，我们的最终目标都是业绩的增长，对于管理者来说需要协同力和领导力。这本书中确定了协同力需要协同的对象是使命、行动与结果。我们很多时候要求员工团队合作，而员工在合作中的表现让我们觉得协同力太差，归根结底是我们对员工发布了不准确或者不够激励人心的使命。我们需要公开、清晰地告诉员工如何去做：第一是拥有开放的思维，第二是拥有整合数据的激情，第三是对业绩增长拥有强烈的渴望。领导者要确保让下属快乐工作。快乐工作是非常有益的，无论对公司而言，还是对个人而言，快乐工作都是有利于促进健康、振作精神的。这样，我会在协调团队工作的时候充分考虑这些因素，努力让团队成员既能有绩效也能开心地进步。

很高兴能够和大家分享自己的创业感悟。愿创业路上你我并肩作战、携手前行。

项目计划书

1 项目概要

1.1 项目名称——家时光

1.2 项目背景

越来越快的生活节奏，叠加互联网等新兴技术带来的冲击，家庭成员之间的情感交流和家人的相互陪伴越来越少。成年了的孩子期待被家长关注，家长牵挂远离了家庭的孩子，独居老人身边没有沟通交流的亲人，这样略显冷淡的家庭人际现象随处可见。被手机、海量讯息困扰的人们也渴望激活心灵中最柔软的部分，让家庭重归正位。

为建立温馨和谐的家庭氛围，我们决定基于微信生态平台搭建一个以互动、旅游为手段，以家庭时光记录为主要功能的便捷家庭记录工具。通过情感或趣味讯息制造互动话题，增进家庭内的情感互动。推荐线下活动调动用户的使用兴趣，通过用户家庭 IP 关联的心愿清单这一媒介，方便家庭成员相互袒露诉求。开发有趣的小程序链接双方位置，通过地图概览展示家庭位置变化轨迹，家人一起线上制定旅游计划，线下完成出游的各种模式景区打卡（环保健康模式的“到此一游”）、互动打卡，调动家人互动的积极性。最终，在使用过程中留下家庭所有成员的痕迹，通过 IP 关联同步形成线上家时光画轴，记录美好家时光。同时，还为家庭建立任务模式、奖励机制、提醒功能等多重刺激机制，促使家人达成亲近家庭的共识，与家人一起创造温馨的温暖和欢乐。

1.3 项目进展情况

1.3.1 小程序开发

团队进行了小程序自主模板研发，构建功能模块及产品外观设计，联系外包公司交接产品方案，进行技术外包。目前，开发出第一代家时光小程序，完成产品内测及校园体验，获得产品反馈并进行了统计及分析，联系外包公司进行产品迭代，获得学校项目支持。

1.3.2 调研及成果

根据抽样调查问卷和专项访谈，发表了关于家庭关系的论文，参加全国大学生挑战杯大赛并获得市级奖项。自主研发了家时光小程序并申请软件著作权，在北京市进行了实地考察调研。平台拥有五百的关注用户，保持一定的访问量和评论互动。

“家时光”已成长为一个与众不同的一流家庭服务公众平台。触动用户与家人，打破淡漠的家庭氛围，通过使用我们的小程序更加方便地记录家庭时光，更加便捷地沟通，更加真切地了解家人（需求、相处模式等），让更多家庭和谐美满。运用 IP 关联家庭成员，通过共同建立家庭心愿清单、共同制定家庭旅游计划、全员参与活动打卡等多种任务形式，帮助家庭成员从“掌上世界”抽身，推动家人一起出去旅游、互动，在不停歇的前进中不因忙碌导致忘记而抱憾，辅助每一个温馨的家庭留下不可遗漏的精彩印记，拥有属于整个家庭互动的温馨记录，引导更多家庭走向更加热络密切的氛围。

1.3.3 项目成就

参加全国三创大赛北京赛区获得特等奖，得到评委老师的意见建议；参加三创大赛全国总决赛，获得总决赛一等奖及专家点评，项目在全国范围进行推广；荣获北京市优秀创业项目称号，获得经费支持；参加全国大学生创业大赛获校级一等奖，参加全国创新大赛获校级二等奖并和其他创业小组进行交流，参加全国电子商务大赛获得校级一等奖、参加“互联网 +”大学生创新创业大赛获得校级一等奖。

1.4 项目创新点

1.4.1 内容创新

通过创造具有正能量的内容、以公众号与微博相结合的传播方式，为用户创造家庭间的情感话题，发起打卡活动；定期发起向家人表白、家庭时光照片分享活动；通过互动触发用户“念亲”的心理，促使用户主动参加平台中推荐的有趣家庭互动，或是参与平台发起的家庭活动，为家庭的温馨氛围奉献自己的一份力量；通过发布软文等多方式引导家庭成员主动向其他家庭成员发起互动邀请，培养大家的家庭意识，让家人开始关注增进家庭关系。

1.4.2 功能创新

家时光项目解决了许多家庭没有专属的家庭相册、家庭记录本的问题。在家时光公众号里，每一位家庭成员可以通过图片打卡的形式留住自己的家时光，并同步到家时光画轴小程序，自动生成家庭记忆痕迹，呈现成时光轴，成为家人回味共同经历的温馨时光的辅助工具。家庭画轴除了提供家庭温馨细节的积累服务，还建立反馈鼓励机制：在一定数量互动的积累下，可以免费定制家庭相册，定期汇总、整理家庭互动档案并通过动画互动形式传递给家人，还可以根据用户需求申请及时汇总，让爱的瞬间随时呈现。

1.4.3 交流方式创新

基于家庭成员的 IP 关联，家庭成员可以各自在心愿清单中坦诚地写出自己对家庭其他成员的诉求，例如，妈妈希望在每个家人过生日的时候都可以收到来自家庭成员的一封信，爸爸希望逢年过节家人都能有一次聚餐。为保护个人信息安全，家庭成员的心愿清单只能在主动点入其个人主页后才能显示，个人还可以根据自身情况设置可视权限。

1.4.4 出游计划创新

年初，大多数人都会写下自己今年的出行旅游计划，但由于太忙而忘记了自己定下的目标。用户通过应用“家时光”的旅游计划功能，制定家庭的出游计划。家庭旅游计划要经过家庭成员的集体投票决定，同意票数过半，表示此次旅游计划成功。在实施旅游计划时，通过打卡的形式，完成家庭的旅游计划任务。家庭的旅游愿望清单设置一定的期限，假如到了期限还未出游，旅游愿望清单将发出警示提醒，激励用户出游计划的定时完成。根据家庭成员的年龄情况、健康状态，平台为用户家庭私人定制出行攻略，推荐两种出行计划：一种是基于地点。用户家庭提供地点意向后，旅游公司制作相关流程，这种适合空余时间较少的家庭；另一种是自由行。除了地点、注意事项等，还会提供带有当地具有人情味的民宿，让你在旅游的时候能够感受到亲切感，这种适合刚退休、有多余的时间和精力，还掌握着一定的技能的“50后”“60后”“70后”。我们还会根据您写下的旅游愿望清单，为您推荐最适合出行的季节及一些出行必需品。

1.4.5 平台创新

“家时光”的平台创新点是通过软文化触动家人，引发家庭热点话题、趣味活动分享、游戏推荐等；通过关联家庭成员，共同建立家庭心愿清单，引导成员间相互关心；通过家庭投票制定景点出游计划，配合旅游推荐“一条龙”服务，失败有痕迹，成功有奖励，激励用户更好地完成计划；实行景点打卡制，再现环保版“到此一游”，给予同地点不同心情的记录与反馈，增添出游趣味；辅助每一个家庭留下不可遗漏的精彩印记，拥有属于整个家庭互动的温馨记录；引导更多家庭走向氛围更热络的状态，以达成我们的愿景：从家时光开始，留下与原生家庭成员间的不经意美好；从家时光回味，联想起与家人共处的静好时光。

2 企业概况

2.1 公司组织结构（参见图9－1）

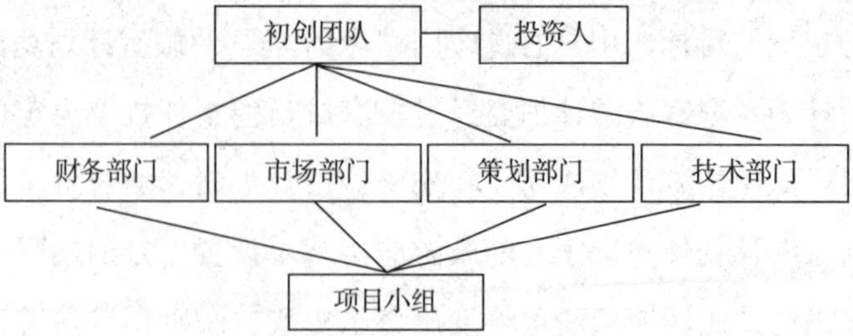

图9－1 公司组织结构

2.2 团队介绍

团队由在校大学生及指导老师组成，是一群充满活力和干劲儿的创业者。因为心怀梦想，聚在一起，拧成一股绳，朝着梦想前进，我们命名为“咫尺团队”。我们是一支充满激情、怀揣梦想的小组，也是一个思维活跃、团结互助的团队。本团队曾取得“三创”大赛市级特等奖及国家级一等奖和“互联网+”大赛市级三等奖、全国挑战杯大赛北京市三等奖的好成绩。

2.2.1 成员介绍

指导老师：北京联合大学盛晓娟教授、北京联合大学李立威副教授。

团队队长：甘奉露，电子商务运营与管理专业学生，擅长沟通、活动策划及组织。在团队中负责团队协调及平台运营策划，项目管理及执行。

团队成员：张琪，会计专业学生，擅长成本控制及数据分析。在团队中负责项目商业模式及财务分析工作。

团队成员：朱彦霖，金融专业学生，擅长公关及推广，在团队中负责项目推广及项目对外交流工作。

团队成员：田晶晶，电子商务运营与管理专业学生，擅长内容运营，在团队中负责平台内容运营及平台咨询。

团队成员：崔馨怡，电子商务运营与管理专业学生，擅长方案营销，在团队中负责项目推广方案策划。

团队成员：蒋定轩，金融专业学生，擅长观察及设计，负责小程序DEMO建立、技术对接、后期维护。

团队成员：陈梦茹，电子商务运营与管理专业学生，擅长对比分析，在团队中负责竞争对手分析及市场调研。

2.3 团队优势

2.3.1 团队凝聚力及创造力

一支优秀的团队，一定要有凝聚力和优秀团队氛围。团队坚持以人为本，注重团队氛围，成员之间同进退，共荣辱。团队座右铭——失败也不放弃，不进步等于认输。虽然团队人数不多，但每名队员都有自己的想法，在项目进行过程中，不断地进行思维的碰撞，擦出智慧的火花。团队中成员互相帮助，共同成长，为枯燥的工作添加更大的乐趣，把团队当作自己的第二课堂，成员集体成长带动团队成长。

2.3.2 专业优势

团队成员来自不同专业，专业背景不同、兴趣爱好各异，既能够从各自视角为项目创作及策划提供专业性的思路和办法，又可以能力互补、观念相容，科学分工合作、编配岗位，帮助项目快速健康成长。

2.3.3 年龄优势

团队成员年龄处于用户群体年龄阶段，能够更加直观地了解用户群体的心理及需求，利用自身条件为项目设计及检测提供一定基础参考。团队本身也是项目产品的需求用户之一，增强了开发出好产品的原动力。

3 市场分析

3.1 市场可行性

SO 战略确定后，通过政策与资源分析，排查出市场空白点——提高家庭质量的服务工具，进而通过对社会痛点的深入分析，明确了项目的首波目标用户，妈以大学生及其家庭为首波调查对象。

为了准确掌握大众家庭沟通情况、相互了解情况，我们采取抽样调研和访谈两种方法。①抽样调查。共发放 527 份问卷，有 259 名父母、244 名子女认真答卷，父母与子女比例接近 1∶1，能够有效证明家长与子女的观点。问卷分为两种角色的跳题模式，题目的回复体现父母对老人、子女的客观、主观态度和子女对父母、老人的客观、主观态度。②访谈。邀请 45 人配合新问卷进行访谈，访谈对象为“90 后”。访谈问题涉及和父母沟通内容及频率、如何处理家庭矛盾、父母教育对自己的影响等。新设计的问卷有22道问题，涉及父母信息和家庭信息、父母的教育方式、自己对父母教育的评分等。结果显示，父母主动与子女的联系频率明显高于子女主动与父母的联系频率，表明家庭之间的关系改善更需要成年的子女迈出主动的一步。

家庭和谐因素的缺失反映出密切家庭关系的便捷工具或知识层面的匮乏，说明市场上缺少解决该问题的有效产品或服务。

人们对家庭和谐的关注，向社会提出了为满足家庭情感交流创造机会与条件的要求，平台的市场前景良好。

3.2 技术可行性

3.2.1 小程序涉及技术

小程序涉及技术主要有两个："提取图片中文字"和"问答数据实时同步"技术。"提取图片中文字"是相对于传统的手工录入方式来说的，OCR（Optical Character Recognition，光学字符识别）智能录入具有强大的优势，OCR识别的速度远快于手工录入，减少手工输入时间，提升用户体验度。提取图片中文字的技术采用OCR核心技术和图像处理技术，"问答数据实时同步"通过云数据库将IP关联家庭成员问答的数据实时更新。

以上小程序功能均已外包实现，小程序后期的运营维护由团队中的技术成员负责。

3.2.2 小程序功能及市场技术调研

小程序中的"问答专区"和"视频区"模块通过跳转小程序来实现。

"问答专区"针对当代家庭现状制作，用户可以坦诚自己诉求并且提出疑问，在线与其他家庭交流，不只局限于与自己的父母和自己的孩子，还可通过父母或者孩子的同龄人群了解父母或者孩子的想法和特点。例如，父母通过同龄孩子了解他们对于同性恋话题的想法，可以避免因敏感话题导致情绪冲突。参与平台问答可获得金币，通过后台大数据计算，按获得金币的多少对 IP 家庭进行排行，授予最高排行的家庭勋章。“视频区”邀请抖音家庭类网红拍摄家庭相处画面，用户可以观看赚取金币，也可以分享自主拍摄的家庭小视频获得金币。在项目技术攻关过程中，咫尺团队发挥大胆创新、敢于发问的精神，借助学校教师、学长等一切能够辅助项目完成的资源，为技术的达成而努力。

3.3 政策可行性

3.3.1 家庭建设的重要性和必要性

习近平总书记指出：“不论时代发生多大变化，不论生活格局发生多大变化，我们都要重视家庭建设。”并强调了国家发展与家庭建设的辩证关系，将家庭建设提升到一个新的高度。

两会期间，全国人大代表、中国教育学会副会长周洪宇接受未来网记者采访时说：“对于孩子的成长而言，家庭教育的作用是潜移默化的，是最早的、最基础的，也是最重要的。”

中华全国妇女联合会（全国妇联）曾向两会提交《关于将制定家庭教育法列入全国人大五年立法规划的议案》，呼吁通过立法进一步推进家庭教育规范化发展，促进儿童健康成长。

从某种意义上讲，家庭是最具中国特性的本源型传统，它是当代中国社会转型与制度变迁的历史起点和给定条件，更是“国家发展、民族进步、社会和谐重要基点”。

在教育培养青少年儿童的过程中，学校和家庭教育本是两个联系密切、不可或缺的组成部分，家庭教育和学校教育紧密沟通配合，协调一致，能互相弥补各自的不足，形成教育活力，发挥整体教育作用，促进青少年学生健康成长。

在现实中，家庭教育常常被忽视，学校教育责任被无限夸大的现象普遍存在。中国教育学会家庭教育专委会常务副理事长孙云晓在《我们需要新家庭教育观》中说，当前，中国家庭教育存在的危险之一，是家庭教育学校化、模式化、形式化，真正的家庭教育价值被遮蔽了，家庭教育应有功能也被曲解和误用。

作为一个主要维护家庭关系、注重家庭意识的公众平台，我们为需要我们的家庭提供服务，为家庭的成长与社会的发展提供外部支持，倡导"家"文化的传承与发展，从社会基点开始做起。

3.4 竞争优势分析

3.4.1 专注家庭关系，针对性强

专注服务于家庭，帮助父母和孩子相互了解，减少家庭问题。倾力于运营家庭亲子情感平台，用户可通过平台了解更多的家庭亲子类专业知识及其代表性的案例等。相较于传统的营利性付费问答平台，我们平台的策略是在解决用户需求的基础上附带奖励，从而在某种程度上激发人们对于家庭亲子沟通方面的关注。

3.4.2 团队管理

团队既有经验丰富的大三学生和勤奋好学的大二学生，因为来自不同专业，汇集各类不同的观点，形成团队优势；处在不同学生组织的成员，能够利用学校提供的各类资源，及时获知信息，形成资源优势。作为管理学院的学生也可利用专业所长，及时了解市场，使平台内容更能满足家庭的需求。目前平台处于起步阶段，团队目标明确、分工合理，运作有条不紊。项目的发展过程中还与志愿者团队、社团以及师生人群等合作，调动校内资源帮助项目进步。总之，我们在团队管理方面，除了内部团队的各优秀队员协作好，还有我校优秀老师的辅助，优秀社团的支持，项目运行具有坚实基础。

4　商业模式

4.1　商业画布（参见图9－2）

<table>
<tr><th>8.重要伙伴</th><th>6.关键业务</th><th>2.核心价值</th><th>3.顾客维系</th><th>1.客户细分</th></tr>
<tr><td rowspan="3">情感专家、家庭教育专家等专业人士；
社区委员会、地推涉及的商家；
学校方面的老师、学生等资源；
大愚科技的技术支持；
淘宝相关服务的商家</td><td>家庭与家庭之间情感问题的互动交流；
出游计划、生日礼物的定制服务；
商品销售；
用以增进感情的家庭活动；
家庭互动记录</td><td rowspan="3">通过潜移默化地推动家人观念的改变，以促进家庭沟通；
鼓励家庭沟通交流，并通过换位思考的方式，缓和家庭关系；
为广大家庭提供一个情感交互的平台，让家人间有思想上的交流，有愿意且想要在一起，提高家庭情感的意识</td><td>较低的准入门槛；
积分奖励机制；
趣味日常文章及短视频的定期更新；
问答平台更贴心的情感交流；
节日出游计划定制服务；
生日礼物个性化的定制及良好的商城购买体验；
线下趣味活动的举办</td><td rowspan="3">存在沟通问题的“90后”的大学生及其家长；
对子女生活习惯和行事作风不认同的父母；
对父母的管教和说教不理解的子女</td></tr>
<tr><th>7.核心资源</th><th>4.渠道</th></tr>
<tr><td>情感专家、家庭教育专家等专业人士的支持；
社区委员会等开放权限、推广资源；
学校给予资源、场地上的帮助；
教师给予的指导、帮助；
学生人力、人际资源</td><td>线上：
微信公推、热点跟评、微博转发、知乎、品牌名号推广等。
线下：
校园内推，校外社区推广，项目宣传推广活动</td></tr>
<tr><th colspan="3">9.成本分析</th><th colspan="2">5.收入来源</th></tr>
<tr><td colspan="3">小程序搭建涉及的技术支持；
平台功能建维费用；
微信推广费用；
各类家庭相关调研费用；
专业情感咨询机构聘用费用</td><td colspan="2">程序中基于积分积累的衍生产品；
出游定制服务；
生日礼物定制及商场销售；
活动举办赞助及酬金；
线上流量红利；
广告推广</td></tr>
</table>

图9－2　项目的商业画布

4.2　目标客户

4.2.1　对父母的管教和说教不理解的大学生

步入大学，大学生拥有更加自主的选择空间，有的为喜欢的事情奔波忙碌，有的沉迷于电子产品……随着年龄的增长，孩子们对于家的依赖越来越少，渐渐地远离父母。等到忽然想起了长时间未联系的父母，想要与之通话时，却又由于对父母的唠叨感到厌烦，进而产生抵触心理。长此以往，就会形成与父母的沟通障碍。

4.2.2 处于信息大爆炸时代的青年

新时代的青年深受时代影响，对于新鲜事物的接受能力较强，追求自由奔放，对老一辈教育的认可度逐渐下降，双方的观念更加不同，加之没有太多时间和精力跟父母联系沟通，容易与深知社会生活不易的父母产生分歧。

4.2.3 对子女生活习惯和行事作风不认同的父母

父母都拥有自己的工作和生活圈，他们的思维模式趋于固定，对于社会的改变显然没有子女敏感，接受能力也相对弱一些；还有父母对于大学生活的了解也远远不够，而子女思想行为习惯的改变又让他们感到难以接受，因此他们会不停地去告诫孩子改变这种在他们看来不合理的生活习惯。例如，由于生活年代和人生经历不同，父母无法理解子女成天拿着手机打王者的乐趣，无法理解子女喝奶茶、买不同颜色衣服、熬夜的生活方式，等等。长此以往，由于没有一致性的话题，子女拒绝听从父母的意见，沟通交流也会出现问题，矛盾就会出现。

4.2.4 临近毕业、刚入职场的青年

这个阶段的青年没有太多时间和精力跟父母联系或在一起，白天手忙脚乱、神经紧绷，晚上和周末则往往是在游戏、朋友圈、微博中度过，很少用这些时间享受家庭的温馨。

4.2.5 有能力且希望能够与子女多多相处的家长

随着年龄的增长，尤其是大学生和进入职场的青年，孩子们对于家的依赖越来越少，渐渐更加远离父母。家长们会因为孩子的突然离开而不习惯，时常感到孤独。

4.3 营利模式

4.3.1 定制服务

私人定制已经成为时下一大流行服务，作为与时俱进的平台，平台也为用户提供定制服务。

节日出游计划定制。平台根据不同节日、针对不同家庭的不同情况，定期推出路线、餐馆、影院等内容的不同出游方案，用户可以从中付费选择自己心仪的出游路线。如果已有的方案不能满足用户，用户可以根据自己的喜好向后台发出申请，平台根据相关信息提供更适合的方案，这需要收取额外的费用，不同的难度的要求，收取不同的费用。

除旅游计划定制服务外，平台还接受用户提出的生日礼物定制服务。用户可以将父母所处年代、喜好等信息发送给平台，平台会给出一些建议，用户可以自行选择是否在平台上购买。平台将会与商家合作，作为中间平台为用户提供相应的定制服务。

4.3.2 举办线下家庭活动

平台达到一定的用户使用量后，实行积分奖励机制，每位用户的积分达到一定数量之后，会有机会拿到线下家庭活动的参与权。如年末、节日期间，平台会向用户提供有趣的户外游戏推荐，用户可以根据平台所提供的信息自行选择是否参与。平台利用为商家打广告的形式获得利润，通过拉取赞助及商家给予的条件，在达成主要目的——吸取关注度的同时，对商家进行线下的推广。活动策划由平台工作人员负责，策划举办活动所需要材料由商家提供。

4.3.3 时光画轴

平台在“我的”板块中会设置“时光画轴”功能，用户可以使用前期积累的积分换取自己家庭的时光画轴。此后，用户可选择用虚拟相册的方式保存时间，平台将会根据不同的保存时间向用户收取费用。同时，用户也可选择不同的保存质量，不同的保存质量收费不同。

5 营销策略

5.1 线上营销

高考元年的“00后”刚好成年，其家长们普遍是“70后”，使用的社交、娱乐App也从微博、贴吧转至知乎、抖音。因此，线上主推知乎、抖音，其余App负责转发引流。以话题把控和短视频为宣传策略，在知乎上关注、回答、提出家庭话题，以点子任务众包、资金众筹的形式，使大众成为我们平台的共同建设者。

5.1.1 知乎上推广平台

以原生家庭为主题建立平台官方知乎账户，上传与家庭服务交易相关的内容，提出家庭话题，和知友展开讨论，宣传家庭文化，解答家庭相关问题。根据平台定位用户群（成年后、成家前的青年和他们的父母），为目标人群提供不同的家庭服务内容。关注在家庭服务领域影响力的大咖知乎账号，同时关注家庭服务的周边内容，比如情感、教育、沟通、代沟等内容，积极和在这些领域取得成功的知乎号开展合作。前期，以公众平台的身份回答问题，慢慢积累第一批忠实的粉丝用户，慢慢将家庭话题范围扩大。在回答与家庭相关问题的同时，延展到在社会层面探讨家庭，提升平台的责任感。一来可以将平台知名度扩大，二来可以收获更多的社会关注。注重首战，高度关注平台的第一批粉丝用户，通过他们来获取平台推广需要的精准内容。挑选的话题标签，关注的人数一定要多，关注的人气一定要旺。以软文的形式去回答，然后把这个回答加权置顶到第一位，以获取火爆话题的高势能流量。结合知乎特点，策划一个全新的话题营销、事件营销，能够瞬间吸引数十万甚至数百万的关注浏览量，让品牌软文在短时间内获得海量的曝光。新话题营销需要引入一系列的知乎大V的势能加持（关注、回答、赞同、转发）等，尝试与一些知乎大咖合作。

5.1.2 抖音上推广平台

通过家庭活动小视频争上热门，推广我们的平台。互联网的影响力是不可估量的。极光大数据发布的 2019 年季度排名数据显示，抖音已经成为非常受欢迎的短视频之一。2019 年 4 月抖音的月度总计有效使用时长为 12.4 亿小时。抖音这款音乐短视频十分受年轻人喜欢，家时光平台带热有趣并且暖心的家庭活动小视频具有很大潜力，会增加点击量，增加关注度，从而引领一些热门话题，使家时光小程序出现在大众视野中，提高知名度。与抖音官方合作。（抖音开通了广告投放的入口）主要是信息流广告推广平台，用户在刷视频时，刷出来广告主投放的视频，可以直接点击下载或链接小程序。在页面进行大规模点击了解，弹出感人的温馨家庭短视频以增加感染力，带动抖音用户关注家庭，关注家时光平台。投放非标广告。先与家庭相关的抖音网红合作，通过他们的影响力发掘潜在平台粉丝用户，将粉丝进行共享，当平台达到一定知名度后，选择高质量的网红入驻平台，宣传我们的平台。合作专业团队。人海战术营销团队是不错的选择，该团队多年来专注于移动端抢手途径营销推行，紧跟互联网风口，使用常年累积的大数据流量资源，浸透式传达推行，协助平台捉住品牌营销机遇，增加曝光率，做好互联网爆款、网络红人暗地推手。运营平台的官方账号，录制并上传感人温馨家庭小视频。

5.1.3 微信公众平台互推

可以加入一些微信营销群，参加微信公众平台的互推。联合家庭类微信公众平台互推，这样可以增加平台的曝光率，从而增加更多粉丝。

执行成本主要包含推广时与商家或平台洽谈时所需投资、线下活动的场地租借、住宿物流费用，客运以及饮食和人力和物力等费用。目前，平台已经取得了不小的成绩，平台的推文平均能够达到 800 人的阅读量，好友转发能够达到 60 次左右，平台已经拥有一定规模成果。

6 财务分析

6.1 营业收入

一个小程序的资金流主要取决于关注量与曝光量的多少，由计划目标可推断出以下时期资金流。

一个正常运营的公众号，UV 基本上是维持在 15% ~20%，阅读量主要来源于朋友圈，是 UV 的 2 倍甚至更高，也就是说通过粉丝将文章分享到朋友圈获得的阅读量，是公众号阅读量的主力。

因此，我们不仅要通过平台本身吸引关注群众，还要通过线上服务来提升关注人群的忠诚度。我们的目标是建立一个忠诚关注者占总关注人数 25% 的公众号平台，用让家更美好的理念服务更多家庭。因此，目标的建立便成为我们流量与活动计划的参考。收入是和阅读量（准确讲叫曝光量）有直接关系的，大约 125 次曝光即阅读次数，有 1 元收入。

参考众平台流量主收入，平均广告供应商供价 0.4 元/次点击；按照最初平台 270 人关注，30 天内 2870 次阅读量，以 1∶30 的比例计算一季度的阅读量；广告流量大约为阅读量的 1%，计算出第一季度阅读量为 12000 次，第二季度为 80000 次，第三季度为 100000 次，第四季度为 200000 次。

短期内，平台为吸引流量暂不收取提成费用，并且第一、第二季度提供免费广告位置。广告位的出租面向外界活动举办方，广告位置初期收费按成本分析表 9 -1 标准，后期需求量上涨之后按比例扩增。除广告费用的资金流入外，还有特色菜推荐作为平台主要收入。特色菜推荐根据不同类型饭店，采用不同的提成收费。初期发展过程中，不收取任何佣金。第三季度时，我们将视情况在制定价格中进行调整。

6.1 成本分析

6.2.1 成本分析表。（参见表9－1）

表9－1 成本分析

投资板块		投资方式	投资目的	投资金额
微信运维	粉丝管理	通过QQ、微信群转发，附红包求关注（按人数量）； 通过给予大咖微博、热点网页平台、较火微信平台一定的广告流量费，请求关注并推广； 定期在各平台转发每日图文消息	这些资金费用主要是为了保证粉丝们的数量能呈现持续增长，进而增大平台的影响力	推广费用： 红包预留费：¥1000元/月 广告互推费：¥3000元/月 人工管理：¥300元/月+提成（按涨粉数量给予0.5元/人）
	活动管理	盘查官方动态、行业信息、事实热点等，整合信息资源，创意策划、撰写微信内容	这些资金输出主要就是在获取一些高质量，受父母与子女关注并感兴趣的信息，包括在目前最新的适合一家人旅游的热点，整合归纳繁杂的信息资源，为使关注者能看到一篇由精心挑选的文章。 我们尽量聘用学生来担任平台运营，减少我们的支出	¥1500元/月(学生价格) ¥2000元/月(技术人员)
	互动管理	每月策划一个互动活动，增强与粉丝黏性，（就如制作家庭相册等），起步期需要一次大型宣传活动的开展	这些资金主要用于与粉丝的互动活动，在为粉丝提供零距离沟通、随时分享并讨论适合一家人看的电影或出游的话题和帮助他们改善家庭状况，让家有家的感觉。同时，活动管理将互动管理、粉丝管理融合了起来，这样既能粉丝与粉丝互动、粉丝与我们互动，也在一定程度上调动了粉丝的积极性，使得更多的人加入进来，所以此方面的资金输出往往大于前两项	主要经费来自广告赞助的拉取，预备金额1000元/个活动

6.2.2 图像识别成本

购买阿里云开放中心推出的“图像搜索”功能来实现。在与饭店的合作中，需要运用此板块。当游客上传美食图片后，系统将自动识别，找出是否点了平台推荐的美食，进而向商家收取提成。总量采取阶梯到达的计费方式，当月总量在哪个阶梯内则按该阶梯单价计费（参见表9－2）

表 9－2 图像识别成本价目表

月识别总量	图像打标	场景识别
（0~500万）	0.0025元/张	0.0015元/张
（500万~3000万）	0.002元/张	0.0012元/张
3000万以上	0.0017元/张	0.00102元/张

6.2.3 人脸识别成本

通过购买阿里云开放中心推出的“图像搜索”功能来实现。当用户上传游玩照片后，自动生成个人的家庭相册，按照购买预付资源包长期保存，调用次数会在资源包内进行抵扣。（参见表 9－3）

表 9－3 人脸识别成本

价目表

接口名称	5000次资源包	500万次资源包	3000万次资源包	5000万次资源包
人脸检测定位	12.5元	11250元	54000元	76500元
人脸属性识别	27.5元	24750元	118800元	168300元
人脸比对	25元	22500元	108000元	153000元

由于当前团队技术有限，只能搭建出小程序前端。为了让用户有更好的体验效果，需要将其外包，按照不同阶段，选择不同套餐。刚开始，选择“开发版”来降低平台的运营成本，后期，根据服务的需求再进行升级。开发家时光 1.0 版本每月 5000 元、后期每月 2000 元固定成本。

6.3 利润表

目前，项目投入资金：2.5 万元，成本 1.4 万元，收入 100 万元（平台原创文章发表经费）。项目处于前期投入状态，还未开始营利。根据资金回笼分析，项目正常发展五个季度后将能收支平衡。（参见表 9－4）

表 9－4 利润表

科目名称	借方发生额	贷方发生额
学校立项金	2000	
三创市级比赛奖金	3000	
三创国家级比赛奖金	5000	
“互联网＋”市级比赛奖金	2000	
北京市优秀创业项目金	10000	
学校蜂巢项目孵化基地拨款	2000	
挑战杯市级经费	1000	
小程序 1.0 开发		5000
公众号推广		2000
耗材		2000
调研经费		2000
活动经费		3000
平台文章投稿	100	

表 9－4 利润表科目名称借方发生额贷方发生额学校立项金 2000，三创市级比赛奖金 3000，三创国家级比赛奖金 5000，“互联网＋”市级比赛奖金 2000，北京市优秀创业项目金 10000，学校蜂巢项目孵化基地拨款 2000 挑战杯市级经费 1000 小程序 1.0 开发 5000 公众号推广 2000，耗材 2000，调研经费 2000，活动经费 3000，平台文章投稿 100。

7 项目总结与展望

7.1 营造和谐的亲子沟通氛围，构建良好社会秩序

市场经济大潮不断冲击人们的道德观念，互联网、手机的普及方便了人们的联系但又使人们疏远，可望而不可即、熟悉的陌生人等现象，成为家庭关系特别亲子交往中突出的问题。针对“羞于沟通”“鲁莽式沟通”等家庭关系中常见的亲子问题，“家时光”平台通过网友解答与平台专业解答，切实解决用户在与子女或父母沟通间存在的阻碍、鲁莽式沟通后所造成的家庭关系僵持等恶性循环问题。“家时光”作为优化家庭亲子沟通

之间的桥梁，以健康和睦的家庭亲子沟通为出发点，能够引导父母与子女进行正确且相对平等的沟通方式，营造和谐的亲子沟通氛围，构建良好社会秩序。

7.2 以专业知识，营造健康家庭亲子沟通模式

就目前的情感交互平台来看，集中解决家庭亲子关系问题并为人们所熟知的平台少之又少。“家时光”平台主要提供“专家咨询”“文章解读”“视频讲解”三种渠道，为用户集中提供解决家庭亲子沟通中遇到的瓶颈问题，通过各类专业知识引导子女或父母进行健康高效的沟通。用户通过“家时光”平台能够更加深入地了解子女或父母的内心真实写照，进而使家庭亲子沟通趋于良性循环模式，亲子双方能够更加了解对方，营造健康家庭亲子沟通模式。

7.3 培养家庭互动意识，引领家庭社会共同发展的未来趋势

随着中国经济社会的飞速发展，快节奏的生活模式让越来越多的人疏于家庭之间的沟通，甚至没有精力去“经营”家庭关系。“家时光”平台利用产品定制的方式，针对不同的用户需求提供不同定制方案。用户还可将困难问题公开在平台上，向热心网友寻求提供帮助，帮助者可获得平台提供的积分奖励并换取礼品。“家时光”平台致力于解决家庭亲子沟通的痛点，通过大众的推荐，引导更多的人去注重家庭沟通。“家事国事天下事”，“家时光”平台着眼引领家庭社会共同发展的未来趋势，坚持家庭关系拉近工具的定位，首先重在服务，其次才考虑营利。为此，开始创立时，将该项目应定义为公益商业模式，尽己所能地收集各方面有价值的信息来丰富底蕴。当分享量到达新的阶段指标时，平台将从非商业模式转换到商业模式，通过分享量等数据来获得利润以支持平台持续发展。